全 球 治 理 研 究 丛 书

绿色发展与全球治理

Green Development and Global Governance

欧阳康◎主　编
杜志章◎副主编

中国社会科学出版社

图书在版编目（CIP）数据

绿色发展与全球治理／欧阳康主编．—北京：中国社会科学出版社，2019.12
（全球治理研究丛书）
ISBN 978－7－5203－5623－7

Ⅰ.①绿…　Ⅱ.①欧…　Ⅲ.①绿色经济—经济发展—世界—文集②全球环境—环境综合整治—文集　Ⅳ.①F113.3－53②X21－53

中国版本图书馆CIP数据核字(2019)第237838号

出 版 人　赵剑英
责任编辑　喻　苗
责任校对　郝阳洋
责任印制　王　超

出　　版　中国社会科学出版社
社　　址　北京鼓楼西大街甲158号
邮　　编　100720
网　　址　http://www.csspw.cn
发 行 部　010－84083685
门 市 部　010－84029450
经　　销　新华书店及其他书店

印　　刷　北京明恒达印务有限公司
装　　订　廊坊市广阳区广增装订厂
版　　次　2019年12月第1版
印　　次　2019年12月第1次印刷

开　　本　710×1000　1/16
印　　张　16.75
插　　页　2
字　　数　266千字
定　　价　78.00元

序
全球治理变局与中国治理能力的时代性提升

欧阳康[*]

中国的“十三五”规划将在全球治理体系的迅速变革中展开。中国既必须清晰认识和自觉适应这种变局，以消除其对于中国发展的不利影响，也应当积极参与并主动引领这种变局，使之成为促进自我发展的必要国际条件，为此必须自觉推进中国国家治理体系的全方位构建和治理能力的革命性提升。甚至可以说，通过内外兼修而构建起既能引领中国全面建成小康社会，又能有效适应和成功引领全球治理变局的中国治理体系，发展出真正“治国、平天下”的能力，既是中国和平崛起的必要条件，也是中华民族伟大复兴的重要标志。

深刻认识经济全球化与全球治理体系的互动关系

公正合理的全球治理体系既是人类文明整体进步的必要条件，也是世界格局健康发展的重要标志。

真正意义上的全球治理体系是在经济全球化和世界一体化的进程中形成和构建的。人类长期以来以民族和国度作为单位在特定地域分散生存和发展。民族与国家间关系的调适往往通过战争来解决，没有形成真

* 欧阳康，华中科技大学国家治理研究院院长，哲学系教授、博士生导师。

正意义上的全球性关系，也谈不上全球治理。近代以来，尤其是 20 世纪以来，随着世界现代化快速而又不平衡的发展，一些国家的经济和军事实力急剧膨胀，强行通过战争来改变与他国的关系，甚至改变世界的政治格局乃至地缘版图。两次世界大战正是由此产生，给人类带来了极大灾难，也呼唤着全球治理体系的构建。

第一次世界大战后的凡尔赛—华盛顿体系确立了帝国主义强国对亚非拉和太平洋地区的统治秩序，奴役殖民地半殖民地国家和人民。第二次世界大战后，美国、英国和苏联等战胜国通过《雅尔塔协定》等，重新划分世界版图和势力范围，建立了新的国际关系格局和全球政治治理体系。联合国的建立和以美、苏、中、英、法五大国为安理会核心的“大国一致原则”，对于保护中小国家的安全与维护世界和平发挥了积极作用。“关贸总协定”和世界贸易组织等为战后经济重建和世界经济的一体化发展提供了重要的全球性经济组织，在全球经济治理中发挥了重要作用。《布雷顿森林协定》和相应建立的世界货币基金组织与世界银行等则为战后的全球金融一体化提供了必要的组织保障。

战后的世界秩序在相当长的时间里以美苏两个超级大国的争霸而展开，并通过由他们操控的资本主义与社会主义两大阵营而支配与调控。苏联东欧社会主义阵营解体后，形成一超多强的世界格局。美国在各方面一家独大，主导着全球治理体系及其演变方向。日本、欧盟、俄罗斯和中国等分别在经济、政治、军事和国际事务中具有一定优势因而以自己的方式参与到全球治理的某些方面。其他各洲各国以不同方式在不同程度上活跃于各种力量之间。由于世界多种力量处于不均衡和动变状态，全球治理体系变得更加多元、纷乱和复杂。美国“9·11”事件呼唤着全球性的反恐怖主义联盟，安全成为全球治理的紧迫主题，牵动着全球治理体系的演变。

深刻认识当前全球治理体系变局

当前全球经济、政治、军事、科技、文化和外交等呈现出极为复杂的交织状态，既展示着各国的实力与地位，考验着人类的智慧与秉性，也急速地推动着全球治理格局的深刻变革。

其一，和平从总体上看仍然是时代的总趋势，但如何有效管控战争则一直困扰着人类。战后世界总体上保持和平格局，但局部战争不断，如朝鲜战争、越南战争、阿富汗战争等，人类不时走到世界大战的边缘。大国博弈不时挑动着各国的战争神经。战争的形式随着高科技的军事运用展示出全新形态。同时，安全威胁由传统领域渗透到非传统领域，形成传统安全威胁和非传统安全威胁交织的复杂局面。战争管控仍然是全球治理中最敏感的领域和最严重的问题。

其二，发展仍然是世界各国的普遍主题，但对发展道路的合理选择与经济治理体系的合理建构则一直困惑着人类。“二战”以来，国度经济与全球经济相互交错，世界经济徘徊在自由主义与政府干预主义之间；全球经济一体化形成有机整体，其积极作用与负面作用同时呈现，甚至出现“一荣不一定共荣，一损却可能皆损”的复杂局面。战后先后发生的拉丁美洲债务危机、日本金融泡沫、东亚金融危机和美国次贷危机等严重影响世界经济发展，演变为全球经济疲软甚至衰退。当前世界经济在深度调整中曲折复苏，但全球经济贸易增长乏力，国际金融危机深层次影响仍会长期存在，人类命运共同体在经济的负面相关性中更加鲜明地凸显出来。

其三，政治多极化加速拓展，地缘政治关系日趋复杂，政治体制与意识形态冲突仍然困惑着人类。全球化消解了不同国家之间的空间距离，也凸显了不同国家之间的经济政治和社会文化差异，加剧了国家间的利益纠葛与地位纷争。不同国家之间政治与意识形态差异甚至对立仍然存在，却又共同面临经济下行的压力，不得不在一定程度上携手合作，谋求共赢。由于经济形势趋紧和利益分化，国度与地方保护主义再度抬头，地缘政治关系变得空前复杂与多变，全球治理体系面临深刻变革。联合国等国际机构的作用有所弱化，各种形式的全球性与区域性的政府间组织与非政府间组织风起云涌，各种形式的国际平台越来越多，作用越来越大。它们削减着全球治理中的大国力量，推动着全球治理的民主化发展。这既给各国参与全球治理提供了更多机会，也对其参与能力提出了更大挑战。

其四，文化多样化发展，文明冲突加剧，种族主义、原教旨主义抬头，恐怖主义严重威胁着人类生存与安全。经济全球化使不同国度与民族在经济生产和社会生活中更加趋同，也把各民族保存文化特异性提升到了文化生命线的地步。恐怖主义的全球肆虐挑战着人类文明底线，也不时扰动着全球治理格局。

其五，社会信息化迅速扩展，新一轮科技革命和产业变革蓄势待发，立足于高科技的全球分工体系更加明晰，各国需要重新定位自我在全球生产和消费体系中的位置。互联网深刻地改变着全球的信息传输与交往方式，也几乎改变着世界的一切。“互联网＋”作为一种最为普遍的全球思维方式，既为全球治理提供了全新的手段，也提出了复杂的挑战。

中国“十三五”规划与治理能力提升

中国的快速发展在很大程度上改变了当今世界的经济政治格局，是推动全球治理变局的重要积极力量。中国和平崛起也需要推动全球治理体系向着更加有利于中国发展的方向前进。中国的“十三五”规划应当在推进中国国家治理体系和治理能力现代化方面做出特殊的谋划，为确立中国在全球治理中的话语权和主导权做出更大贡献。

第一，从中国健康发展和世界合理化发展的全球战略高度深刻认识与合理定位全球治理体系及其演变方向。要深刻认识当代全球治理格局变化的多元基础、发展动力、演进逻辑、内在缺陷、问题根源和解决途径，准确预见全球治理体系的未来趋势和价值导向，继续丰富人类命运共同体等主张，弘扬共商共建共享的全球治理理念，以思想上的超前建构为实践上的合理设计提供思想引领和价值指导。

第二，善于依据全球治理格局未来定位统筹国内大局，自觉推进中国国家治理体系和治理能力现代化。我们要努力深化对于人类文明发展规律、国际关系演进规律、中国社会发展规律和共产党治国理政规律的认识，在发掘中国传统优秀治理文化、学习世界先进治理理论和发掘马克思主义治理理论的统一中推进全球治理和国家治理的思想创新、制度创新和政策创新，善于统筹经济、政治、社会、文化、生态、政党、外交和国防治理，努力推进国家治理现代化，提升治国理政新境界，使中国的国家治理体系更加完整、更加成熟、更加定型，为全球治理提供更多更好的中国经验与中国方案。

第三，积极参与全球治理体系的变革，自觉履行发展中大国的世界责任，以内促外，努力提升在全球治理体系中制定规则的能力，确立中国话语权。一方面要坚定维护以联合国宪章宗旨和原则为核心的国际秩序和国际体系，维护和巩固第二次世界大战胜利成果，积极维护开放型世界经济体制；另一方面要勇于应对各种全球性挑战，善于给国际秩序和国际体系定规则，努力占领发展和道义制高点，提高在国际秩序和国际体系长远制度性安排中的地位和作用。要通过“一带一路”等倡议和亚投行等机构，建立以合作共赢为核心的新型国际关系，促进中国国内治理体系与全球治理体系的良性健康互动，引领全球治理体系向着更加公正合理的方向发展。

目　录

欧阳康致辞

尊敬的郭生练副省长，尊敬的各位领导、各位同仁，大家上午好！

首先允许我代表华中科技大学国家治理研究院，代表我们全体同人并以我个人的名义向各位领导、嘉宾光临本次会议表示最热烈的欢迎和最衷心的感谢，谢谢你们！

我的感谢是非常非常真诚的。今天我们这个会议场比较小，济济一堂，也可以说济济一堂，但是我觉得在这样一个氛围中间有一种特殊的情感，那就是要用我们的热情去点燃中国和世界，或者推进中国与世界更加自觉地走向绿色发展的这样一个大的价值方向。

特别感谢大家不远万里、不远千里来到武汉参加本次会议，有很多需要感谢的。

首先要感谢郭生练副省长，大家都听到了刚才他的热情洋溢而又非常专业的发言！他过去是一个非常优秀的学者、大学教师，也是领导，后来到了省里面负责教育文卫等工作。我们国家治理研究院发展的每一步，他都给予了极大的关心。我记得在 2014 年 5 月 4 日，当时湖北省委书记李鸿忠同志带队到华中科技大学国家治理研究院视察，当时郭省长也亲自参加了，而且指示教育厅给了我们极大的关心和支持，后来在各项工作中一直非常关心我们，包括支持华中科技大学国家治理研究院成为国家治理湖北省协同创新中心。今天又在百忙之中来到我们的会场，给予了热情洋溢的致辞，我们会把这些要求和嘱托记在心里，做好工作来回报。

我要感谢我们所有的合作单位代表的热情洋溢的致辞，这么多的单位来支持我们，才能有今天盛况空前的局面。我也要感谢学校的领导和各职能部门领导，从路书记、丁校长到湛总会计师等都对我们大力支持，没有学校各方面的大力关注我们走不到今天。

我也要感谢在座的国内外的学者的亲自光临。在座的学者都非常优秀，比如波兰前第一副总理兼财政部长格泽戈兹·科勒德克，我有幸前天在华中科技大学陪同他做了一个演讲，当时主题是“全球治理变局与中波关系”，当时我请他用半个小时的时间介绍波兰的状态，可以说如数家珍，因为他伴随和引领了波兰的发展。他曾两度出任波兰第一副总理和财政部长，引领波兰渡过了最艰难的时期，先后加入了经合组织和欧盟。有的人把他誉为波兰经济改革的总设计师。在那天我对他的英文访谈中，给他提出了好几个问题，如波兰问题、欧盟问题、如何看待英国脱欧、美国大选与美国未来走向、当前的自由主义与全球化，也包括中国波兰关系等，他都做了非常好的回答。谢谢他的光临！

同时我也非常高兴这一次罗马俱乐部最早的成员之一柯登先生亲自光临我们的会场！大家知道，在20世纪80年代初期，当时柯登先生所在的罗马俱乐部，是率先向全球发出“增长的极限”这样一个警示报告的。我当时正在读研究生，深受其影响，后来读博士的时候在博士论文里面专门作了重点引用。从那个时候开始，应该说罗马俱乐部一直在全球绿色发展中处于领先的地位，这一次非常欢迎他能够亲自光临我们的会议。

同时也非常感谢来自美国的一位著名的学者，也是我的老朋友，国际政治学会技术与发展分会的主席，德润·瓦杰帕伊，我和他认识应该是1989年的时候，我们好久没有联系上，这一次联系上，他来的时候给我带来了一个小礼品，这个小礼品居然是1994年他主编的一本书，书里面有我当时写的关于中国的水资源的研究报告，这本书都已经被我自己遗忘了。这是我第一次参加国际学术会议，1991年在阿根廷布宜诺斯艾利斯参加第16届世界政治学大会，当时写的一篇英文论文。从这个意义上来说我关注水的问题想来也有很长的时间了！

另外我也特别感谢美国著名学者小约翰·柯布。大家一会儿可以看到一个他的录像致辞。他已经91岁了，多年来倡导绿色文明和绿色发展。13年前他来中国，来到华中科技大学，我跟他也算是忘年交。他专门录了热情洋溢的一段话，表达他的祝贺！去年我们参加了他们在美国克莱蒙顿举办的第十二届世界生态文明大会，当时他在会议上就曾经预言，中国也许是全世界唯一有可能一步跨入生态文明的国家。我们非常感谢他们对中国的鼓励和期盼！

参加本会的国内学者也是非常优秀的，比如说在座的瑞典皇家科学院吴季松院士，曾经是水利部的水利司老司长，对我们湖北有特殊的感情。去年他曾经专门来到湖北武汉，我们一块去了洪湖和东湖，他甚至亲手捧了洪湖的水来尝，要判断我们的洪湖和东湖的水质，而且提出了很多好的建议。

我们还有其他很多优秀的学者，包括可持续发展研究会，等等。我提议，向所有的领导嘉宾、专家学者的到来表示最热烈的欢迎和最衷心的感谢！

其次，我向大家介绍一下华中科技大学国家治理研究院。国家治理研究院成立于2014年2月，是在中共十八届三中全会以后，由学校党委书记路钢和省委书记李鸿忠商定成立的，当时李鸿忠书记亲自敲定了“国家治理研究院”这个名字。成立两年多来我们获得了教育部首次设立的“推进国家治理体系和治理能力现代化”重大课题攻关项目，李鸿忠书记在2014年5月4日到华中科技大学国家治理研究院视察，现场决定由中共湖北省委委托华中科技大学国家治理研究院做一个重大委托项目，名为“省级治理现代化研究”，给我们拨了80万元作为经费。后来他始终关心我们的课题进展，在我们完成了理论研究以后要求我们做湖北省的改革实践方案，而且他把这个方案拿去以后请有关司局认真研究，给了我们大力支持。

我们也获得了国家社科规划办专门给我们的一个重大委托项目，以我为首席专家，那就是关于“习近平总书记治国理政新理念新思想新战略的哲学基础”委托课题。同时我们团队成员也不断获得国家社科基金，省内各种基金，等等。

经过了两年多的建设，我们已经成为湖北省人文社会科学建设重点研究基地，湖北省的十大改革智库之一，是国家治理湖北省协同创新中心的牵头单位，也是湖北省十大新型智库之一，叫湖北省地方治理研究院。这四个系列的智库主管部门都给予我们大力关心支持。

我们的研究有一个清晰的研究版图，从纵向来看，有五个层面的纵向结构，其中最大的是全球治理，其次是国家治理，然后是省级治理，然后县乡治理，一直到乡镇、乡村治理；从横向来看，包括政治、经济、社会、文化、生态、党建；从体系来看，包含理论、制度、政策和技术的支持；从现实问题来看，包含政府、企业、市场等方面，同时我们高度关注绿色发展，并将本次会议主题集中在绿色发展与全球治理。

最后，我们为什么要提出将绿色发展与全球治理作为本次全球治理东湖论坛的主题？这一方面是当前人类面临的紧迫课题，另一方面也是我自己多年来从哲学角度思考人与世界关系得出的一些认识。

就工作基础而言，配合我们学校的潘垣院士，我们曾经向中央提出了《根治华北雾霾的技术方案与综合治理建议》，得到了习近平总书记、李克强总理和张高丽副总理三位常委的批示。我们也发表了《中国绿色GDP绩效评估报告（2016年湖北卷）》，我们认为对经济采用GDP加以测评仍然是必要的和重要的，但是这是不够的，一定要走向绿色。但是过去的绿色研究主要在指标方面，没有深入到绩效方面。绿色GDP这个很好的概念提出近30年了，但是一直没有办法算出来，我们经过这些时间的努力，将其算出来，并且同时采用总量GDP、人均GDP、绿色GDP、人均绿色GDP和绿色发展指数五个指标对地方经济进行绩效评估，非常清晰地展示出地方经济的资源、能源消耗和环境损耗，展示经济发展的绿色程度和健康程度，这在中国甚至世界也是第一次。以此为工作基础，我们可以更加深入地探讨绿色发展的战略意义和世界意义，争取以绿色发展引领国家治理现代化。

从思想理论的角度，我们聚焦绿色发展是基于以下的考虑。

首先，我们需要探讨，人类文明发展的绿色方向及其所具有的意义。过去我们以为人类文明发展就是从绿色走向黄色、红色，以至于走向多色的过程，人类的文明发展是与绿色越走越远，人类文明的进步就是要超越绿色，人类文明发展就是要用人的力量去建构一个完全脱离自然的社会。现在看来这种看法从根本上是错误的。我曾经于2014年7月在《人民日报》发表过一篇文章，叫作《生态哲学研究的若干辩证关系》，对此做了专门探讨。看来绿色将不仅永远是人类文明发展的底色，也将是人类文明高端形态的亮色！

其次，当人类以不同民族和国家来占有地球资源的不同地域和不同方面的时候，它就产生了各国家民族之间自然生存方式的差异，占有资源的差异也带来了生活方式的差异，而这些差异使得世界变得更加多元多样。在自然条件下，应该说人的生产和自然界的再生产之间有一种内在的协调性，也就是说人的自我生产需要采取自然界提供的资源，甚至我们可以创造人化的农业等，但是这一切都必须和自然运行大体上保持一致的节奏、规律和周期。这种情况使得人类产生了一个错觉，以为人类对自然的使用是可以无穷无尽的，是可以无休无止的，是可以为所欲为的，于是产生了对于人与自然关系错误的哲学理解、政治理解和政策理解。人类通过无限制地掠夺自然来构建自己的现代文明。一般情况下这种掠夺只会损害到所在地的自然，损害到自己的利益。但是在现代化的条件下这个问题就加剧了，因为以工业化为特征的现代化带来了生产力的极大提高，但是也带来了资源和能源的极大浪费，尤其是环境的极大破坏。恩格斯早就讲过，人类对自然界每一次的掠夺，都会受到更加严重的报复，现在看来这个问题是变得越来越突出了。这就使得人类，尤其是其中的一些国家和民族随着自己现代化的程度，不得不回过头来治理现代化给自己带来的负面生态环境效应。

这个问题过去本来是局限在各个国家各个地区的，但是当经济全球化的时候就把民族问题变成了人类问题，把国家问题变成了世界问题，把生态问题变成了全球问题。在现代化走向全球化的背景下，人们希望把经济全球化的好处最大化，从中获得最大的福祉，恰好是人类所有活动的负面效应也前所未有地整合起来，以至于形成了一个全球性的生态破坏体系。正是在这种背景下，全球治理与绿色文明变成了当代人类的时代性问题，也应当成为全球治理研究的重要问题。

我觉得罗马俱乐部当时提出的最重要的问题就是这个问题，就是要从全球的角度、人类的角度和世界的角度，来重新反思人与自然的关系，反思工业文明带来的问题和困难，以及我们如何更好地约束自我和发展自我。

“二战”以来，我们的全球治理主要关注的是经济、政治、社会和文化方面，比如说我们有联合国关注全球的安全问题，有世界贸易组织关注全球的经济问题，也有货币基金组织关注全球的金融问题，还有各种各样军事的同盟来关心全球的军事安全，大家都能够活下来。但是我们现在特别需要一种组织，那就是真正能够把世界和中国的经济社会发展与生态文明建设融为一体。所以习近平主席和奥巴马总统在 G20 峰会前代表中国和美国这两个最大的国家签订了《巴黎协定》，对减少碳排放和保护生态环境做出了重要的承诺。《巴黎协定》是很重要的，希望能够在世界各国的共同努力中解决生态文明的问题。但是当我们来看资源、能源和生态环境的时候，我们发现了一个非常奇怪的现象：说得多，做得少；做坏事的多，做好事的少；做无用的事多，做有用的事少；局部的做得多，全部的做得少；享用得多，奉献得少，等等。所以在某种意义上，在这个问题上要真正做好是很难的，因为它必须超越我们狭隘的眼界，现实的功利主义的要求。正是为了打破地方保护主义，中央一方面通过“放管服”，大力向地方放权；另一方面把环境保护和监测权上收到了国家，而且实现纵向管理。湖北省委省政府曾经把“绿色决定生死”，作为湖北发展的“三维纲要”之一提出，也正是在这样的背景下，我曾经提出编制自然资产负债表，包括对干部进行离任生态审计考核等建议。我在湖北省政协提出《在湖北率先开展绿色 GDP 评估》的提案，是由李鸿忠书记亲自督办的六个绿色发展的议案之一。绿色发展确实需要一把手、主要领导的远见卓识和智慧勇气。

在我们今天来看，当代人类拥有一个共同的使命，那就是要超越国家保护主义、地方保护主义。当前这种保护主义不仅正在抬头，而且形成了一种全球化的态势。昨天我专门请教波兰贵宾，为什么经济走向了一体化，全球走向了一体化，而各国会越来越保守？越来越捂紧自己的钱袋子？他认为这是和经济下行有关的。我们对全球治理与生态文明、绿色发展的关注将会注意到以下几个层面：首先是人与自然关系理念的全新的梳理，其次是争取建立一个真正符合人类未来发展的全球生态治理体系，再次要建立全球生态保护组织和法规体系，复次要运用现代科学技术来推进生态环境保护，最后是要求和激励每一个地球人都来爱护和保护人类唯一的生态家园，拯救和保护这个承载力极为有限甚至已经是岌岌可危的地球。在这方面我相信我们是可以大有所为的。华中科技大学愿意和所有的专家、同人一道做出我们最大的努力！

再次衷心感谢大家！祝愿会议圆满成功！谢谢！

甘师俊致辞*

华中科技大学国家治理研究院的建立，对我国在“发展与治理”方面的研究工作是一件很有意义的事，我不是这方面的专家，仅想根据自己长期在中央政府部门工作的经历谈一点体会，供大家参考。治理不属于某类特定的专业，也不是纯理论问题，治理是一个综合性、跨领域、跨学科的复杂社会系统工程，既要重视理论研究，更要重视社会调查、社会实践和社会实验，正如欧阳康教授所指出的，国家治理研究院要以“服务国家需求、聚焦重大问题”为宗旨来开展研究工作。面对如此艰巨的任务，对于一个大学的学术机构，确实很繁重。问题首先是如何合理地定位、如何切入。

我在科技部工作时，曾经与哈佛的肯尼迪学院开展过一些合作，做过一些实地的和资料的调查。印象很深的一点是哈佛的学风非常重视案例研究，庞大的数据资料库，细致的各类案例分析报告，我们甚至在哈佛图书馆发现了全套的“中国科技政策”文本以及有关的课题研究报告，相对来讲我们在这些方面与他们差距比较大。发展与治理是进步的两个“轮子”，前者是基础，后者是上层建筑，前者是目的，后者是手段，善治归根结底是为良性发展服务的，从研究和实地考察发展入手来选题破题，寻找治理的答案。从“发展”到“可持续发展”是发展观念的根本转变，与此相适应，传统的治国理政要向可持续发展的治理现代化方向进步。改革开放以来，我国发展与治理的成功经验之一是从建立试点入手，如特区、试验区、各种开发区等，也就是先在一个较小的社会系统内摸索经验并不断修正，摸着石头过河。在形成有效的成功模式以后再

---

* 甘师俊，中国可持续发展研究会名誉理事长、原科技部社会发展司司长。

逐步推广，国家的许多大政策正是这样出台的。这样的实例很多，例如为了推进可持续发展战略的实施，从 1986 年起，我国开始创建“国家可持续发展实验区”，其目标是以市县级为主要对象，探索以政府为主导、群众广泛参与，政府与企业、社区、专家和非政府组织多元化治理，推动地方经济、社会、生态环境的协调发展。

2015 年 9 月习近平主席出席联合国发展峰会，同各国领导人一道讨论通过了 2030 年可持续发展议程。这是联合国确定的又一个全球性的重要行动。我国高度重视 2030 年可持续发展议程的落实，2016 年 9 月发布了中国落实 2030 年可持续发展议程国别方案，其中创建“国家可持续发展议程创新示范区”将作为一项最重要的行动计划。国务院于 2016 年 12 月 5 日正式印发了“国家可持续发展议程创新示范区建设方案”。首批十个示范区正在积极地筹划中，这是国家可持续发展实验区从量变到质变的飞跃。值得期待的是，这可能成为我国探索现代化治理模式的社会实验平台，华中科技大学一直是这项社会实验的重要力量。将善治模式的探索与实验区的建设工作结合起来，在这一点上华中科技大学有双重的优势，华中科技大学国家治理研究院是国内起步较早的研究机构，具有较强的人文社会科学力量，并在治理研究方面做了许多开创性的工作。当然作为一个在大学里面的这类机构不可避免也会存在一些不足的方面，需要尽快地提升自身的运营水平。一是走出去，请进来，开展广泛的合作，特别是与有关的国家、地方政府部门、学术机构以及民间社会团体建立良好的关系，当然还要争取广泛的国际联系；二是选择几个已有的综合性试点或者是示范区，争取得到相关管理机构的支持，开展具体的案例设计；三是向国家或地方的重点工作靠拢，有针对性地选题，主动地提供解决方案和咨询报告，比如最近中央决定建设的雄安新区。其实武汉也有许多类似的任务，这些工作肯定都需要大量的调查、研究、规划和方案设计，研究院应该树立信心、抓住时机进入国家和地方的中心工作，敢于碰硬，勇挑重担。华中科技大学位于号称中国天元之都的武汉，其前身华中工学院向来以敢为人先著称，在新的历史条件下，相信华中科技大学国家治理研究院一定能够为国家的良性发展与治理研究做出更大的贡献。

小约翰·柯布致辞*

对于本次会议即将研讨的主题，我深表赞同，我很希望自己能飞到武汉与各位一起共同探讨这些重要话题。令人高兴的是，德高望重的柯藤博士这次能够代表我们中美后现代发展研究院莅临大会。作为罗马俱乐部的成员和哈佛商学院的前教授，柯藤博士不仅深谙公司内部的运作以及公司对第三世界的影响，而且深谙公司对资本主义世界的宰制。多年前他就写下了《公司统治世界的时候》这一异常重要的著作。幸运的是，中国没有被公司主宰，她坚持社会主义市场经济。尽管如此，中国的公司也变得越来越强大。没人比柯藤教授更了解公司的内在逐利本性是如何可能导致经济上和政治上的不健康发展。我希望他可以帮助中国保持这份她依然享受的自由，与此同时，向世界展示政治秩序是如何能够控制经济机构的。

早在20世纪60年代后期，我就已经认识到，人类不断增长的物质消耗已经开始超过地球所能承担的负荷，对此，我的第一反应就是我们必须马上采取措施减少人类对物质的消耗。这对于大多数过度消费的美国人来说，当然是一个好的建议，但实际上，这个世界上还有很多人连最基本的生活必需品也无法满足。这种情况美国也不例外。为此，我们必须找到一个有效的办法去改善人类所面临的困境，从而减少人类因为满足自身过度需求而侵害和威胁地球上的其他物种的生存的情况。尽管当时我们并没有使用“绿色发展”一词，但“绿色发展”的确是我们一直所寻求的方向。

现在，不仅绿色发展的理念已经逐渐深入人心，而且也出现了一些

* 小约翰·柯布，中美后现代发展研究院创会院长，美国国家人文科学院院士。

充分体现绿色发展理念的成功实践。我们正在想方设法地更为有效地利用地球上的能源和物质；我们一直致力于开发数量更为富足的新型能源，利用这种新型能源不会对地球上的其他形式的能源造成破坏。我们希望，即使没有遍地铺设的电杆和线路，人与人之间沟通联系依然能够非常通畅。我们要尽可能地减少使用甚至停止使用化石能源，我们不能仅仅因为想居住得更为舒适，就没有限度地依赖化石能源来建造房屋。

我一直坚信保罗·索拉尼生态建筑学理论的正确性。我们完全可以建造保罗·索拉尼所提倡的绿色城市。在这种绿色城市中，交通等城市基本设施的建设完全不使用化石能源，从而让土地得到更好的利用。但迄今为止，中国还没有把这种生态建筑学理论运用于城市建设之中，这的确让人觉得非常遗憾。

绿色发展中最为关键的工作之一是农业土地的正确利用。中国的农业数千年来一直具有绿色环保的特点。但随着中国现代化进程的不断加速，化肥、农药以及土地开垦机器的使用日益普及。为了有效地提升化肥、农药等化学产品的使用效率，各国农业都采取了大批量的单一栽培方式。以此为标准，美国的大多数农业都没有做到绿色环保。例如，在杀害虫的同时把传粉虫等也杀害了。其严重后果就是化肥、农药的年使用量不断地上升。

真正的“绿色革命”确实能有效地提升土地的产量。当然，我们也不能简单地重复早期的传统农业发展模式，我们所面临的挑战在于是否真正地依赖“绿色革命”实现土地的高产。现在有些地方的实践已经很好地做到了这一点，因此，“绿色革命”的方式是真正可行的。但是，真正实现“绿色革命”并非轻而易举，它需要我们付出更大的努力，我衷心地希望中国的“绿色革命”能够取得圆满成功。

绿色发展的另一个重点是实现消费的选择性增长。人的生存当然需要食物满足，这是最基本的生存需要。但中国从传统而健康的饮食方式转变为美国式的食肉饮食方式，这就不是绿色的和环保的。因为，这样一来，对于生产食物的土地的需求就会大大增加，而土地正是地球上最为匮乏的资源之一。我们决不能通过牺牲那些连最基本的温饱需要都无法满足的人的利益而满足少部分富人对物质的过度消费需要。希望中国能够选择一种更为健康，更为绿色和环保的饮食方式！

多年前，我就认为应该寻找另一种指标以代替现在流行的 GDP 指标，以真正地衡量经济发展的真实水平。GDP 是一种衡量市场活动的指标。一个被地震摧毁的城市重建工作，必然需要增加资金。即使半个城市处于混乱之中，它的 GDP 指标却会比之前增长很多。当然，少数人奢侈的消费行为和多数人满足生存而必需的物质消费一样，都对 GDP 的增长做出了同样的“贡献”。表面上看 GDP 增长了，但同时却有很多人仍处于一种饥饿状态。因此，它并非是衡量经济发展的真实指标。

GDP 指标目前在美国仍然十分盛行，对此我非常担忧。与此同时，令我欣慰的是中国政府已经认识到 GDP 指标是一个错误的指标，因为它并不能真实地衡量经济发展实际水平。你们之中现在有人可能已经认识到存在着比 GDP 指标更为合理的衡量经济发展指标，它起源于可持续经济福利指标（即绿色 GDP）。这也是我多年前就开始研究探讨的问题。我认为，可持续经济福利指标大大优于 GDP 指标。

衷心希望中国在经济发展指标问题上有新的突破。中国在很多方面已经成为其他国家学习的典范。也许中国在绿色发展方面同样也能成为先行者和引路人，从而继续成为其他国家的学习榜样。

绿色发展是全球经济增长新模式的核心

吴季松　蔡程程*

一　从黑色发展到绿色发展是全球经济治理的关键

（一）人类发展理念的转变：从马达轰鸣、浓烟滚滚到“绿水青山就是金山银山”

发展是人类社会永恒的主题，人类要发展，社会要进步，必须选择恰当的发展模式。当人类面临人口膨胀、资源短缺、环境污染等一系列足以使人类生存和发展受到威胁的困难时，人们不得不深刻反思。人类只有一个地球，可持续发展是人类社会唯一的出路。

（二）生态建设、绿色发展不能顾此失彼，造成系统性破坏

习近平总书记关于党的十八届三中全会《决定》中说明：“我们要认识到，山水林田湖是一个生命共同体，人的命脉在田，田的命脉在水，水的命脉在山，山的命脉在土，土的命脉在树。用途管制和生态修复必须遵循自然规律，如果种树的只管种树、治水的只管治水、护田的单纯护田，很容易顾此失彼，最终造成生态的系统性破坏。”这不仅是中国也

---

* 吴季松，瑞典皇家工程科学院外籍院士，全国优秀科技工作者，北京市政府专家咨询委员会委员，北京航空航天大学·中国循环经济研究中心主任，原全国节水办公室常务副主任、水利部水资源司司长，原中国常驻联合国教科文组织代表团副代表；蔡程程，中国循环经济研究中心副秘书长，清华大学硕士。

是全球绿色经济治理要特别重视的问题。

（三）为什么要全球经济治理

因为经济全球化受阻，同时贸易、旅游、电信、环境污染、气候变化、跨国公司和国际资金流转，各国间互相依赖加强。同时，全球经济治理体系改革诉求加深需要公共政策，全球经济产生诸多变化：国际组织、跨国企业、非政府组织开放包容、合作共赢、循序渐进，方式渐变、标本兼治、务实有效、联动发展，创新全球经济增长方式，科技革命，产业变革已成为各国共同要求，所有这些要求全球经济治理。

（四）协同论是京津冀可持续发展的基础

协同论是系统论分支，以不同事务（子系统）的共同特征按协同机理，进行多学科综合研究，使系统达到动态平衡。对象是开放系统，如京津冀发展是一个开放系统，关键是序参数，经济、产业、社会、科技都是重要参数，是子系统，复杂巨系统从无序到有序转变，最后达到动态平衡。

二　从引入“可持续发展”到创立知识经济学

1982 年吴季松院士作为首批出国访问学者归国后翻译和诠释了“可持续发展”，“可持续发展”就是以知识、科学和技术创新为资源和动力的“绿色发展”，据此在联合国教科文组织创立得到国际学界承认的知识经济学。

（一）“可持续发展”概念的由来

“可持续发展”一词来自拉丁语“sustennere”，联合国教科文组织是创意者。第一次提出可持续发展的“持续”（susten）用的是法文——“撑得住”“垮不了”“得以维持”的意思。英文“持续”（Sustain）——“支撑”“承受得住”“继续”的意思。在 1980 年国际自然保护同盟（IUCN）制订的《世界自然资源保护大纲》（*The World Conservation Strategy*）

文件中最早出现。

（二）《我们共同的未来》可持续发展模式

世界环境与发展委员会经过 4 年的工作，于 1987 年向联合国提交了题为《我们共同的未来》（*Our Common Future*）的研究报告，正式提出了“可持续发展”的新设想是“节约资源”“保护环境”和“维系生态”等绿色发展的理念创新。但是这并没有根本解决可持续发展的问题，因此才提出了知识经济。

（三）吴季松院士提出的知识经济概念

尽可能以智力资源优化配置自然资源；尽可能开发高新技术，以富有资源代替稀缺资源；知识也可以成为产品，提高人民生活水平，改善人民生活质量。知识经济是以知识为基础的绿色发展新模式的理论基础。

（四）知识经济的创新

传统的生产函数：$Y=\mathrm{f}(K, L, G)$

改进的生产函数：$Y=\mathrm{f}(A, K, L, G)$

其中：K 为资本，L 为劳动，G 为资源（土地），A 为知识或技术。

邓小平同志指出：科学技术是第一生产力，知识作为生产要素进入生产函数。

《知识经济》是我国第一本同类著作，行销 28 万册，获“2000 年中国图书奖”（独著第二名），曾被中央党校和全国各地多种培训班用为教材。

三 从引入“循环经济”到创立“新循环经济学”

5R 循环经济的新经济思想于 2005 年 3 月 26—30 日在阿拉伯联合酋长国首都阿布扎比举行，阿联酋教育部主办、阿联酋大学承办、阿布扎比酋长国元首为名誉主席的世界“思想者节日论坛”上首次全面提出，并得到一致认同。

应邀参会的共有四大洲的28名思想者，其中有10位诺贝尔奖获得者和近百名代表，笔者作为世界知识经济的创意者被邀为思想者参会，并作为大会主席主持其中半天的会议。大会经过5天研讨，笔者规范了循环经济的理念，首次提出5R的循环经济新思想，在这次会议上得到一致认同。

（一）3R原则

著名的3R原则主要是改变传统工业经济把自然生态系统既当作取料场又当作垃圾场的不合理做法。很显然3R是经济生产的基本原则，而对于经济学而言，至少包括生产、分配和消费，因此，3R原则只是循环经济原则的重要组成部分，而不等于循环经济学。

（二）5R原则

吴季松院士提出的新循环经济学的5R原则是在传统经济学基础上发展来的新经济思想，其创新在于以科学发展观为指导，增加了再思考（rethink）与再修复（repair）的新理念，并把原有清洁生产3R的理念进行了延伸与拓展，形成了新循环经济学的理念。

再思考（rethink）——以科学发展观为指导，创新经济理论

减量化（reduce）——建立与自然和谐的新价值观

再使用（reuse）——建立优化配置的新资源观

再循环（recycle）——建立生态工业循环的新产业观

再修复（repair）——建立修复生态系统的新发展观

新循环经济学的5R原则是经济全球治理的最重要的实施手段之一。课题主持人新循环经济学的著作（2005年9月清华大学出版社出版中文版，2006年4月由意大利Effeelle出版社出版英文版，是我国经济学著作由发达国家全文出版的为数不多的几部之一）在近30年的时间里，演讲人曾对105国的生态系统和20省实施的生态修复实践进行了实地考察。

四 主持制定和指导实施了四个国家级生态修复规划创立绿色发展的新经济增长模式

（一）主持制定和指导实施了《首都水资源可持续利用规划》《黑河流域综合治理规划》《塔里木河流域治理规划》《黄河水分规划》，这些规划实际上都是绿色发展的新经济模式

1. 制定并主持了《21 世纪初期首都水资源可持续利用规划》

该规划于 2001 年在温家宝副总理和朱镕基总理先后主持的国务院总理办公会上得到称赞通过，并由朱镕基总理签署批准实施。这个规划既是经济发展规划，又是生态修复规划，是“绿色发展”在中国开创了经济新模式的国家级规划。至今取得了明显的效果，保证了北京奥运会举行和今天首都水资源的供需平衡，使北京才有可能实施流出生态水和修复湿地等一系列生态建设，并取得重大成果。

2. 塔里木河尾闾台特玛湖

2000 年的塔里木河尾闾千年固沙灌木系统几近崩溃，塔里木河尾闾几近干涸；《塔里木河流域近期综合治理规划》44 万亩高新节水项目率先实施，示范并推广了节水灌溉技术，极大地提高了流域地区实施高效节水灌溉的积极性，至今全流域高效节水面积已超过 1000 万亩，节水成效显著，流入尾闾台特玛湖。规划改变了塔河流域的产业结构和种植结构，恢复和创新当地的农业发展。

3. 黑河生态建设奏响绿色颂歌

2000 年水利部在张掖考察黑河节水灌溉，同年吴季松院士在黑河下游考察，当年水流小、植被稀少，12 年前的沙尘暴源今天已成旅游地。2013 年“十一”黄金周游客达 33.26 万，已成为热门旅游景区。

4. 以生态建设修复黄河断流保住中华文明源

黄河下游首次断流发生于 1972 年，从 1972 年到 1997 年的 26 年中，黄河下游共有 20 年发生断流；利津水文站累计断流 70 次，共 908 天。

黄河断流给下游沿黄地区工农业生产造成了较大损失，对黄河防汛也有不利影响。据初步调查分析，黄河下游沿黄地区 1972—1996 年因断流造成工农业损失268亿元，减产粮食99亿公斤。更为重要的是随着断流时间的加长，断流河段的延长，黄河最终要变成一条内陆河，这就完全破坏了黄河生态系统，摧毁了中华民族的摇篮，这一后果尽管是不堪设想的，但是完全可能的。

1999年，国务院批准以“生态水”为指导思想的重新分水方案。到2013年7月，下游利津水文站实测流量达到1290立方米/秒，已恢复到断流前水平，生态系统已基本恢复。

对以上规划及其实施，朱镕基总理批示为：“这是一曲绿色的颂歌，值得大书而特书。”温家宝总理批示为：“……提供了宝贵的经验。”

在国务院会议上，朱镕基总理和温总理都强调规划应当继续制定，但目前未有落实。《首都水资源可持续利用规划》获2005年北京市科学技术奖一等奖。

（二）以上工作的实际效果和受到的褒奖

（1）作为奥申委主席特别助理以绿色北京亲历申奥。在中国申办2008年奥运会的过程中，吴季松院士作为北京奥申委主席特别助理，针对有些人提出的北京的大气和水两大问题，以《21世纪初期（2001—2005年）首都水资源可持续利用规划》为例说服了几乎所有遇到的北京和国际奥委会委员。在2001年7月13日国际奥委会全会在莫斯科听取中国陈述后的提问中，没有一个问题提到北京的水。国际奥委会委员一致认同了这个准备奥运和经济绿色发展的新理念。

（2）2010年演讲人获“全国优秀科技工作者”称号，主要表彰报告人“以复合型生态工程的理论与实践在申办和保证北京奥运以及首都供水方面做出的突出贡献”。

（3）2009年演讲人以主持制定和实施中国第一批国家级生态修复工程（投入352亿人民币）当选为瑞典皇家工程科学院外籍院士，瑞典皇家工程科学院是世界三大工程院之一，有众多外国院士，演讲人高票当选说明这些绿色发展的理念和实践得到国际高度认可。

综上所述，讲演人对全球经济治理尤其是绿色发展从理论和实际上都做到了成功的探索，积累了实际经验，可供全球经济治理参考。

关于绿色 GDP 的多维探讨

——以绩效评估推进我国绿色 GDP 研究*

欧阳康　刘启航　赵泽林**

一　绿色 GDP 概念的提出

国内生产总值（Gross Domestic Product，GDP）指在一定时期（通常是一个季度或一年）内，一个国家或地区所有常住单位生产的全部最终产品和劳务价值的总和。GDP 是国民经济核算体系中的一大核心指标，被誉为“20 世纪西方经济学最伟大的发明”，并且在世界范围内得到认可。世界各国、各地区通常都会通过 GDP 来衡量自身的经济发展水平，分析地区经济发展的态势。20 世纪六七十年代，随着经济发展和工业化的推进，环境污染、能源危机、生态破坏等问题也在全球范围内不断加剧。然而这些问题并不能在 GDP 上予以呈现，人们越发认识到传统 GDP 核算体系中存在的缺陷。从 20 世纪 70 年代开始，学界、政府开始对现行的国民经济核算体系进行修正，力图建立一个能真实、科学反映一个国家或地区经济发展的核算体系。对此，学界以及国际组织不断进行探索，

---

* 教育部哲学社会科学研究重大课题攻关项目“推进国家治理体系和治理能力现代化若干重大问题研究”（教社科司函〔2014〕177 号）；国家社会科学规划办重大委托项目“十八大以来党中央治国理政新理念新思想新战略的哲学基础”（16ZZD046）；教育部社科司 2017 年习近平总书记治国理政新理念新思想新战略研究专项任务项目。本文已发表在《江汉论坛》2017 年第 5 期。

** 欧阳康，华中科技大学国家治理研究院院长，哲学系教授，博士生导师；刘启航，华中科技大学社会学院、国家治理研究院博士生；赵泽林，华中科技大学哲学系副教授，国家治理研究院研究员。

逐渐形成了绿色 GDP 概念。

1981 年世界银行首次提出了“绿色核算”概念，试图通过有所拓展的国民账户来修正传统 GDP 指标体系中存在的缺陷，希望统计的数据是能够真实反映经济生产所提供的产出数量，以及是能够真正给国民带来福利的数量。1987 年联合国环境与发展委员会在《我们共同的未来》的研究报告中，提出了“可持续发展”思想。自此，联合国与世界银行开始将环境和资源问题也列入发展战略研究中。1992 年在联合国召开的世界环境与发展大会上，可持续发展概念在世界范围内得到了认同。人们开始意识到传统的国民经济核算体系需要修正，并力求将传统 GDP 概念中存在的虚假部分排除掉，还原出一个能真实反映国家和地区发展的“绿色 GDP”概念。

联合国经济和社会事务部在 1993 年给绿色 GDP 下了一个定义，所谓绿色 GDP，即从现行的 GDP 中扣除掉自然资源耗减和环境污染损失之后的剩余国内生产总值。同年，联合国统计署在发布的《综合环境与经济核算手册》（SEEA）中首次正式提出了绿色 GDP 概念，即把经济活动中对环境的利用部分看作追加投入从原有的经济总量中扣除，这种经环境因素调整后的产出指标即生态国内产出（Environmental Domestic Product，EDP）。通过比较可以看到，原有的 GDP 核算模式未把资源与环境因素考虑在内，甚至是把不良的物品和服务也包含在内，不符合可持续发展原则，而未来的绿色 CDP 核算应是一种绿化了的 GDP，或者说是一种净值。

二　国外绿色 GDP 的主要成果

国外的绿色 GDP 理论研究在笔者看来可以分为两类：一类是对传统的 GDP 核算体系中的项目的拓展；另一类是构建以经济与环境为关注重点的指标体系。前者是在 GDP 核算体系中引入新的维度，后者的研究则与现有的 GDP 核算体系是一种并行关系。

（一）对传统 GDP 核算体系的拓展

国外学者在对传统 GDP 核算体系进行拓展时存在着关注重点的差异。

一些指标体系的关注重点是经济与环境，例如：1971 年美国麻省理工学院开始了对绿色 GDP 的研究，提出了“生态需求指标”（Ecological Requirement Index，ERI）理论，旨在探讨经济增长与环境压力之间的关系。1973 年日本政府提出净国民福利指标（Net National Welfare），这项指标把环境污染考虑在内，规定了政府在制定出每一项污染项目的允许标准后，应将超过了标准的项目所需的改善经费从传统 GDP 中扣除。“该指标也包含了自然资源损害和交通事故的成本，而没有考虑对家庭劳动的估价。”① 1987 年莱依帕（Leipert）等提出要重视引起环境污染的经济活动所带来的负面影响，“主张从净投资的核算中减去消耗掉的自然资源储备价值”②。也有一些学者把关注重点放在了经济与资源上，例如 1989 年卢佩托（Rober Repetoo）等提出的净国内生产指标（Net Domestic Product），他们的研究主要是探讨经济增长与资源消耗之间的关系。还有一些指标体系的关注重点为经济与社会，例如在 1990 年由世界银行的经济学家戴利（Herman Daly）和科布（John B. Cobb）提出的可持续经济福利指标（Index of Sustainable Economic Welfare）。此项指标在区分了经济活动可能带来的损益下，进一步衡量了社会因素可能造成的损失，如财富分配不均、失业率等对社会带来的危害，以及医疗支出等不能算在经济增长之中。此项指标在 1995 年由美国非营利性无党派公共政策研究室（Redefining Progress）进行了修改，目前已经被英、美、法、瑞士等发达国家接受。1996 年欧盟委员会开发出“欧洲环境压力指数”和“欧洲综合经济与环境指数体系”，经济合作与发展组织（Organization for Economic Cooperation and Development，OECD）通过卫星账户的方式，使用实物化和货币化核算，从而反映人类活动与经济活动对环境的压力。另一些指标体系则是把经济、环境和社会都纳入考虑范围。例如托宾（James Tobin）和诺德豪斯（William Nordhaus）在 1972 年提出的净经济福利指标（Net Economic Welfare）。他们建议把城市污染等经济行为产生的社会成本从

① 杨多贵、周志田：《“绿色 GDP”核算的理论与实践探索》，《科学管理研究》2005 年第 4 期。

② 修瑞雪、吴钢、曾晓安、孙建国、于德永：《绿色 GDP 核算指标的研究进展》，《生态学杂志》2007 年第 7 期。

GDP 中去除，加进家政活动、社会义务等被忽视的经济活动。1993 年联合国统计署、环境署和世界银行等国际组织在原先的国民经济核算体系 SNA（System of National Accounts）的基础上用附属账户的形式把环境经济综合核算引入到了传统 GDP 核算体系中，从而形成了新的核算体系 SEEA（System of Integrated Environmental and Economic Accounts），并于 1994 年正式出版了《综合环境与经济核算手册（SEEA）》，此后在 2000 年与 2003 年又进行了两次修改工作。与前两版相比，2003 年版的 SEEA 更注重对实践应用成果的总结，并对原有内容进行了拓展，对各部分具体核算进行了讨论。[①] 1995 年，世界银行提出了“扩展的财富”这一概念。这一概念增加了传统国民经济核算体系中囊括的内容，把自然、人力、社会资本也纳入到传统的国民经济核算体系中。[②] 此外，世界银行还提出了“真实储蓄率”（Genuine Saving）指标概念，即从国内总储蓄中扣除掉人造资本、自然资源和环境折旧。这一指标的提出，为人们评价一个国家或地区的财富和发展水平的动态变化提供了一项更有说服力的判断依据。国际“发展重新定义组织”（Redefining Progress）于 1995 年提出的真实发展指标（Genuine Progress Indicator，GPI）概念也与世界银行所提出的概念类似，都是希望能衡量出一个国家或地区的真实经济福利，此项指标体系拓宽了原先的国民经济核算框架，添加了社会、经济和环境三个账户。

（二）构建以经济与环境为关注重点的指标体系

国外除了上述对原有 GDP 核算体系进行拓展的研究，还有一些试图建立与现有 GDP 核算体系并行的体系的研究。例如：瓦克纳格尔（Wackernagel）等人在 1996 年提出的“生态足迹”度量指标（Ecological Footprint），这一指标旨在计算在人口、经济规模一定的情况下，需要多

① United Nations Statistics Division, Integrated Environmental and Economic Accounting 2003, 1993.

② World Bank, “Expanding the Measure of Wealth: Indicators of Environmentally Sustainable Development”, *Environmentally Sustainable Development Studies and Monographs Series*, Vol. 17, 1997, pp. 24 – 34.

少的生产土地面积才能维持资源的消费和废弃物的被吸收。① 1997 年康斯坦萨（Constanza）和卢布琴科（Lubchenco）提出了“生态服务指标体系”（ESI）。该指标体系用于估算地球生物圈生态服务系统总价值。②

（三）运用绿色 GDP 理论开展测评

1989 年卢佩托（Rober Repetoo）等选择印度尼西亚作为考察对象，计算了从 1971 年到 1984 年印度尼西亚排除掉了石油耗损、木材消耗和水土流失造成的损失后实际的经济增长率并非是 7.1%，而仅有 4.8%。1996 年瓦克纳格尔（Wackernagel）等人在《国家生态足迹》中，通过生态足迹指标对 52 个国家和地区在 1997 年的数据进行了计算分析，得出的结论令人不得不为地球的承载力担忧——“全球人均生态足迹为 2.8 公顷，而可利用人均生态生产面积仅为 2 公顷，全球人均生态赤字为 0.8 公顷，从全球范围而言，人类的生态足迹已超过了全球生态承载力的 35%”③。1997 年，康斯坦萨（Constanza）和卢布琴科（Lubchenco）通过生态服务指标体系把全球的生态系统分为 20 个生物群落，接着把全球生态系统蕴含的生态服务功能分为 17 类，在此基础上计算了生态服务系统所含的价值与 GDP 之间的比例关系。在联合国支持下墨西哥于 1990 年实行了绿色 GDP 核算体系。墨西哥政府将石油、土地、空气、水、土壤和森林等列入环境经济核算范围，“再将这些自然资产及其变化编制成实物指标数据，最后通过估价将各种自然资产的实物量数据转化为货币数据。在传统国内生产净产出 NDP 基础上计算出了石油、木材、地下水的耗减成本和土地转移引起的损失成本”④，并进一步得出了环境退化所需的成本。而伴随 SEEA 体系的推出在世界范围内引起的强烈反响，1991 年至 1996 年美、日等国纷纷开始建立类似自然资源账户、净国民福利指

---

① Wackernagel M., Rees W. E., “Perceptual and Structural Barriers to Investing in Natural Capital: Economics from an Ecological Footprint Perspective”, *Ecological Economics*, Vol. 20, 1997, pp. 3–24.

② Jane Lubchenco, “Entering the Century of Environment: A New Social Contract for Science”, *Science*, Vol. 279, 1998, pp. 491–497.

③ 杨多贵、周志田：《“绿色 GDP”核算的理论与实践探索》，《科学管理研究》2005 年第 4 期。

④ 齐援军：《国内外绿色 GDP 研究的总体进展》，《经济研究参考》2004 年第 88 期。

标等适合本国国情的核算框架。其中，北欧国家在这方面是较早起步的。挪威是最早开始进行自然核算的国家，它把能源核算、森林存量核算，以及空气污染排放、环境费用支出等都纳入统计模式。芬兰在借鉴了挪威的方式的基础上，也建立了自己的自然资源核算体系。芬兰的核算内容有三项，分别是森林资源、环境保护支出费用和空气排放。近年，欧盟在挪威和芬兰开展的研究的基础上，制定出了一套在 SEEA 框架基础上适用于欧盟成员的经济核算模式，这一模式将环境核算包含在内，被称为包括环境账户的国民核算矩阵（NAMEA）。印度尼西亚也于 1996 年初步完成了本国的核算矩阵建设以及 1990—1993 年的自然资源与环境账户的实例核算。史托克哈默（Stock hammer，1997）和汉密尔顿（Hamilton，1999）分别对澳大利亚过去 40 年的可持续经济福利指标和真实发展指标进行了评估，结果显示 1985 年前澳大利亚的 GDP 和可持续经济福利指标相近，但此后国民福利出现了停滞现象，与 GDP 的持续增长呈现背离。1999 年汉利（Hanley）等对苏格兰在一定时间内的发展水平进行了评价，分别采用经环境调整后的净国内产值、可持续经济福利指标和真实发展指标以及真实储蓄等多种方式。①

可以看到国外对绿色 GDP 的研究既有对于传统的 GDP 核算体系进行的拓展，也有跳出传统 GDP 的核算体系重新构造一个新的体系。这些研究从不同的角度关注绿色 GDP，有些研究也得到推广。但有些缺陷也是不可忽视的。第一，在传统的 GDP 核算框架下进行的拓展就必然会涉及货币化核算的问题。所涉及的项目，有些价格为估值，有些则难以确定市场价格，核算结果的准确性也就会打折扣。第二，跳出传统的 GDP 核算体系，重新建构的一套新的理论体系，其关注的重点在于量化经济活动给生态环境造成的影响。这些研究虽然直观地反映了人类的经济活动给生态环境造成的影响，但是只关注到环境的破坏和资源的消耗，并没有关注 GDP 的产出。同时，这些研究只是一个瞬时数据输出的结果，参考价值有限且不具有预测的功能。

① Hanley N., Moffatt I., Faichney R., Wilson M., "Measuring Sustainability: A Time Series of Alternative Indicators for Scotland", *Ecological Economics*, Vol. 28, 1999, pp. 55 - 73.

三 国内绿色 GDP 的研究综述

我国对绿色 GDP 的研究起步较晚。自改革开放以来，随着我国经济的迅猛发展，资源的过度消耗、生态环境的破坏问题也日益突出，人们开始逐渐意识到以牺牲资源、环境为代价发展经济的做法不可取，因此国内也开始了对绿色 GDP 的研究。1992 年，世界环境与发展大会（World Environment and Development Conference，WEDC）召开以后，我国学术界和政府部门开始持续追踪国际上绿色 GDP 核算体系的最新研究成果，力求使得中国的国民经济核算体系与国际上的国民经济核算体系保持同步。

（一）国内对绿色 GDP 理论研究

国内的研究主要集中在对现行 GDP 核算体系的拓展方面，例如：自 1988 年起，李金昌等人展开的《自然资源核算及其纳入国民经济核算体系》课题研究，着重探讨把自然资源以及环境纳入到传统国民经济核算体系中可以应用的方法。1990—1999 年，北京大学进行了长达十年的关于绿色 GDP 理论、模式等方面的研究。1995 年，雷明进行了《中国环境经济综合核算矩阵及绿色 GDP 核算》的课题研究。2002 年廖明球分析了在测算绿色 GDP 中，非生产经济资产耗减、非生产自然资产降级应如何测算，以及自然资产转为经济资产应如何测算。在 2009 年，廖明球则对绿色 GDP 投入产出模型进行了构想，通过把将绿色 GDP 指标测算和绿色投入产出分析方法相结合，试图建立一个合理的绿色 GDP 投入产出模型。杨缅昆在 2001 年发表的文章中对绿色 GDP 核算理论进行了梳理，其中结合庇古的福利经济学理论探讨了绿色 GDP 核算方式以及绿色 GDP 核算公式的构建。2002 年，徐衡和李红继从社会经济统计的角度，论述了自然资源耗减价值和环境污染耗损价值之间的理论关系并列举了如何计算的实例。

（二）国内对绿色 GDP 的实践探索

国内对于绿色 GDP 理论的实践主要是以政府为主导。1996 年，北京大学通过运用“投入产出表”基本原理，对我国资源、经济、环境进行了绿色 GDP 核算，计算了 1992 年我国的绿色 GDP，对我国的资源和环境耗损进行了初步研究。1999 年得到关于“中国综合经济与环境核算体系”的研究成果。1998 年，我国开展了《自然资源核算及其纳入国民经济核算体系》的课题研究，这项研究是国务院发展研究中心同美国世界资源研究所进行的一项合作项目，该研究的目的在于探究“将自然资源环境核算纳入国民经济核算体系的理论与方法”。2000 年，北京社会科学院设计了一套以绿色 GDP 为核心的指标体系，并且以 1997 年北京的环境质量、资源为对象，进行了 GDP 和绿色 GDP 的测算。1998 年国家环保局和 2001 年中国科学院国情研究小组，根据世界银行的“扩展的财富”概念分别对中国自 1978 年以来的国民储蓄率进行了计算与分析。2001 年国家统计局进行了自然资源核算工作，编制了包括土地、矿产、森林、水资源等在内的“全国自然资源实物表”，并相继开展了“海洋资源实物量核算”“环境保护与生态建设实际支出核算”等多项核算工作，并在 2006 年开始实施万元 GDP 能耗、水耗等指标的公报制度。国家环境保护总局也开展了一系列工作，进行了相关重要课题研究，例如 1990 年进行的《中国典型生态区生态破坏经济损失及其计算方法》课题研究，在 2003 年与国家信息中心开展合作，进行了“建立国家中长期环境经济模拟系统以及环境经济投入产出核算表”以及 2004 年“国家‘十五’科技攻关课题《绿色国民经济核算体系框架研究》”和“全国环境污染损失评估”的研究。2004 年国家统计局、国家环境保护总局等部门联合启动了“绿色 GDP 核算体系研究”，完成了《中国资源环境经济核算体系框架》和《基于环境的绿色国民经济核算体系框架》两份报告。2005 年国家环保总局和国家统计局在北京、河北、浙江、广东、四川等 10 个省市开展了绿色 GDP 试点工作。2006 年，国家统计局和国家环保总局共同发布《中国绿色国民经济核算研究报告 2004》，这是我国第一份成形的关于绿色 GDP 核算体系的报告。此外，随着绿色 GDP 理论的发展，学界逐渐兴起了对某一县市或地区的绿色 GDP 核算应用的研究。

可以看到国内对于绿色 GDP 的研究，自从引入以来就得到了相当程度的重视。研究主要集中在传统 GDP 核算体系的拓展和利用投入产出表核算绿色 GDP 等方面。使用投入产出表核算绿色 GDP 为绿色 GDP 的研究提供了新思路。国内的研究主要问题在于：第一，无法避免货币化核算的缺陷。第二，投入产出分析法相对复杂。第三，国内后续的研究转向了对于小区域、小范围的探讨，缺乏对于宏观层面的关注。

四 以绩效评估推进我国绿色 GDP 研究

绿色 GDP 的研究于 20 世纪 90 年代在中国兴起，在 2006 年前后达到高潮，此后陷入了近十年的沉寂期。党的十八大把生态文明建设提到了前所未有的高度，形成了“五位一体”推进建设中国特色社会主义道路的总体布局，环保部提出重启绿色 GDP 研究。结合绿色 GDP 已有的研究成果和我国生态文明建设的现实需要，推进我国绿色 GDP 研究具有重大战略意义。

（一）现有绿色 GDP 研究的特点

纵观绿色 GDP 的研究历程，呈现出如下特点：（1）人类遭遇全球性生态环境危机是绿色 GDP 研究的缘起。生态环境危机促使人类对工业文明进行反思，进而对工业文明的评估指标 GDP 的缺陷有了更多的关注。为了弥补这种缺陷，绿色 GDP 的概念才被逐渐明确下来。（2）国际组织在绿色 GDP 的研究中发挥了至关重要的作用。世界银行、联合国相关机构站在人类可持续发展的高度推进绿色 GDP 研究，积极与各国开展合作研究。特别是《综合环境与经济核算手册（SEEA）》系列相关成果的发布，为绿色 GDP 研究的发展奠定了坚实的基础，很多国家也都参考该体系开展了本国的绿色 GDP 核算实践。（3）发达国家比欠发达国家绿色 GDP 研究状况好。发达国家由于经济发展到了较高水平，其更多关注环境、资源、社会等方面的问题，对绿色 GDP 问题也有较高程度的关注。欠发达国家则陷入经济发展与环境保护的两难之中。由于资金和技术方面的制约不具备发展低污染、低能耗产业的条件，欠发达地区更多会选择忽视绿色 GDP 问题，这也就导致了发达国家和欠发达国家在这个问题上的反差。（4）绿色 GDP 的研究缺乏跨学科视野。对于绿色 GDP 的研究，经济学侧重于如何科学核算某地区的绿色 GDP 数值，生态学侧重于如何全面呈现某地区生态资源的经济价值，社会学侧重于如何真实反映经济发展给某地区居民带来的福利……不同的学科基于不同的视角都对绿色 GDP 问题有了很好的研究，但是也都还不够。对于绿色 GDP 的研究不仅仅是为了核算某地区的绿色 GDP 具体的数值、呈现某地区生态资源的经济价值、反映经济发展给某地区居民带来的福利，更是为了统筹该地区经济社会全面、协调和可持续发展。绿色 GDP 的研究是一把“标尺”，但其更应当成为一根“指挥棒”。

（二）基于绩效评估视角的我国绿色 GDP 研究

经过中西方学界近百年的探索之后，我们对于绿色 GDP 的科学内涵已经形成了基本的共识。所谓绿色 GDP，即是从现行的 GDP 中扣除掉自然资源损耗和环境污染损失之后的剩余国内生产总值。而具体的算法不同的学者却有着不同的看法，有学者则提出了另一种具有典型代表意义的绿色 GDP 算法：

GGDP = GDP - （自然的虚拟部分 + 人文的虚拟部分）

其中，自然的虚拟部分包括：环境污染导致环境质量降低造成的损失，自然资源退化与社会经济发展匹配不均衡造成的损失，生态系统质量持续性退化和生态系统功能部分或全部丧失所造成的损失，自然灾害造成的损失（灾害成本），资源稀缺引发的成本上升；物质和能量的不合理利用造成的损失，环境系统、资源系统、生态系统的修复成本等。人文虚拟部分包括：疾病和公共卫生条件恶化所造成的损失、失业所造成的损失、犯罪所造成的损失、教育水平低下和文盲人口增加所造成的损失、人口数量失控所造成的损失、管理与决策失误所造成的损失，等等。这似乎确实是一种非常完善的绿色 GDP 算法。然而，在实际测算中，这种绿色 GDP 又因无所不包从而无法得到真正实践，最终将绿色 GDP 陷于海市蜃楼之窠臼。

面对这样的困境，在我国绿色 GDP 的研究中引入绩效评估的视角是一条有价值的路径。绩效评估是一个考核考评办法，用于评价行为主体与评定任务之间的有关绩效信息。在我国绿色 GDP 的问题上，行为主体就是各级政府，评定的内容可以锁定当前 GDP 局限中的关键痛点，以及亟待解决的环境污染损耗和生态资源损耗问题。各级政府作为政策的制定者，在经济社会综合发展的过程中的作用至关重要。作为经济发展的重要考核指标 GDP 历来都是各级政府政绩考核的重中之重，绿色 GDP 作为绿色发展的重要考察指标在各级政府生态文明建设的绩效考核中也应该具有同样的地位。经济发展、环境污染和生态资源是绿色 GDP 研究中的核心问题，评价各级政府在这三方面的绩效能够客观反映该地区绿色发展和生态文明建设状况。基于绩效评估视角的绿色 GDP 绩效评估所定义的算法可以确立为：绿色 GDP = 该地区国民生产总值 - 环境污染损耗 - 生态资源损耗。

（三）本团队开展的湖北省绿色 GDP 绩效评估

笔者的研究团队从绩效评估的视角出发，基于上述的算法对湖北省绿色 GDP 进行了评价。根据现行的统计口径设计了绿色 GDP 绩效评估三级指标体系。指标体系关注经济发展、环境污染、生态资源三个方面，并分类细化到 52 个三级指标，构建了 GDP 增长中各种损耗的 45 个分行业统计与评价指标体系，据此对 GDP 增长中的各种损耗进行分行业的统计与评价，构建出绿色 GDP 绩效评估的“矩阵型”二维指标体系，最终形成了可以直接使用的 10 个统计与评价数据采集表单。通过查阅 2008 年至 2015 年的《湖北统计年鉴》、湖北省各市州《国民经济和社会发展统计公报》《中国统计年鉴》《中国能源统计年鉴》《中国价格统计年鉴》《中国物价年鉴》、国家发改委数据简报，以及我们对湖北省相关环保企业等参与经济运行的第三方直接调研数据。共收集到湖北省 17 个地区 2008 年到 2014 年的 418710 个数据。我们同时评测了湖北省 17 个地区 2008 年到 2014 年的 GDP、绿色 GDP、人均 GDP、人均绿色 GDP、绿色发展指数五个维度的状况。相关结果见表 1。

表 1　　2014 年湖北省 17 个地市州绿色发展绩效综合排名

地市州名称	绿色发展指数（参考值为 1）	人均绿色 GDP（万元）	人均 GDP（万元）	绿色 GDP（千亿元）	GDP（千亿元）
武汉	0.9	8.801	9.74	9.098	10.069
仙桃	0.83	3.943	4.737	0.46	0.552
襄阳	0.83	4.612	5.588	2.583	3.129
天门	0.82	2.545	3.111	0.329	0.402
宜昌	0.82	6.263	7.631	2.571	3.132
潜江	0.81	4.6	5.66	0.439	0.54

续表

地市州名称	绿色发展指数（参考值为1）	人均绿色GDP（万元）	人均 GDP（万元）	绿色 GDP（千亿元）	GDP（千亿元）
随州	0.81	2.692	3.313	0.588	0.723
十堰	0.81	2.888	3.56	0.974	1.201
咸宁	0.8	3.109	3.874	0.774	0.964
黄冈	0.8	1.888	2.359	1.183	1.477
神农架	0.79	2.073	2.639	0.016	0.02
荆门	0.79	3.605	4.536	1.041	1.311
恩施州	0.77	1.392	1.818	0.462	0.603
鄂州	0.76	4.922	6.517	0.521	0.69
荆州	0.76	1.951	2.577	1.121	1.48
孝感	0.75	2.096	2.787	1.019	1.355
黄石	0.68	3.375	4.929	0.827	1.207

关于这个评测的更多详细结果请参阅华中科技大学国家治理研究院发布的《中国绿色 GDP 绩效评估报告（2016 年湖北卷）》。通过引入绩效评估的视角，我们期望能够推进我国绿色 GDP 的研究，使绿色 GDP 真正成为一根科学有效的“指挥棒”，引领我国生态文明建设和绿色发展方向。

基于碳收支核算的河南省县域空间横向碳补偿研究*

赵荣钦　刘　英　马　林　李宇翔
侯丽朋　张战平　丁明磊**

引　言

随着经济、社会的快速发展，自然资源稀缺和环境破坏问题越加尖锐，生态环境与人类社会的矛盾也日渐突出。在这种背景下，区域生态补偿不仅成为国际学术界的研究热点①，也成为当前推动区域公平、协调发展的重要现实问题。"碳补偿"（Carbon compensation）是全球变化和低碳背景下产生的生态补偿研究的新领域。近年来，国际上对森林碳补偿②，碳

* 国家自然科学基金项目（41301633）；教育部人文社科项目（17YJCZH257），河南省自然科学基金（182300410103）；河南省高等学校青年骨干教师培养计划（2017GGJS078）。

** 赵荣钦，华北水利水电大学资源与环境学院教授，研究方向为土地利用与碳排放；刘英，郑州航空工业管理学院土木建筑工程学院；马林，华北水利水电大学资源与环境学院；李宇翔，华北水利水电大学资源与环境学院；侯丽朋，华北水利水电大学资源与环境学院；张战平，华北水利水电大学资源与环境学院；丁明磊，华北水利水电大学资源与环境学院。

① 刘春腊、刘卫东、陆大道：《1987—2012 年中国生态补偿研究进展及趋势》，《地理科学进展》2013 年第 32 卷第 12 期。

② Galik C. S.，Jackson R. B.，"Risks to Forest Carbon Offset Projects in a Changing Climate"，*Forest Ecology and Management*，Vol. 257，No. 11，2009，pp. 2209 – 2216.

补偿技术①，区域碳排放配额分配机制②，水库开发的碳补偿③等开展了探索研究；国内学者也从理论和实证两个角度开展了碳补偿的相关研究，如《中国碳平衡交易框架研究》提出要建立全国各省“碳源—碳汇”的平衡账户，利用区域间碳源/汇的差异，建立“国家碳补偿制度”④，公衍照等⑤和李青青等⑥对碳补偿的内涵特征、区域碳补偿及碳交易制度的基本框架进行了较为系统的阐述，同时，一些针对森林碳补偿⑦、碳汇渔业碳补偿⑧、旅游碳补偿⑨、碳汇价值评价⑩⑪、区域碳生态补偿⑫⑬⑭等领域的案例研究也逐渐展开，这为碳补偿理论和方法的构建提供了有益的参

① Lovell H., Liverman D., “Understanding Carbon Offset Technologies”, *New Political Economy*, Vol. 15, No. 2, 2010, pp. 255 - 273.

② Zhang Y. J., Wang A. D., Da Y. B., “Regional Allocation of Carbon Emission Quotas in China: Evidence from the Shapley Value Method”, *Energy Policy*, Vol. 74, 2014, pp. 454 - 464.

③ Yu B., Xu L., Yang Z., “Ecological Compensation for Inundated Habitats in Hydropower Developments Based on Carbon Stock Balance”, *Journal of Cleaner Production*, 2015, (In Press): doi: 10.1016/j.jclepro.2015.07.071.

④ 中国环境文化促进会：《首部〈中国碳平衡交易框架研究〉报告在京发布》，2008 年 11 月 6 日，http://www.zhb.gov.cn/zhxx/hjyw/200811/t20081106_130915.htm。

⑤ 公衍照、吴宗杰：《论温室气体减排中的碳补偿》，《山东理工大学学报》（社会科学版）2012 年第 28 卷第 1 期。

⑥ 李青青、龚梦祎、顾庆平：《总量控制与交易机制中的碳补偿制度研究》，《环境科学与管理》2013 年第 38 卷第 8 期。

⑦ 蔡志坚：《森林碳补偿贸易市场及其在中国发展的相关问题研究》，《世界林业研究》2005 年第 18 卷第 4 期。

⑧ 于谨凯、杨志坤、邵桂兰：《基于影子价格法的碳汇渔业碳补偿额度分析——以山东海水贝类养殖业为例》，《农业经济与管理》2011 年第 28 卷第 6 期。

⑨ 费芩芳：《旅游者碳补偿支付意愿及碳补偿模式研究——以杭州西湖风景区为例》，《江苏商论》2012 年第 29 卷第 11 期。

⑩ 谢高地、李士美、肖玉等：《碳汇价值的形成和评价》，《自然资源学报》2011 年第 26 卷第 1 期。

⑪ 沈月琴、曾程、王成军等：《碳汇补贴和碳税政策对林业经济的影响研究——基于 CGE 的分析》，《自然资源学报》2015 年第 30 卷第 4 期。

⑫ 余光辉、耿军军、周佩纯等：《基于碳平衡的区域生态补偿量化研究——以长株潭绿心昭山示范区为例》，《长江流域资源与环境》2012 年第 21 卷第 4 期。

⑬ 孙贤斌、傅先兰、倪建华等：《安徽省会经济圈碳排放强度与生态补偿研究》，《地域研究与开发》2012 年第 31 卷第 1 期。

⑭ 赵荣钦、刘英、李宇翔等：《区域碳补偿研究综述：机制、模式及政策建议》，《地域研究与开发》2015 年第 34 卷第 5 期。

考。但总体而言，区域碳补偿还处于探索研究阶段，更多集中在某种人类活动的碳补偿方面，而在区域横向（特别是区域县域及以下单元）碳补偿标准和模式研究方面还需要进一步加强。

《中共中央关于全面深化改革若干重大问题的决定》提出要“完善对重点生态功能区的生态补偿机制，推动地区间建立横向生态补偿制度”。因此，如何将生态补偿引入区域低碳发展模式中，既保证低碳运行，又能实现区域内部的公平发展，是一个需要解决的重要现实问题。从县域尺度来看，河南省内部自然环境、农业生产条件、产业结构、资源禀赋、经济发展状态、生态环境压力等空间差异明显。因此，开展河南省县域空间碳收支评估并构建横向碳补偿模式，对于推动区域低碳协调发展具有重要的实践意义。鉴于此，本文以河南省为例，尝试从县域空间尺度，开展碳收支和碳补偿的实证研究，为气候变化背景下区域低碳协调发展、实施碳补偿提供实践指导和决策参考。

一　区域碳补偿机制分析

结合生态补偿的概念和内涵，可以将“碳补偿”定义为“碳排放主体以经济或非经济方式对碳汇主体或生态保护者给予一定补偿的行为”。其主要特征如下：（1）碳补偿是碳排放主体通过经济手段消除其碳排放外部性的行为；（2）碳补偿实质上是对碳汇保护成本或放弃发展机会的损失的经济补偿；（3）县域横向碳补偿的目的是促进碳减排，实现县域空间公平和可持续发展，实质上是一种以碳为纽带的县域低碳发展的模式和手段。①

县域空间横向碳补偿框架和实施步骤如下：（1）对县域尺度的碳收支进行核算并建立碳源碳汇账户，了解碳收支的空间差异。（2）识别不同碳排放活动方式下碳补偿的主体和客体。产生负外部性的即为碳排放的主体，如高碳排放企业、重点开发区或城市建成区、能源消费活动主体、高碳土地利用方式经营者及个人消费活动主体等；反之，碳汇产业、

① 赵荣钦、刘英、李宇翔等：《区域碳补偿研究综述：机制、模式及政策建议》，《地域研究与开发》2015 年第 34 卷第 5 期。

生态建设者、生态功能区、自然保护区及碳汇用地的经营者等可以看作是碳吸收主体，即产生正外部性①；本文将各县域单元视为单一行为主体，碳排放高于碳吸收的区域即为碳补偿的主体，反之，则为碳补偿的客体。(3）以碳收支平衡核算为依据，建立基于碳排放强度及其经济贡献指标修正的碳补偿模型，并构建县域空间横向碳补偿的模型和方案。

二 研究数据与方法

（一）数据来源

采用2005年和2009年两个截面年份的河南省各县区的相关统计数据，包括：人口、国土面积、GDP、农业生产情况（农业机械总动力、化肥使用量、有效灌溉面积等）、农作物种植面积及产量、畜牧业产量、化石能源消耗量、县（市）林地及草地面积、固废及废水排放量等。这些数据主要来自于《河南省统计年鉴》和《河南省土地利用现状数据》(来自河南省国土资源厅)。

（二）区域碳收支核算方法

本文结合IPCC温室气体清单方法及国内外相关最新研究建立了县域层面碳收支核算方法体系，其中，碳吸收包括农作物、林地、草地和建成区绿化植被的碳吸收；碳排放包括能源消费、农业生产活动、人类呼吸、畜牧业、固体废弃物和废水等的碳排放。各项碳收支的具体计算方法见表1②，相关碳排放因子等数据详见文献③④。另外，考虑到土壤碳释放主要是自然过程，而本文主要是度量人类活动碳排放的影响并建立区域之间的补偿机制，因此没有考虑土壤自然过程的碳排放。

---

① 赵荣钦、刘英、李宇翔等：《区域碳补偿研究综述：机制、模式及政策建议》，《地域研究与开发》2015年第34卷第5期。

② 赵荣钦、黄贤金、彭补拙：《南京城市系统碳循环与碳平衡分析》，《地理学报》2012年第67卷第6期。

③ 同上。

④ 赵荣钦、刘英：《区域碳收支核算的理论与实证研究》，科学出版社2015年版。

表1　　碳收支核算方法及参数说明

核算项目	计算方法	参数说明
能源消费碳排放	$CE_{energy-i} = Q_{energy-i} \times H_{energy-i} \times (C_{energy-i} + M_{energy-i})$	$CE_{energy-i}$为第i种能源的碳排放量；$Q_{energy-i}$为第i种能源的消费量；$H_{energy-i}$为第i种能源的净发热值；$C_{energy-i}$为第i种能源的碳排放系数；$M_{energy-i}$为第i种能源的CH_4排放系数
农业生产活动碳排放	$CE_{mach} = S_{mach} \times P + P_{mach} \times Q$ $CE_{irri} = S_{irri} \times R$ $CE_{fert} = G_{fert} \times A$	CE_{mach}、CE_{irri}、CE_{fert}分别为农机、灌溉和化肥的碳排放；S_{mach}为农作物种植面积；P_{mach}为农业机械总动力；S_{irri}为灌溉面积；G_{fert}为化肥使用量；P、Q、R、A为碳排放系数，分别取16.47kgC/hm^2、0.18kgC/kW、266.48kgC/hm^2、857.54kgC/Mg
人类呼吸碳排放	$CE_{hum} = Num_{people} \times 0.079$	CE_{hum}为人类呼吸的碳排放量；Num_{people}为人口数；0.079为人均碳排放系数（tC/a）
畜牧业碳排放	$CE_{animal} = \sum_i Num_{animal-i} \times (C1_{animal-i} + C2_{animal-i})$	CE_{animal}表示动物的碳排放总量；$Num_{animal-i}$表示第i种动物的数量；$C1_{animal-i}$为第i种动物肠道发酵的甲烷排放系数；$C2_{animal-i}$为第i种动物粪便的甲烷排放系数
固体废弃物碳排放	$CE_{waste-burn} = Q_{waster-burn} \times C_{waste} \times P_{waste} \times EF_{waste}$ $CE_{waste-fill} = Q_{waste-fill} \times 0.167 \times (1 - 71.5\%)$	$CE_{waste-burn}$表示垃圾焚烧产生的碳排放量；$Q_{waste-burn}$表示垃圾焚烧量；C_{waste}为废弃物的碳含量比例；P_{waste}为废弃物中的矿物碳比例；EF_{waste}为废弃物焚烧炉的完全燃烧效率；$CE_{waste-fill}$为垃圾填埋产生的碳排放；$Q_{waste-fill}$为垃圾填埋量
废水碳排放	$CE_{liv-water} = Num_{people} \times BOD_{capita} \times SBF \times C_{BOD} \times FTA \times 365$ $CE_{ind-water} = Q_{ind-water} \times COD_{ind-water} \times C_{COD}$	$CE_{liv-water}$是生活废水中甲烷的年排放量；Num_{people}为人口；BOD_{capita}是指人均BOD中有机物含量；SBF为易于沉积的BOD比例；C_{BOD}是指BOD的排放因子；FTA为在废水中无氧降解的BOD的比例；$CE_{ind-water}$为工业废水中的甲烷排放量；$Q_{ind-water}$为废水量；$COD_{ind-water}$为化学需氧量；C_{COD}为最大CH_4产生能力

续表

核算项目	计算方法	参数说明
农作物碳吸收	$CI_{crop} = \sum_i CI_{crop-i} = \sum_i C_{crop-i} \times Y_{bio-i} \times (1 - P_{water-i}) = \sum_i C_{crop-i} \times (1 - P_{water-i}) \times \frac{Y_{eco-i}}{H_{crop-i}}$	CI_{crop}为农作物生育期的碳吸收；CI_{crop-i}为第 i 种作物的碳吸收量；C_{crop-i}为第 i 种作物的碳吸收率；Y_{bio-i}为第 i 种作物的生物产量；Y_{eco-i}为第 i 种作物的经济产量；H_{crop-i}为第 i 种作物的经济系数；$P_{water-i}$表示第 i 种作物的含水率
其他植被碳吸收	$CI_{veg} = \sum C_{veg-i} \times Area_{veg-i}$	CI_{veg}表示植被的碳吸收；C_{veg-i}表示第 i 种植被单位面积的碳吸收系数；$Area_{veg-i}$为第 i 种植被的面积

（三）区域碳补偿模型

1. 碳补偿基准值的确定方法

本文采用净碳排放（即碳排放与碳吸收的差额）作为碳补偿基准值确定的依据，如果某地区固碳能力大于碳排放量，说明该地区生态系统不仅吸收本地区的碳排放，而且吸收附近地区的碳排放，则该地区应获得碳补偿；反之则为生态赤字，应支付碳补偿资金①。具体公式如下：

$$L_i = E_{ci} - S_{ci} \tag{1}$$

式中：L_i指 i 地区的碳补偿基准值（净碳排放）（吨）；E_{ci}指 i 地区的碳排放量（吨）；S_{ci}指 i 地区生态系统固碳能力，即碳吸收量（吨）；$i = 1, 2, \cdots, n$；若 $L_i > 0$，则该地区应支付碳补偿资金，若 $L_i < 0$，则应获得碳补偿资金。

2. 碳补偿基准值的修正

初步计算结果表明，式（1）的方法过于简单，在实际应用中会导致计算结果的偏差：一是基准值的确定仅考虑净碳排放量，而忽略了碳排放强度及碳排放效率的区域差异，从而造成区域碳补偿价值核算的不公平；二是由于各地区净碳排放量明显偏大，造成大部分地区需要支付的

① 余光辉、耿军军、周佩纯等：《基于碳平衡的区域生态补偿量化研究——以长株潭绿心昭山示范区为例》，《长江流域资源与环境》2012 年第 21 卷第 4 期。

碳补偿资金过大，而获补的地区很少，从而造成计算结果失真。鉴于此，本文对碳补偿基准值 L_i 进行 2 次修正。

（1）基于碳排放效率区域差异的修正

考虑到各县市碳排放强度时空差异明显，为充分反映不同县市碳排放的经济效率的差异，这里根据不同地区 2005 年和 2009 年 2 个截面年份碳排放强度及其与全省碳排放强度的对比情况，对 E_{ci} 进行适当的修正，得到下式：

$$E_{ci}^{1} = E_{ci} \times (G_{t1-i}/G_{t2-i} - G_{T1}/G_{T2} + 1) \times G_{t1-i}/G_{T} \qquad (2)$$

式中：E_{ci}^{1} 为修正后的 i 地区的碳排放量（吨）；G_{t1-i} 和 G_{t2-i} 分别为 2009 年和 2005 年河南省 i 地区的单位 GDP 碳排放（吨/万元）；G_{T1} 和 G_{T2} 分别为 2009 年和 2005 年河南省全省的单位 GDP 碳排放（吨/万元）；G_T 为 2009 年河南省全省各县域单元平均单位 GDP 碳排放（吨/万元）。经过修正，碳排放强度较高且其降幅低于全省平均水平的县市的碳排放总量在一定程度上被放大了，也即由于碳排放效率较低而需要支付较多的碳补偿资金；反之亦然。

（2）基于净碳排放量数据失真的修正

为解决大部分县市净碳排放量过大而导致的碳补偿基准值失真的问题，本文引入基于经济贡献系数的碳排放阈值 P_i，作为每个县市在碳排放总量中扣除的碳排放基数。计算公式如下：

$$P_i = ECC \times D = \frac{G_i}{G} / \frac{C_i}{C} \times D \qquad (3)$$

式中：P_i 为第 i 个地区的碳排放阈值（吨）；ECC 为碳排放的经济贡献系数①；D 为全省各县碳排放平均值（吨）；G_i、G 分别为第 i 个地区的 GDP（万元）和河南省的 GDP（万元）；C_i、C 分别为第 i 个地区的碳排放量（吨）和河南省的总碳排放量（吨）。

（3）修正后的碳补偿基准值的确定

经过 2 次修正之后的碳补偿基准值 L_i^1 的计算公式为：

$$L_i^1 = E_{ci}^1 - S_{ci} - P_i \qquad (4)$$

---

①　赵荣钦、张帅、黄贤金等：《中原经济区县域碳收支空间分异及碳平衡分区》，《地理学报》2014 年第 69 卷第 10 期。

式中：L_i^1 为第 i 个地区修正后的碳补偿基准值（吨）；如果 $L_i^1 > 0$，则该地区应支付碳补偿资金；若 $L_i^1 = 0$，则该地区不需支付也不应获得碳补偿资金；若 $L_i^1 < 0$，则该地区应获得碳补偿资金。经过修正后的 L_i^1 更符合区域碳收支的实际状况，一方面避免净碳排放计算结果过大造成的计算结果的失真，另一方面也考虑了碳排放效率的时空差异。

3. 碳补偿价值的计算方法

在余光辉等①的研究基础上对模型进行了适当的修正，得到碳补偿价值的计算方法：

$$M_i = |L_i^1| \times \partial \times r = |E_{ci}^1 - S_{ci} - P_i| \times \partial \times r \tag{5}$$

式中：M_i 为 i 地区获得或支付的碳补偿资金（万元/年）；∂ 为单位碳的价格（万元/万吨）；r 为碳补偿系数。

$$\partial = (P_{max} + P_{min})/2 \times G_{p1}/G_{p2} \tag{6}$$

式中：P_{max}、P_{min} 分别为目前国内碳汇价格的最大值和最小值②（万元/万吨）；G_{p1} 为河南省 2009 年的人均 GDP（万元/人）；G_{p2} 为全国 2009 年的人均 GDP（万元/人）。

不同区域经济发展水平不同，导致各地区的碳补偿能力有所差异。因此，为进一步考虑各地区的实际支付能力，需要根据不同地区的经济发展水平来确定碳补偿系数，这里用改进后的 R. Peal 生长曲线模型③（S 型生长曲线）来表示：

$$r_i = A_i/(1 + ae^{-bt}) \tag{7}$$

式中：r_i 表示第 i 个地区的碳补偿系数；A_i 表示第 i 个地区的碳补偿能力，即第 i 个地区 GDP 与河南省总 GDP 之比；a、b 为常数，这里取 1；t 为 2009 年河南省的恩格尔系数。

（四）数据分析与处理

结合上文提到的方法，笔者对 2005 年和 2009 年河南省各县域单元的

---

① 余光辉、耿军军、周佩纯等：《基于碳平衡的区域生态补偿量化研究——以长株潭绿心昭山示范区为例》，《长江流域资源与环境》2012 年第 21 卷第 4 期。

② 张颖、吴丽莉、苏帆等：《我国森林碳汇核算的计量模型研究》，《北京林业大学学报》2010 年第 32 卷第 2 期。

③ 李金昌：《生态价值论》，重庆大学出版社 1999 年版，第 100—106 页。

碳收支进行了核算；在此基础上，采用碳补偿模型，对各县域单元的碳补偿基准值及碳补偿价值进行了初步测算和分区。本文的重要特色体现在：一是开展了县域层面碳补偿模型的探索研究，将碳补偿研究扩展到更微观的空间尺度；二是提出了基于碳排放强度及经济贡献指标修正的碳补偿模型，突出了县域空间单元之间的差异和公平。需要说明的是：(1) 由于碳收支核算涉及的数据较多，在县域层面上部分数据的获取和匹配存在较大难度，因此本文只是分析了 2005 年和 2009 年的碳收支特征；同时，由于河南省 2009 年以后的土地利用变更调查数据暂时未公开，考虑到林地和草地面积年度变化不大，所以林地和草地面积采用 2008 年的土地利用变更调查数据进行代替。(2) 部分县市缺乏详细的能源消费数据，因此，本文根据地市级能源平衡表，将能源消耗量分解为生活及三次产业能源消耗 4 部分，再依据各地市的常住人口及各次产业总值分别折算得出这 4 部分的能源消费量，最后加总得出县级能源消费总量。(3) 在碳补偿价值计算中，本文经过了两次修正，其目的是保证不同区域之间碳补偿价值计算的公平，一方面考虑到了碳排放效率的差异对碳补偿基准值的影响 [式 (2)]；另一方面也考虑了各县市的实际支付能力对碳补偿价值的影响 [式 (7)]。因此，本文的方法修正既考虑了经济发展效率，又考虑了实际支付能力和区域公平，这样使计算结果更具合理性。(4) 为保证量纲的统一，本文将核算结果折合为碳量，即本文的结果既不表示 CO_2 的量，也不代表具体含碳产品的物质量。

为进一步探讨河南省县域空间碳收支和碳补偿的空间分异规律，本文采用 ArcGIS 软件的制图功能对县域单元碳收支及碳补偿价值进行了分区研究。为保持空间的连续性，除各县级单元外，本文将各地市的市辖区（下辖县除外）也合并为一个行政单元列入核算范围，本文合计为 126 个空间单元。

三　结果与分析

（一）　河南省县域空间碳收支核算分析

1. 河南省县域空间碳吸收及其强度分析

2005 年和 2009 年的碳吸收总量分别为 6122.66 万吨和 7649.21 万吨，

同比增加了24.93%。其中，农作物、草地、城市绿化的碳吸收均有所增加，表明河南省在碳汇能力方面有所提升。其中，农作物的碳吸收最高，2005年和2009年分别占碳吸收总量的80.81%和84.89%；其次是林地，2005年和2009年分别占碳吸收总量的18.79%和14.87%；占碳吸收总量比例最小的是草地，不足0.1%。2009年河南省耕地总面积为792.53万公顷，粮食总产量5389万吨，河南省作为我国的粮食核心生产区，农作物播种面积较大，且近年来粮食产量逐年增加，这成为中原经济区碳汇的重要优势；草地碳汇能力较低，一方面河南省牧草地本身面积相对有限；另一方面也与林地过度砍伐、不合理放牧导致的水土流失有关。总体来看，河南省县域碳吸收具有较大的空间差异。碳吸收最低的是义马市，仅为1.04万吨；碳吸收最高的是邓州市，为194.55万吨，另外，一些农业大县如唐河县、滑县等，以及生态环境较好的豫西地区部分县市（如西峡县）的碳吸收量也较高。单位面积碳吸收量最高的地区主要分布在河南省东部、北部地区以及西南部南阳的部分县市（图1）。总体来看，

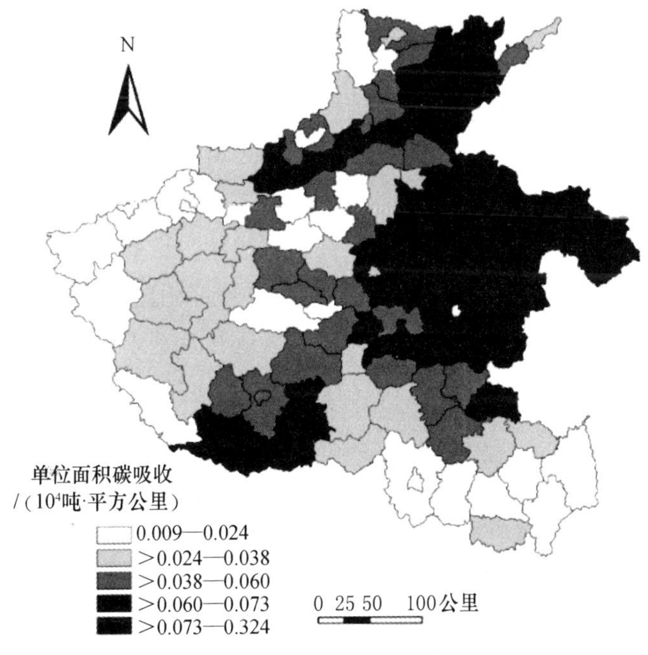

图1 2009年河南省县域空间单位面积碳吸收量

碳吸收强度较高的县市主要位于平原的粮食主产区。比如，位于河南省西南部南阳盆地中部偏西地区的邓州市，是豫西南地区碳吸收强度最高的县。此外，还有粮食生产大县滑县，较高的粮食产量导致其单位面积碳吸收量较高。相对而言，碳吸收强度较低的主要是河南省工业较发达的地区，如郑州市周边及河南北部地区。除了工业化的因素之外，森林砍伐、快速城市化和建设用地对生态用地空间的占用、农用地的撂荒等也是碳吸收强度较低的重要原因。

2. 河南省县域空间碳排放及其强度分析

河南省碳排放总量从2005年的9587.58万吨增长到2009年的12182.56万吨。从碳排放的构成来看，农业生产和畜牧业的碳排放均有所降低；能源消耗的碳排放大幅增加，这表明河南省快速城市化和工业化进程带来了较大的能源消费需求。2005年和2009年能源消耗的碳排放量分别占碳排放总量的70.69%和78.98%；废水的碳排放量显著降低，同比减少25.72%。从空间分布来看，郑州市市辖区的碳排放量最高，约为505万吨，其中能源消耗的碳排放达470万吨。此外，洛阳市、平顶山市等市辖区的碳排放量也位居前列。反之，作为河南省深山区贫困县和革命老区县的卢氏县，其碳排放量不足20万吨；其他相对偏远的山区和生态脆弱区因为工业相对落后，碳排放总量也较低。就河南省各县域单位面积碳排放的区域差异来看（图2），2009年河南省碳排放强度较高的地区主要集中在以郑州市为中心的中北部，究其原因，是因为工业化和城市化的发展造成了大量的能源消费和碳排放。另外，河南省县域空间单位面积碳排放强度两极分化明显，特别是豫西山区和豫南的大别山区，普遍具有较低的单位面积碳排放，说明当地开发利用程度较小，人类活动强度较低，而且农业生产模式较为粗放，土地开发利用率低。

3. 河南省县域空间碳补偿率分析

区域碳补偿率即碳吸收与碳排放的比值，反映了某一县域单元碳排放压力状况，碳补偿率越高，说明本地的碳汇能力越强。结果发现，由于碳收支的高度不协调导致河南省县域碳补偿率具有显著的空间差异（图3和图4）。以郑州市为核心城市的区域是全省碳补偿率较低的地区，河南周边的山区和豫东平原地区的碳补偿率较高。2005年和2009年，碳补偿率最高的均是卢氏县，最低的为义马市。义马市煤炭资源丰富，主

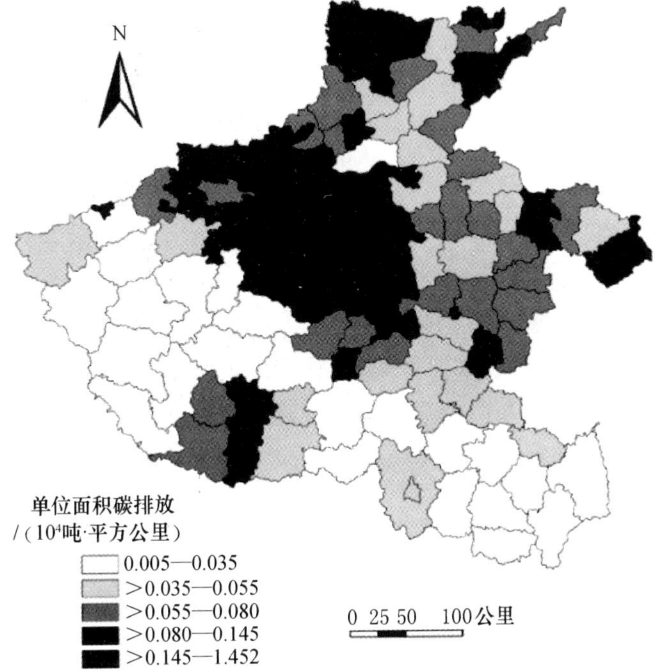

图2 2009年河南省县域空间单位面积碳排放量

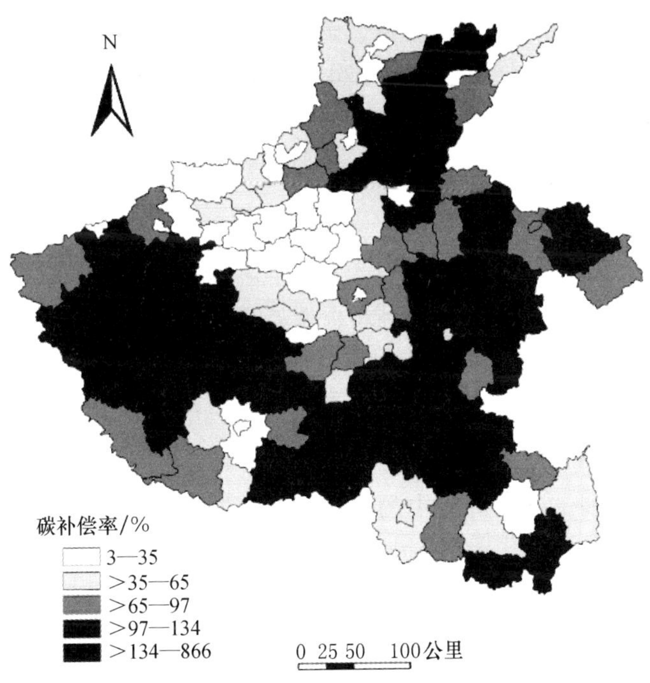

图3 2005年河南省县域空间碳补偿率

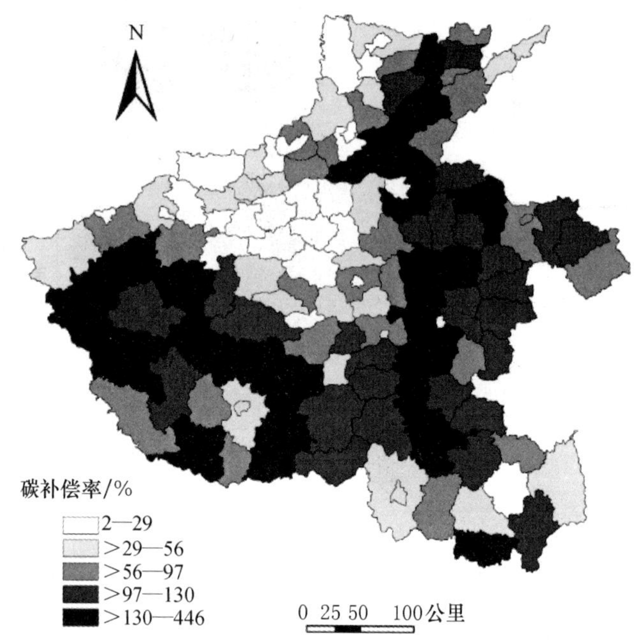

图4 2009 年河南省县域空间碳补偿率

要以出口煤炭的粗放型产业为主，碳排放强度较高；卢氏县位于河南省西部，人口密度全省最低，属于深山区贫困县，经济落后，生态环境相对较好，碳汇功能较强，因而碳补偿率高。GDP 越高的地区，其碳补偿率就越低，尤其是第二产业增加值比重较高的地区，碳补偿率更低；反之，农业种植面积越大和植被覆盖度越高的地区，碳补偿率就越高。究其原因，主要有：(1) GDP 越高的地区，其经济发展程度越高，一般而言城市化、工业化水平程度越高。由于城市建设和工业的快速发展导致大量的能源消耗需求，因而碳排放量和碳排放强度较高。(2) 从产业结构来讲，GDP 较高的区域，主要是以第二、三产业为主，而第一产业所占的比重相对较小。而碳吸收主要来源于农作物生育期的碳汇和森林植被的碳汇，因此，第一产业中的农业和林业的碳汇功能直接决定了区域碳补偿率的大小。(3) GDP 较低的地区，大多为山区，经济落后，工业化程度低，人口数量相对较少。由于耕地和林地面积广大，所以较高的碳吸收量和较低的碳排放量导致区域具有较高的碳补偿率。

对比发现，大部分县市 2009 年的碳补偿率比 2005 年有所下降，仅少许县市的碳补偿率小幅上升。这表明，河南省近年来快速城市化和工业化造成了碳排放量的急剧增加；同时，快速城市化不可避免地挤占耕地和林地等生态用地，这也在一定程度上削弱了生态系统的碳汇功能；此外，河南省不少县市出现明显的外出打工流，造成土地的撂荒，降低了农田生态系统的碳汇功能，也进一步造成了区域碳补偿率的下降。

（二）河南省县域空间碳补偿价值核算分析

前文研究发现，河南省碳排放总量明显大于碳吸收量，2005 年和 2009 年的净碳排放分别为 3464.92 万吨和 4533.35 万吨。结果发现，以郑州市为代表的中部地区具有较高的净碳排放；而该区域以西及以南的县市净碳排放大多为负值（图 5），说明这些区域碳吸收高于碳排放。总体来看，河南省净碳排放的空间分布呈现如下特点：（1）净碳排放较大的县市如郑州市、漯河市等，基本上都是河南省经济较为发达、工业化程度较高的地区；（2）净碳排放为负的县市大部分为生态环境较好、植被覆盖度高或者耕地面积较大、农业较为发达的县市，如嵩县和卢氏县；

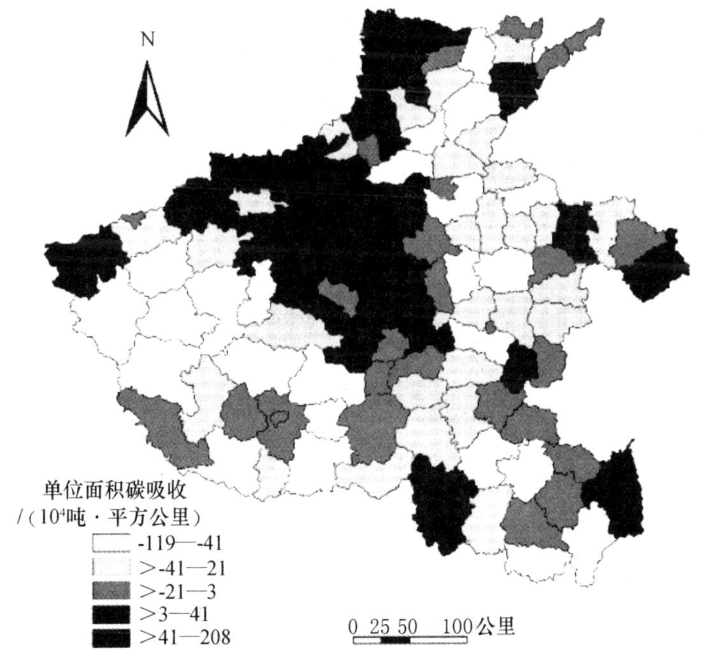

图 5　2009 年河南省县域空间净碳排放分布

(3) 净碳排放大体均衡的县市（如信阳、驻马店的所辖县市等），基本上以农业为主，虽然有一定的工业基础，但工业基础较为薄弱，而耕地面积较大，因此，农业生产的碳吸收就抵消了工业排放的部分碳排放，减少了净碳排放，使其碳收支大体保持均衡。

结合前文的碳补偿模型，通过计算可以得到河南省各县域单元的碳补偿价值（为使读者区别，这里碳补偿价值为负表示应该支付补偿资金，而碳补偿价值为正代表应该获得补偿资金）（图 6）。结果发现，河南省碳补偿价值具有较大的空间差异。位于河南省中部地区的郑州、许昌等地区及西北部的焦作、安阳等地区需要支付的碳补偿价值较高。其中，需要支付的碳补偿资金最多的是郑州市辖区，为 954. 2 万元，这与其碳排放量最大、碳补偿率较低有着直接的关系。其次，洛阳市区、平顶山市区、荥阳市等县市需要支付的碳补偿资金也较多。相对而言，河南省西南部与豫东平原的农业主产区及山区由于碳汇功能较强，则应该获得的

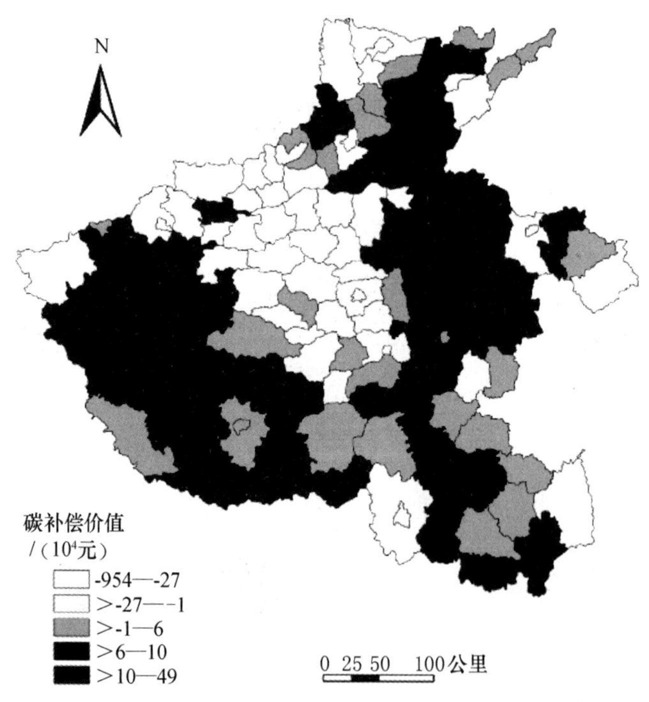

图 6　2009 年河南省县域空间碳补偿价值分布

碳补偿资金较多。其中，唐河县和滑县所获碳补偿资金位居前列，分别为48.6万元和46.9万元。需要说明的是，部分县市虽然碳排放量较大，但因其经济贡献系数较高，因此在本文的模型中经过修正后，实际上允许其排放的配额则有所提高，因此所需支付的相应碳补偿资金就有所降低。反之，部分碳排放量较少的县市，因其经济贡献系数较低，经过修正后，允许其排放的碳配额较少，所以其所获的碳补偿资金也相应减少。因此，本研究在一定程度上考虑到了区域碳排放效率的差异，对于碳排放量较大且碳排放强度较高的县市，需要支付更多的补偿资金；反之，对于碳排放量较大但碳排放强度较低的县市，可适当扩大其碳排放配额，减少其原本应该支付的补偿资金。这种修正充分考虑各地区对河南省经济发展贡献的程度，因此最终得到的补偿方案相对保证了区域之间的公平发展。

依据河南省各县域碳补偿价值的差异，大致可以将河南省分为三类区域：重点支付区、重点获补区和相对均衡区（表2）。重点支付区大多是河南省经济发展水平较高的地区，主要包括：郑州市辖区、荥阳市、巩义市、新密市、禹州市、新郑市、平顶山市、漯河市辖区、济源市、洛阳市辖区等地区；而重点获补区主要位于经济相对落后的山区和东部平原区，主要有：嵩县、栾川县、西峡县、南召县、方城县、邓州市、唐河县、开封市辖区、滑县、商水县。这两类区域之外的其他县市则属于相对均衡区。总体来看，郑州市支付的碳补偿资金全省最高，为954.17万元，唐河县获得的碳补偿资金最多，为48.63万元。从净碳排放和碳补偿价值的关系可以看出：净碳排放为正的县市大多为重点支付区，净碳排放为负的县市多数为重点获补助区；净碳排放越大，支付的碳补偿资金越多；反之，净碳排放越小，获得的碳补偿资金越多。

表2　　河南省县域空间碳补偿分区

分类	重点支付区	重点获补区	相对均衡区
河南省各县域	郑州市辖区、荥阳市、巩义市、新密市、禹州市、新郑市、平顶山市、漯河市辖区、济源市、洛阳市辖区	嵩县、栾川县、西峡县、南召县、方城县、邓州市、唐河县、开封市辖区、滑县、商水县	除重点支付区和重点获补区之外的其他县市

另外，各县市的经济发展极不平衡，生态承载能力和经济发展能力处于严重不匹配状态。因此，要实现区域的协调发展，不仅需要政策的支持和配合，更要努力实现区域内部的公平发展，不断缩小各县市的经济差距，这才是河南省应该坚持的低碳发展方向。因此，碳补偿是从低碳层面推动区域低碳协调发展的重要举措。

（三）讨论

1. 关于研究尺度的选择

区域横向碳补偿可以从不同的空间尺度上开展，比如省区级、地市级、县级、乡镇及村级等。空间尺度不同，区域横向之间的差异性也不同。一般而言，横向碳补偿的基准空间尺度越大，由于内部的自然和社会经济条件越复杂，碳收支核算及碳补偿价值的研究结果可能越失真，从而不利于开展针对性的碳补偿。因此，本文尽量选择较小的空间尺度单元之间开展横向碳补偿研究。但就目前而言，笔者可获得的较为完整、系统的统计数据仅限于县域单元，因此本文就以县域尺度开展碳补偿的研究。实际上，更微观的空间尺度之间也具有较大的差异，如果能开展乡镇级或村级空间单元之间的碳补偿研究也具有较大的实践价值，同时也使碳补偿具有地方可操作性，但这需要开展大量的农户生产及生活的调查研究。这也是未来的研究方向之一。

2. 关于碳收支核算项目

相关研究认为，农作物被收获之后，收获部分转变成食物消费后重新释放到大气中①，秸秆部分可能就地焚烧或作为饲料消耗之后也被释放掉，其固碳效果并不持久，从长期来看并未增加区域的碳蓄积。而在本文中，农作物的碳吸收占河南省碳吸收总量的80%以上，并将其作为最重要的碳汇方式列入碳收支的核算中。这里主要考虑两个原因：（1）本文并不是以多年碳蓄积作为碳补偿的基准值来开展研究的，而是以年度为单位进行核算的，仅以一年的周期而言，农作物生长也带来了较大的碳吸收量，而且成为位于粮食主产区的河南省的碳吸收的主体；（2）河

① 方精云、郭兆迪、朴世龙等：《1981—2000年中国陆地植被碳汇的估算》，《中国科学》（D辑）2007年第37卷第6期。

南是农业大省，将农作物碳吸收计算在内，可以更好地体现县域之间的公平。因为粮食主产区的县市一般经济相对落后，应该获得相应的补偿资金，这可以看作是对其发展农业而失去其他发展机会的补偿，这也符合生态补偿的一般理念。反之，如果只计算自然植被的碳吸收，对于粮食主产区的县市而言，可能还要额外支付碳补偿资金，这更加剧了区域之间的不公平。

3. 关于碳补偿标准

本文由于数据的限制，仅对 2009 年河南省县域单元的碳补偿价值进行了核算。另外，本文在碳补偿核算中尽管考虑了区域碳排放强度变化等因素的影响，并进行了相应的修正，但还存在两个问题：一是最终的碳补偿核算结果与实际情况相比明显偏低，比如 2009 年郑州市辖区 GDP 总量已超过 1200 亿元，但需要支付的碳补偿的资金不足 1000 万，同样，2009 年唐河县 GDP 总量为 156 亿元，但获补的资金不足 50 万元；二是由于研究区域内不同县域经济发展以及技术进步带来的能源利用效率的提高等原因，使得本文所获结果可能在实际应用中失去时效性。这里需要说明的是，本文重点突出县域横向碳补偿的理论和方法的构建，而碳补偿价值的高低仅作为参考值。随着经济社会的发展，为了更有效地推动区域低碳协调发展，在计算当前年份的碳补偿价值时需要提高碳补偿标准。比如，可以在碳补偿价值模型［式（5）］中加入 GDP 增速因子（或碳排放强度变化因子）进行修正，以更客观地反映区域碳生态价值；或者在碳补偿计算结果的基础上，乘以相应的系数（或符合地方经济社会发展实际的碳价格的倍数）以提高补偿标准，从而使碳补偿更符合地区实际情况。

四 河南省县域空间横向碳补偿的政策建议

区域发展总是不平衡的，核心区域工业发达、经济增长速度快，是主要的碳源区域；而边缘区域技术水平低、经济较为落后，是主要的碳汇区域。本文在碳补偿方案的基础上，为进一步推动区域内部公平协调发展，建议可采取以下措施：

（1）建立以政府为主导的区域横向碳补偿体制。一是直接经济补偿：以区域碳收支核算为依据，由高碳排放区域（如城市化区域及工业发达县市）向碳汇功能区（山区或农业大县）支付一定的碳补偿资金，以实现区域公平发展；二是技术支持：以经济发展地区可以通过对边缘地区进行技术援助，从而帮助边缘区域达到节能减排的目的，来抵消自身碳排放指标。①

（2）建立基于碳收支核算的县域碳排放配额制度。基于碳收支核算的结果，政府首先确定不同县域的碳排放配额和价格，发达地区可以通过购买落后地区的碳指标来满足自身发展的需要，这实质上是一种基于区域层面的碳排放交易制度。通过县域横向碳补偿，缩小县域经济社会发展的差距。②

（3）建立基于碳平衡核算的主体功能区约束开发方案。可以考虑以区域碳收支核算为依据，在评价资源环境综合承载能力的基础上，将各类主体功能区的碳平衡状况作为确定国土开发强度的重要依据，从国土空间碳排放强度约束的角度提出区域总体碳减排指标，并以此构建区域主体功能区约束开发的总体方案。③

（4）实施以低碳导向的差别化的区域考核机制。对于各类主体功能区，应提出不同的碳减排目标、方案和考核指标。比如：对重点开发区要重点支持其经济集聚、优化产业结构和提高碳生产力，突出碳排放总量和强度的指标考核；对农产品主产区则主要提高农业生产效率和农业碳汇功能；对重点生态功能区则主要支持其环境保护和生态修复，尽量维持区域碳平衡，重点突出提高碳汇水平和固碳效率的指标考核。④

五 结论

本文构建了区域横向碳补偿价值测算的模型，并以河南省县域单

---

① 赵荣钦、刘英、李宇翔等：《区域碳补偿研究综述：机制、模式及政策建议》，《地域研究与开发》2015 年第 34 卷第 5 期。

② 吴育文、张骏立、陈静等：《碳补偿机制在构建低碳城市进程中的意义——以北京市零碳车贴为例》，《价值工程》2011 年第 30 卷第 25 期。

③ 张怀西：《认真研究高效利用国土空间》，http：//www. csote. org/n12174177/n12334260/13563059. html，2011 - 12 - 13。

④ 赵荣钦、刘英、李宇翔等：《区域碳补偿研究综述：机制、模式及政策建议》，《地域研究与开发》2015 年第 34 卷第 5 期。

元为例开展了碳收支核算和碳补偿价值核算的初步分析。主要结论如下：

（1）河南省县域空间碳收支及其强度空间差异明显。河南省各县域空间碳吸收量的分布具有“西北低，东南高”的特点；各县域空间碳排放强度基本呈现“从市辖区向外围的周边县（市）逐渐减少”的特点。

（2）县域空间碳补偿率的分布具有显著的区域差异。总体而言，经济越发达、工业能源消费越大、人均 GDP 越高的地区，其碳补偿率往往越低；反之，碳补偿率越高。

（3）依据河南省各县域碳补偿价值的差异，大致可以将河南省分为三类区域：重点支付区、重点获补区和相对均衡区。重点支付区大多是河南省经济发展水平较高的地区；重点获补区主要位于经济相对落后的西北部山区和东部平原的粮食主产区；这两类区域之外的其他县市则属于相对均衡区。

（4）为实现河南省县域经济的公平发展，未来应建立以政府为主导的区域横向碳补偿体制，建立基于碳收支核算的县域碳排放配额制度和主体功能区约束开发方案，并实施以低碳导向的差别化的区域考核机制，这对于全球变化背景下区域公平和协调发展具有重要的现实意义。

值得说明的是，当前我国正在开展建设全国统一的碳交易市场，因此，如何将区域横向碳补偿融入当前的企业碳交易市场中是值得考虑的问题。比如，对于重点支付区而言，可以考虑对高碳企业征收额外的碳税并作为碳补偿支付资金的来源；而对于重点获补区而言，则可以将获补的资金用于支持低碳或碳汇产业的发展。当然，这需要在实践中进一步细化，并使区域横向碳补偿成为全国碳交易市场的有益补充，特别是在区域低碳协调方面发挥应有的作用和价值。

中国绿色发展与全球气候治理*

杜志章**

工业化曾被认为是人类现代化的重要标志之一。然而，工业化在带给人类社会快速发展的同时，也正在把人类推向毁灭的边缘。就全球气候变化而言，自工业化以来，人类大量焚烧化石燃料，排放大量的温室气体，导致全球气温明显上升，世界许多地区频现极端天气，给人们的生产、生活以及生态环境带来严重的影响。今天，人们对于工业化的反思和批判已成为一股世界性的思潮，期待建构“后现代”的人与自然、人类与地球的关系。但处于不同发展阶段的国家有不同的诉求。如何才能做到既能尊重各个国家的不同诉求，又能有效开展全球气候治理？中国作为最大的发展中国家，在全球气候治理中究竟扮演什么角色？

一　承担责任，履行义务

自洋务运动以来，中国的工业化进程经历了大约一个半世纪。如今中国已成长为世界上名副其实的大国，但中国在成长过程中所付出的环境和资源的代价是巨大的。长期以来，中国粗放型经济增长方式导致能源消费结构的不合理，单位国内生产总值（GDP）能耗偏高。中国快速发展不仅使其面临环境资源约束趋紧的压力，而且对于全球气候变化也负有责任。虽然近年来乃至未来一段时间，中国在单位 GDP 能耗和二氧

---

* 本文已于 2016 年 11 月发表于《中国社会科学报》。

** 杜志章，华中科技大学马克思主义学院教授、博士生导师，华中科技大学国家治理研究院院长助理、办公室主任、研究员。

化碳排放方面都有大幅下降，但总体上中国的能耗和排放仍处于上升趋势。从当前和未来一段时间中国的排放趋势来看，在全球气候治理中中国应当承担重要责任；同时，作为世界第二大经济体，中国在全球气候治理中也应该勇于承担责任。

自20世纪80年代以来，全球气候治理问题逐渐成为世界各国共同关心的话题。关注全球气候变化，参与全球气候治理，已成为世界各国最大的共识。中国也在积极参与全球气候治理，主动承担和履行在全球气候治理中的责任和义务。2015年6月30日，中国向《联合国气候变化框架公约》秘书处提交了《强化应对气候变化行动——中国国家自主贡献》，明确了中国到2030年的自主行动目标，即二氧化碳排放到2030年左右达到峰值并争取尽早达峰；单位国内生产总值二氧化碳排放比2005年下降60%—65%，非化石能源占一次能源消费比重达到20%左右，森林蓄积量比2005年增加45亿立方米左右。此外，中国还将继续主动适应气候变化，在农业、林业、水资源等重点领域和城市、沿海、生态脆弱地区形成有效抵御气候变化风险的机制和能力，逐步完善预测预警和防灾减灾体系。中国积极应对气候变化，不仅是中国可持续发展的内在要求，也是深度参与全球治理、打造人类命运共同体、推动全人类共同发展的责任。

二　打破一次性资源消耗瓶颈

全球气候变暖的事实表明，以人力、土地、一次性资源能源为基本要素的传统产业因其“高投入、高消费、高排放”给自然和人类自身都带来了严重威胁，因而人们把18世纪中叶以来的工业革命称为“黑色发展”之路。为了避免“黑色威胁”，人类必须转变发展模式，呼唤一种既能实现经济增长又能减少排放的发展模式——绿色发展。

中国由于人口基数大，纵然GDP总量已居世界第二位，但人均GDP和人均收入都远低于世界平均水平。2015年中国人均GDP约为8016美元，距离美国、日本、德国、英国等发达国家人均3.7万美元以上的水平仍然有很大差距，中国人民的实际收入和生活水平也普遍落后于发达国家。这说明，在未来很长的一段时间，发展仍然是中国迫切需要解决的问题，没有发展，就无法实现全面建成小康社会的目标。

然而，中国的发展绝不是重复西方工业化的老路，也不是简单扩大传统产业的规模，而是从根本上转变发展方式，把绿色发展作为中国未来发展的底色和主调。具体说来应做到如下几个方面：一是以“创新驱动”代替“要素驱动”，减少资本和劳动力的投入，减少一次性资源能源的消耗，实现资源节约型和环境友好型发展。二是加快能源革命，着力推动能源生产利用方式变革，优化能源供给结构，提高能源利用效率，建设清洁低碳、安全高效的现代能源体系。具体而言，大力推进风能、太阳能、生物质能、地热能、潮汐能以及核能发电项目，扩大清洁能源消费比重。三是鼓励节约，提倡绿色生活方式。

三　为全球治理提供“中国方案”

“十三五”规划纲要指出，坚持减缓与适应并重，主动控制碳排放，履行减排承诺，增强适应气候变化能力，深度参与全球气候治理，为应对全球气候变化做出贡献。

在第一、第二次工业革命时代，中国处于世界的边缘，因此与西方老工业化国家比较，中国没有过分的传统依赖，也没有过多的历史负担。但中国全方位参与了第三次工业革命，并且走到第四次工业革命的前列。今天中国拥有较完备的产业结构体系，从传统的手工生产到机器大生产，再到最先进的智能制造，各个时代各种类型的产业集中存在于中国当下这一特定的时空。因此，中国被称为“世界产业博物馆”，我们可以通过中国30多年的改革开放历史来审视并反思人类整个工业化的历程，又由于中国同时存在低、中、高等不同水平的产业，因而产业的“梯度转型”可以避免“彻底转型”的停滞和阵痛。在全球气候治理方面，中国的“梯度转型”能有效避免西方式“先污染后治理”的传统道路，从而为全球气候治理提供“中国方案”。

一是有效控制温室气体排放。控制电力、钢铁、建材、化工等重点行业碳排放，推进工业、能源、建筑、交通等重点领域低碳发展。二是主动适应气候变化。在城乡规划、基础设施建设、生产力布局等经济社会活动中充分考虑气候变化因素，适时制定和调整相关技术规范标准，实施适应气候变化行动计划。三是广泛开展国际合作。积极承担与我国基本国情、发展阶段和实际能力相符的国际义务，落实强化应对气候变化行动的国家自主贡献。积极推动建立公平合理、合作共赢的全球气候治理体系。

日本环境污染的历史教训与绿色发展的经验借鉴

余永跃　樊　奇*

为什么选取日本作为研究对象来总结其绿色发展的经验和教训呢?借鉴复旦大学陈学明教授的观点，根据土地、资源及人口的关系，我们可以把全世界的几百个国家分为四类①：地广人稀的国家，这一类国家有丰富的自然资源、相对广袤的土地资源和稀少的人口。这类国家环境压力小，可以持续通过增加人口来刺激经济发展，例如美国、俄罗斯等国。第二类是地多人多的国家，这一类国家有丰富的自然资源和可耕种、宜居住土地，同时也有大量的人口。这类国家环境压力适中，但是增长人口不能成为其经济增长的长期动力源，如果不能妥善处理人和自然之间的关系，可持续发展将不可实现，代表国家有印度等。第三类国家是地少人少的国家，这一类国家土地资源少、自然资源也不很丰富，同时人口稀少。虽然环境承载能力不强，但是环境压力仍然很小，例如卢森堡、列支敦士登等国。第四类国家是地少人多的国家，这一类国家自然资源比较匮乏、土地资源相对紧缺、人口很多。这一类国家既无法长期采用粗放的经济增长方式发展经济，也无法通过增加人口促进经济发展，只能在其他方面寻求转变，这类国家的典型代表就是日本和中国。

根据板块构造学说，日本处在太平洋板块和亚欧板块的交界处，所

---

* 余永跃，武汉大学马克思主义学院科学社会主义专业教授、博士生导师，马克思主义理论与中国实践协同创新中心研究员，主要从事生态文明建设与现代女性发展研究；樊奇，武汉大学马克思主义学院科学社会主义专业硕士研究生，主要从事绿色发展国际比较研究。

① 陈学明：《生态文明论》，重庆出版社 2008 年版。

以日本是一个多火山地震的国家。再加上日本是一个狭长的山地岛国，可耕种面积十分稀少，自然资源十分稀缺。中国虽然拥有960万平方公里的土地，但是山地面积占我国国土面积的33.3%，丘陵占国土面积的9.9%，高原占26%。我们通常把山地、丘陵和较为崎岖的高原叫作山区，所以我国的山区面积占我国国土面积的2/3以上。同时，尽管我国有140多万平方公里的可耕种面积，位居世界第三，但是我国人均可耕种面积排在世界126位以后。再加上我国的人均自然资源也十分匮乏，所以中国和日本一样，是典型的人多地少的国家。日本绿色发展的经验就更加具有借鉴和研究的价值。

一 日本环境污染及治理史

先发国家的工业化历史就是一部污染历史，日本也不例外，其环境污染的历史和工业化进程紧密相连。日本的工业化始于19世纪60年代的明治维新，日本的污染也从那个年代就开始了。我们可以将日本从明治维新到现在的环境污染及其治理的历史分为三个阶段：第一阶段是从明治维新到第二次世界大战结束，第二阶段是从第二次世界大战结束到20世纪80年代后半叶，第三阶段是从20世纪80年代后半叶至今。

第一阶段，从明治维新到第二次世界大战结束是日本工业化的起始阶段和急速发展期，日本在这个时期基本实现了工业化，并成为世界上几个资本主义强国之一。但这一时期日本也因为优先实现工业化、优先发展经济的理念积累了许多环境问题，是日本环境问题的积累阶段。这一时期又可以细分为两个时期：（1）明治维新到第一次世界大战开始（1868—1913年）；（2）第一次世界大战开始到第二次世界大战结束。从明治维新到第一次世界大战爆发是日本工业化起步的时期，这一时期日本积极进行工业化和现代化。政治上，在1889年建立了现代政府。经济上，一是处于工业化起步阶段的日本对能源有很高的需求，所以日本国内的采矿业发展迅猛；二是日本政府采取“自上而下”发展工业的做法，政府主导，优先发展轻工业；三是19世纪末20世纪初的两次对外战争（1894—1895年的中日甲午战争和1904—1905年的日俄战争）极大地刺激了日本的军需产业，从而促进了日本国内重工业的发展。文化上，积极学习西方文明，大力发展西式教育。从政治到经济再到文化的全面现代化使日本在这一阶段急速发展。但由于日本政府甚至整个日本社会对现代化的极端重视，轻视了环境问题，因此即使日本在这一阶段积累了大量的环境问题，日本当局和日本社会也没有做出有力的应对措施。这一阶段最为著名的环境污染事件是足尾铜矿矿毒污染事件。而第一次世界大战开始后与第一次世界大战开始前的不同在于：战争对于污染具有主导性的作用。在这一阶段中，战争是整个社会优先级最高的事情，一切以战争为重。

第二阶段，从第二次世界大战结束到20世纪80年代下半叶是日本经济的恢复和腾飞期，在这一时期，日本实现了从世界经济排名第七到世界经济排名第二的飞跃。在这个巨大的飞跃中，也隐藏着更加复杂和深刻的环境问题。在这一时期，日本的“公害”一词闻名于世。虽然日本在这一时期的环境状况十分严峻，但日本处理和解决环境问题的措施是非常有效的。正是因为这些合理对策，日本成为全球最为生态友好和森林覆盖率最高的国家之一。虽然日本的环境政策也因为要适应经济发展的脚步有所调整，但总体来说这一时期的日本仍然是绿色发展的榜样。我们可以把这一时期具体分为几个阶段：（1）第二次世界大战结束到20世纪60年代（1945—1960年），这是日本经济的恢复和重建期。在这一时期，日本国内百废待兴，日本经济重建就带来了严重的环境破坏，还有许多环境污染的受害者根本就没有得到官方和社会的承认，即使得到了承认，政府和有关部分也会因为发展经济的需要而偏袒企业方。[①] 这一时期著名的公害事件有：1954年的比基尼岛氢弹实验、1955年的森永牛奶中毒事件、1956年的熊本水俣病、1958年的江户川河流污染。以1956年发现的熊本水俣病为例，1956年水俣病病例被发现，1959年熊本大学发表了一篇证明水俣病的病源是含有水银的鱼和贝类的报告。同年11月，水俣病受害者组成的灾民互助会前往排污工厂进行静坐示威要求赔偿无果。12月，灾民互助会又向县长进行示威。12月30日，双方经过调解最终达成协议，协议规定：工厂向因

---

① 船桥晴俊、寺田良一、罗亚娟：《日本环境运动、环境政策、环境问题史》，《学海》2015年第4期。

水俣病死亡的受害者赔偿30万日元，向成年生还者赔偿10万日元，向未成年生还者赔偿3万日元。并且在协议第5条中明确规定，即使将来可以明确证明水俣病原因是出自该氮肥公司，患者也不能提出其他任何的补偿要求。不用说在当时，即使是现在，这样的补偿条例也是丝毫没有诚意的。[①]（2）20世纪60年代到70年代初期，经历了战后近20年环境问题的积累，日本的环境问题十分严重，居民的基本环境权利得不到保障，政府和社会均没有建立起“公害”和“疾病”的直接因果联系，它们都不认为是工业污染带来了这些病痛。即使受害者言之凿凿，企业仍然会以无法证明因果关系为由拒绝承担相应的责任。在这一时期，日本四大公害发生了三个：1960年的三重四日哮喘病、1961年的富山痛痛病、1965年的新潟水俣病。（3）20世纪70年代初期到80年代下半叶。20世纪60年代末70年代初，日本四大公害案连续以原告（受害者）的胜诉告终：首先是1968年富山痛痛病案胜诉，紧接着是1971年新潟水俣病胜诉，然后1972年三重四日哮喘事件胜诉，最后是1973年熊本水俣病诉讼案宣告胜利。四大公害案的胜诉很大程度上归功于一批有胆有识、有社会责任感的法官和律师，例如负责新潟案的宫崎启一法官。四大公害案胜诉以前，受害者很难赢得最终胜利的一个重要原因就是他们无法证明他们的疾病和工厂的排放有直接的因果联系。而宫崎启一法官在审理新潟水俣病案的过程中认为，水俣病受害者只是普通市民，他们没有能力在复杂的自然环境中分辨出有害的化学物质，加上工厂又以商业秘密为由不肯明确说明排放物的构成，因此受害者既没有义务又没有能力证明工厂排放和疾病的直接因果关系。所以如果企业无法证明自己没有排放有害物质，那么在法律意义上企业就存在有害污染物的排放，直接因果关系就可以成立。[②] 虽然四大公害案的胜诉很大程度上归功于人为的因素，但这些胜诉仍然极大地鼓舞了人们通过法律手段维护自己环境权利的信心，促进了日本环境法律体系的完善，是日本环境问题法制化的里程碑，在日

---

① 水俣市立水俣病资料馆：《面向大人的研究资料等——第4章受害者的补偿救济和地域居民的环境保健对策》，http：//www.minamata195651.jp/list_ch.html。

② 俞飞：《四大公害诉讼，改变日本司法》，《人民法院报》2013年2月22日，http：//rmfyb.chinacourt.org/paper/html/2013－02/22/content_58329.htm？div＝－1。

本环境史上占有重要地位。据日本环境白皮书显示，日本与环境有关的诉讼在1966年只有不到2万件，而到1970年，这个数字就翻了两番，达到了6万多件。[①] 这一数据既说明了日本这一时期环境污染之严重，又说明了日本民众从70年代以后越来越愿意通过法律手段来维护自己的环境权利。

第三阶段，20世纪80年代下半叶至今，日本经济逐步进入衰退期，日本各界对环境和人、自然和社会、环境状况和人的幸福程度的关系又有了更加深刻的思考。20世纪80年代到90年代日本环境政策曾经一度有所倒退，一是因为日本经济增速放缓，二是因为日本上一时期的环境治理卓有成效。到90年代以后，日本社会开始了对环境问题更深层次的思考。他们还充分认识到日本环境治理中的缺陷，例如：环境状况的提升并不一定能直接促进人的幸福感和满足感的提升、日本环境运动组织缺乏有力的法律地位、对核能的依赖以及对核污染的深刻认识，等等。

二 日本绿色发展的代表性政策

（一）环境会计管理模式

在日本，环境保护已经成为每个日本企业必须承担的社会责任，社会需要对企业的环境贡献做出客观的评估，而企业对环境保护所做的贡献也同样希望得到社会的认可。所以企业需要一个独立的职能机构，这个机构负责对企业的环境贡献（主要通过企业的环境报告）进行评估和认证。这种评估和认证不仅使社会能够对企业作为进行合理监督，也对企业形象大有裨益。正是这个原因，日本企业十分欢迎环境会计制度。

日本是较早引进环境会计的国家之一，很多企业都引入了环境会计以适应日本政府的环境结算政策。环境会计是日本企业改善企业形象，掌控绿色经济发言权的重要手段。早在20世纪90年代初，日本就借鉴欧美经验开展相关工作，到1992年，日本已经有百分之八十的企业组建了环境对策部。即使是这样，日本环境会计的起步也是由一些问题倒逼的。

---

① 姜太平：《战后日本环境政策演变初探》，《华中理工大学学报》（社会科学版）1999年第42卷第2期。

1997 年，一批日本企业取得了 ISO 14001 国际环境保护认证，这是一个十分具有说服力的国际环境保护认证，因此这些日本企业在环境保护工作上投入了大量的精力。正是由于它们大幅提高了有关环境保护的财力、物力投入，它们为日本社会的环境工作做出了巨大的贡献。但问题在于，这些企业在环境保护上做出的巨大努力很难客观地使大众知晓，企业的巨大投入不能及时有效地转化为企业的有形资产（销量提高、产品溢价等）和无形资产（品牌形象、企业口碑等），就使得这些企业迫切希望引入环境会计以对它们的环境贡献进行合理的评估。于是在被称为“环境会计元年”的 1999 年，环境厅（现环境省）发表了重要的《关于环境成本的把握及公布的准则——环境会计的确立》。并且从这一年开始，日本各界包括会计从业人员、会计学科的研究人员、政府环境部门和相关学者都开始对企业环境会计的相关问题进行探讨。随后，日本环境厅于 2000 年颁布了《环境会计准则》以作为环境会计的官方标准，此外，日本公认会计师协会也在对国外环境会计的研究基础上提出了建设环境会计体系的报告。自此以后，引入环境会计的企业数量大幅度上升。据统计，2000 年到 2002 年，实施环境会计的企业从 356 家增至 573 家，所占比例达到了 19.3%。①

环境会计的积极作用分别体现在国内和国外两个不同的市场中。首先，正如今日全球化背景下的中国企业，在 20 世纪末，日本企业在走出国门的过程中也深受各种贸易壁垒的阻碍，这其中就有绿色壁垒。彼时，绿色壁垒既是欧美发达国家保护自身经济的重要手段，又是制约日本出口贸易进一步发展的致命瓶颈。绿色壁垒因为其严苛的执行标准、无可辩驳的正当性阻碍着日本产品的出口。还因为其保护方式的隐蔽性，行业间的可扩散性对日本产品的出口造成了大规模、跨行业的负面效果。日本设置环境会计进行环境审计，积极进行企业环境信息披露，将企业的环境消耗和环境贡献以一种更加透明的方式展现出来，使企业在面对绿色壁垒时具有更充分的合法性、合理性和正当性。这是将绿色壁垒给予企业的绿色压力转化为绿色动力的良策。其次，根据《国际竞争力年

---

① 杨靖、杨书臣：《日本环境会计的新进展及对我国的启示》，《现代日本经济》2005 年第 141 卷第 3 期。

度报告》显示，20 世纪 90 年代初期，日本的产业竞争力高居世界榜首，及至 90 年代后期，日本产业的国际竞争力遭遇了“断崖式”的下跌，2002 年，日本的产业国际竞争力只排到了全球第三十位。因此，日本也希望实现产业转型，以提高日本产业的国际竞争力。企业的环境信息公开和环境会计管理制度事实就是转型的重要一招。事实也的确如此，日本包括环境会计管理模式在内的一系列环境政策促使日本迅速提高了产业国际竞争力，成为许多高新产业的领军国家。最后，在国内，日本企业积极公布各自的环境报告，通过这种方式树立自己绿色、生态的企业形象，既保护了环境，又提升了利润。

（二）环境教育综合体系

日本非常重视环境教育，在 20 世纪五六十年代就开始进行“公害教育”。日本环境教育经历了一个从低水平的“公害教育”发展到高水平的“环境教育”，从灌输“保护自然”思想到为日本的绿色经济提供了强大的人才储备的过程，成为世界上环境教育最为先进的国家之一。日本的环境教育是日本绿色发展得以健康延续的重要因素。

1967 年，日本政府制定了公害对策基本法、设立了全国中小学公害对策研究会，[①] 直至 1970 年，日本文部省才决定在“社会科”中增加有关“公害”的内容，实行“公害”教育。“公害”教育只是低层次的环境教育，是一种“头痛医头，脚痛医脚”的“对症疗法”，这种环境教育是日本环境教育的特殊形式，它也从一个侧面向我们展现了日本走过的道路依然是一条先污染后治理的道路。因此，我们虽然需要学习借鉴日本的发展经验，但不能全盘照抄日本经验。

20 世纪 70 年代召开的三次国际环境会议对全世界的环境教育都产生了深远的影响，日本也不例外。这三次环境会议分别是 1972 年在斯德哥尔摩召开的全球第一次国际人类环境会议、1975 年的贝尔格莱德国际环境教育会议，以及 1977 年第比利斯第一次环境教育政府间会议。这三次会议通过和发表了几个著名的文件，对促进全球对环境问题的思考与应

---

① 陈卓：《日本环境教育的特征及启示》，《贵州教育学院学报》（自然科学版）2007 年第 4、18 卷第 2 期。

对都产生了重要的影响，这些文件有：斯德哥尔摩国际环境会议上通过的《人类环境宣言》《关于人类环境的行动和计划》，贝尔格莱德国际环境教育会议上通过的《贝尔格莱德宪章》以及第比利斯第一次环境教育政府间会议上发表的《关于环境教育的第比利斯政府间会议宣言》和《环境教育政府间会议建议书》。这些文件对环境教育的性质、目标、方式等重要问题进行了阐述，对全世界的环境教育都有着不可取代的指导意义。这三次国际环境会议召开以后，日本的环境教育迎来了第一个高潮。1973 年，东京农工业大学开始设置自然保护学科。1974 年，环境教育国际会议在东京召开，1975 年全国中小学公害对策研究会改名为全国中小学环境教育研究会。这标志着日本的“公害教育”正式蜕变为更高层次的环境教育，日本的环境教育在 20 世纪 70 年代迈上了一个新的台阶。1981 年，日本环境协会对全日本环境教育状况进行调查得出：分别有 50%、46%、40% 的小学、初中、高中开展了环境教育相关的教学。而 1988 年高知大学再次针对同样的问题——各个阶段的学校环境教育进行了调查，得出的数据却有了较大的变化——分别有 19.2%、34.4% 和 49.7% 的小学、初中和高中表示重视并开展了环境教育。当然，这一结果不能与 1981 年日本环境协会所做的调查进行直接比较，但我们仍然可以看出在这一时期，日本环境教育的发展因为环境问题的缓解有所放缓。1988 年，日本环境厅（现环境省）发行了《环境教育恳谈会报告》。该报告明确说明了校外（非正规）环境教育的基本想法和措施。即使在今天，《环境恳谈会报告》仍然是日本非正规环境教育的基本指南。

20 世纪 90 年代至今是日本环境教育的第二个高潮。90 年代开始，日本环境教育开始与环境法体系协调成长，1993 年日本颁布了《环境基本法》，次年颁布了《环境基本计划》。1993 年颁布的《环境基本法》的第 25 条规定：“国家应当采取必要的措施，在振兴有关环境保护的教育与学习和充实有关环境保护的宣传活动，加深企（事）业者和国民对环境保护的理解的同时，提高他们参加有关环境保护活动的积极性。”日本文部省还颁布了各个教育阶段的学校环境教育的指导资料，在这些指导资料中，详尽地说明了日本环境教育的目标、内容等问题。日本的环境教育体系十分强调在教育过程中多学科、综合式的环境教育，理性地认识到了环境问题的多样性、综合性和复杂性。1996 年的第十五届中央教育审议会又指出，除了将环境教育贯穿于教育的全过程、全学科以外，还需要充分重视环境教育的科学指导，以及环境实践的重要作用。为了建设符合减排要求的生态学校，日本还从1997年开始进行生态学校的试点项目，这是进一步推动环境友好型学校建设的重要项目，也是日本教育部门充分贯彻“在教育的全过程中提高学生环境意识”的重要体现。①

三 日本绿色发展对中国的启示

（一）树立“环境优先”理念

在经济起步和发展、重建和恢复时期，“产业优先”的发展理念是十分必要的，它能使国民经济在最短的时间内迅速发展起来。第二次世界大战结束之后的日本经历了一段经济持续超高速发展的阶段，这个时期超高速发展是和日本政府“产业优先”的发展理念密不可分的。20世纪50年代，美国的军事需要因为朝鲜战争的爆发大大提高，这极大地刺激了日本的产业特别是重工业的发展，同时也给日本带来了极其严重的环境问题。也因为“产业优先”的发展理念，彼时的日本政府才不注重环境保护，以“产业优先”的理念指导环境法立法、对于抗议环境公害的公民运动同样采取压制的手段。政府明显偏袒企业，企业仅需付出微乎其微的补偿就可以继续进行损害公民基本环境权利的生产活动。到60年代，日本的环境治理开始有了一些进展，但仍然没有摆脱“产业优先”的价值导向。这种“产业优先”的价值取向突出体现在《水质保全法》中。《水质保全法》第1条规定：“……与产业相互协调。”而到了70年代，日本就已经将“与经济发展协调”从相关法律条文中删除。不是说日本不再强调经济发展的极端重要性，而是真正正视了环境保护其本身的固有价值。环境保护必然是与经济发展相协调的，但是那种强调“与经济发展相协调”的理念实际上却只是片面强调经济发展的、跛足的绿色发展理念，只有充分认识绿色发展的经济价值、自然价值、社会价值，才能真正做到经济与环境的可持续发展，社会与自然的双重

① 日本文部科学省：《地球环境学习计划》，http://www.mext.go.jp/b_menu/hakusho/html/hpad200001/hpad200001_2_161.html。

进步。

首先，我们必须充分认识到绿色发展的经济价值。我国当前的经济发展已经不容我们继续用“与经济发展相协调”作为借口而不去计算生态破坏给我们带来的灾难性后果了。如果我们继续这样下去，环境破坏带给我们的经济损失将远超采用绿色发展方式转型阵痛带来的损失。即使日本认识到了经济发展绿色化的重要性，及时实现了经济发展方式的转型，“公害”对日本经济的影响仍在继续，“公害”对日本人民造成的伤痛仍在继续。据日本水俣市立水俣病资料馆资料显示，水俣湾的安全性虽然已经得到了证实，但是对水俣湾里鱼和海水的水银浓度调查仍然还在继续，这是一笔长期的环境投入，也是之前不计环境代价发展经济所必须偿还的生态债务。① 如果把这些生态债务全都纳入经济核算体系，那么经济发展数据可能就会入不敷出了。当前我们积极进行经济发展的绿色转型，一定会遭遇转型过程中的阵痛期。在这一时期，也一定会有一些表面上的经济损失，但这些经济损失必然是短期的。

其次，我们必须充分认识绿色发展的自然价值。仅仅从经济方面衡量自然界的价值是实用主义和偏激的人类中心主义的错误。自然环境不仅有不可估量的经济价值，还有其固有的自然价值。任何物种的消失对用经济尺度衡量自然价值的人来说可能没有多少“价值”，但这些物种的生态价值是不可估量的。作为一个整体的生态圈虽然有自我修复的能力，但这个能力是有限度的，一个物种的消失可能直接导致整个地区生态圈的崩溃。我们不能无限度地透支自然界的自我修复能力，充分认识自然界的自然价值，只有这样，才能保持对自然界的敬畏之心，实现人类的永续发展。

最后，我们必须充分认识自然界的社会价值。自然界是人类社会的基础，是人类社会形成的前提，也是人类社会健康发展的基石。人与自然的矛盾越来越尖锐，人与人之间的矛盾也会随之越来越被激化，人与人之间矛盾的激化又会反过来再次刺激人与自然之间的矛盾，这是一个相互作用的过程。环境的污染会导致人与人之间的冲突和对抗，正如当今世界发达国家对发展中国家的环境压迫，发展中国家抗议发达国家对

---

① 水俣市立水俣病资料馆，http：//www. minamata195651. jp/list_ch. html。

环境责任的消极态度。再者，人类的发展不仅体现在物质上，更体现在精神上。人类文明不仅包括丰富的物质文明，更包括丰富的精神文明。绘画、音乐、舞蹈等艺术形式是精神文明的重要体现，经典的艺术作品大多来自优美的自然环境对艺术家的启发。如果没有了优美的自然环境，这些社会价值都无从谈起。

（二）充分发挥政府和法律的作用

资本具有追逐利润的本性，单单依靠资本实现绿色发展是不可能的。日本的经验同样也证实了这样一个道理——只有充分发挥政府的作用，才能促进整个社会向绿色发展转型。第二次世界大战以后，日本企业为战后日本恢复和重建发挥了重要的作用。但在每个经济快速发展的时期，这些企业同时也都是环境污染的罪魁祸首。正是因为日本政府积极构建相关法律法规、颁布环境评价建议、推进绿色经济发展，才建成了这样一个花园国家。也正是因为日本政府积极推进绿色技术，才使得日本企业从被美欧的绿色壁垒阻拦到现在成为“绿色经济”的代言、占有绿色经济的话语权。使“绿色”不仅成为日本经济的一个全新的、持续的增长点，更使得日本在绿色外交中拥有强大的发言权。

日本政府还积极促进了环境保护法律法规体系的建立。从宪法规定居民环境权利到中央政府对企业排污量的评价与建议再到地方政府不同的环境法规，日本已经形成了一套完整的环境保护法律法规体系。正是因为这样一套完备的绿色法治体系，日本的经济发展才有了明确的绿色导向。政府针对每个行业的排放和回收都制定了不同的行业建议等文件，每个行业都因此有了自己的绿色发展准则，从而避免了“一刀切”。因为有了这样详细的指导意见，消费者才能轻易辨认出哪些商品是绿色的，哪些商品不是绿色的。经历了 20 世纪五六十年代代价沉重的“公害教育”，日本人普遍具有较高的环境意识，60 年代末 70 年代初，由于四大公害案的连续胜诉，人们开始倾向于利用法律手段维护自己的环境权利。这也促进了日本环境法体系的建立，日本于 1993 年颁布了《环境基本法》，此后又对该法进行了多次补充说明。

（三）积极开展环境教育

环境教育包括学校环境教育和非正式（校外）环境教育，学校环境教育又包括初级教育中的环境教育和高等教育中的环境教育。日本环境教育的成功之处在于它既重视学校正式的环境教育，又十分重视校外非正式的环境教育。

在学校环境教育中，日本教育部门清晰地认识到了环境教育的复杂性和综合性，清楚地认识到解决环境问题、实现绿色发展，依靠单一学科的环境教育是无法做到的。环境问题不仅仅是环境问题，更是经济问题、社会问题、人们的精神状态问题，等等。只有在教育的全过程多领域都充分进行环境教育，才能真正培养出具有绿色意识的新人。在初级学校环境教育中，日本教育部门还充分结合了每一个教育阶段学生不同的特点开展了具有不同侧重点的学校环境教育——在小学阶段主要组织学生进行实践活动，让学生在实践中充分认识自然的价值以及人和自然的关系，等等；初中阶段重视培养学生了解自然界的因果关系；高中阶段则最侧重于提高学生主动保护自然环境的能力。① 高级教育阶段的环境教育对现阶段的我国来说尤为重要。马克思主义认为：人民群众是历史的创造者，是发展中最重要的因素。要想在“绿色变革”中取得话语权，就必须积极发展绿色经济，发展绿色经济，其关键就在于绿色科技，而绿色科技的关键又在于培养绿色知识的绿色人才。所以在高校中全面开设环境学科、开展环境教育已经成为我国经济转型的必由之路。环境问题是复杂的、综合的，所以环境教育也应该是系统的、综合的。高校中的环境教育不仅应该包括环境专业的环境教育，更应该在所有学科开设相关的环境学科。例如法律专业的学生开设环境法学、文史专业的学生开设环境哲学、数理专业的学生开设环境经济学，等等。只有让所有学科的学生都拥有绿色思维、绿色意识，整个社会才能按照绿色的方向发展和运行下去。

在非正式（校外）环境教育中，我们必须积极在全社会的各个方面开展绿色教育，积极开展社会环境教育、大力推进企业环境教育，营造

---

① 李培超：《日本环境教育探析》，《湖南师范大学教育科学学报》2004 年第 3 卷第 3 期。

一种绿色导向型社会的氛围。日本政府积极通过各种渠道推进社会环境教育，在许多社区设立了环境教育中心，还设立了很多环境教育的展览馆、博物馆，例如在水俣市政府兴办的水俣病资料馆中，将有关水俣病的成因、处理、影响等资料详尽地展现在公众面前，以提高对环境问题的警惕意识。① 企业通常是污染的主题，日本大力在企业中推进环境教育的举措是日本环境教育的重要环节。在企业中大力推进环境教育，使企业充分认识到环境的价值，引导企业进行既有利于经济发展又有利于环境保护的企业活动，使绿色发展可以健康稳定地持续下去。

（四）更加注重提高人民生活舒适度

保护了环境并不代表人民生活的舒适度得到了提高，修复了生态也不代表人民生活得更加舒适，只有坚持按照以人为本的思想去贯彻指导绿色发展，才是真正的社会主义的绿色发展。一些以生态建设、环境保护为借口制定的劣质政策反而会降低人们的生活舒适度。许多民众反对生态文明建设、反对采用绿色发展的生产方式，就是因为这些劣质的政策在作祟。不坚持以人为本理念的绿色发展是畸形的绿色发展，是带有引号的伪绿色发展。我们调整思维方式，不能简单地认为绿色的发展方式一定和经济发展相对立，不能简单地认为生态文明的生活方式和现代化的生活方式相违背。如果坚持这样形而上学的指导方针，就仅仅只是部分理解了绿色发展的发展理念。绿色经济是人类螺旋上升的经济发展历程中一个全新的发展阶段，它是在对黄色经济、黑色经济进行扬弃的基础上升华的全新经济形式。绿色经济的实现会带来人和自然的和谐，但同时它也必然不是对人类现代化生活方式有所伤害的生活方式。有些地区以绿色发展为由，简单地将促进地区经济发展的工厂搬迁；还有些地区以绿色发展为由，简单地将居民生活所必需的菜市场撤销。这些做法都是打着“绿色发展”旗号的劣质政策，这些政策不仅给地区经济和群众生活带来了巨大的损害，也歪曲了“绿色发展”本身的意思，使大众错误地理解了“绿色发展”，以至于抵制“绿色发展”。这种做法的实质就是“形绿实黑”（形式上是绿色发展，实际上是黑色发展）的发展方

---

① 水俣市立水俣病资料馆，http：//www. minamata195651. jp/guide_ch. html#2。

式。我们必须全面理解“绿色发展”，必须时刻坚持以人为本的理念，这样才能让人民切实体会到绿色发展的好处，切实分享绿色发展所带来的红利，才能在“政府提倡绿色发展—人民共享绿色红利—人民支持绿色发展—政府更加推进绿色发展”的良性循环中真正实现绿色发展的社会发展方式转变。

以绿色发展理念指导绿色生活方式

余永跃　雒　丽*

绿色发展是当今世界最重要的时代潮流之一，其建设是一项前无古人的巨大而艰难的系统工程，它不仅需要思维方式的变更、产业结构的调整、增长方式的转变，而且也需要生活方式的深刻变革。因为源于近代西方的现代生活方式是不健康、不可持续的，它在很大程度上极大地阻碍着人类社会的永续发展。为此，我们要从绿色发展的角度，批判现代生活方式的局限性，并在此基础上探寻一种与生态文明相适应的“绿色生活方式”。绿色生活方式对于全面建成小康社会、实现中华民族的伟大复兴将具有重大的实践指导价值，因此，我们必须从中华民族历史发展的高度来看待绿色发展视阈下生活方式革新这个严肃的问题，建构具有中国特色、中国风格和中国气派的“绿色生活方式”，为推动人类文明进步做出有益探索。

一　发展理念与生活方式的关系

一部人类社会的发展史就是人类生活方式的历史，是现实中人类活生生的生活的历程。正如马克思所言：“一切人类生存的第一个前提，也就是一切历史的第一个前提，这个前提是：人们为了能够‘创造历史’，必须能够生活。……因此第一个历史活动就是生产满足这些需要的资料，

---

* 余永跃，武汉大学马克思主义学院科学社会主义专业教授、博士生导师，马克思主义理论与中国实践协同创新中心研究员，主要从事生态文明建设与现代女性发展研究；雒丽，武汉大学马克思主义学院科学社会主义专业博士研究生，主要从事绿色发展理论与实践研究。

即生产物质生活本身。”① 生活由生活方式来展开，生活方式几乎涵盖了社会生活的方方面面，“更确切地说”，连生产方式也是“一定的生活方式”。② 可以说，社会即生活，社会发展与生活方式紧密相关，一个民族共同体的社会发展内容就是他们共同的生活方式和生活状态。

生活方式是在一定的发展理念指引下展开的，发展理念引导生活方式的选择、革新、养成、推广和完善。发展理念集中反映了时代精神、实践理性和价值取向，是社会发展的思想源泉，它通过引领一个国家和民族的发展方向、价值选择和生活观念进而对社会生活方式产生重大而深远的影响。生活方式并非仅仅传统意义上与衣食住行相关的日常生活，它是在一定的社会条件和生活情境下，人们根据一定的文化样态和价值观念所形成的满足生活需要的全部行为体系。生活方式其实质是人的生成方式和人自身的需要满足与实现方式，它回答的是一定社会中的人“以何种目的来选择生活方式”和“怎样生活”的问题，是把握社会和人自身发展的基本方式。所以，从生活方式的内涵和本质上来讲，生活方式不仅是社会发展的主要内容和基础，而且是社会发展理念的表现形式和实践方式，它通过发展理念的指引来反映和推动个人的发展、社会的变迁乃至人类的文明进步。

一个民族或国家选择什么样的社会发展道路，坚持什么样的发展理念，就必然有与之相适应的生活方式。在自然经济统治下的“生产型社会”，生产方式几乎“吞噬”生活方式，一切向生产看齐，生产即生活，生产方式就是人们的普遍的生活方式。到了工业文明时代，以西方国家为代表，随着由“生产主导型社会”向“消费型社会”的过渡，生产方式和生活方式相分离、独立，产生了“大量生产、大量消费、大量废弃的生活方式”③。当下，经济危机、生态危机挑战人类的发展底线，甚至直逼人类的生存底线，这些问题都呼吁各国跳出固有的发展模式和发展思维，寻求新的发展理念以建立一种健康、和谐、绿色、文明的生活方式，来实现人类文明的持续发展。

① 《马克思恩格斯选集》第 1 卷，人民出版社 2012 年版，第 158 页。

② 同上书，第 147 页。

③ 王雅林：《“生活型社会”的构建——中国为什么不能选择西方“消费社会”的发展模式》，《哈尔滨工业大学学报》2012 年第 1 期。

二 绿色发展理念的内涵

放眼寰宇，绿色发展成为当今时代潮流，美国政府提出了“绿色新政”，欧盟制定了《欧盟 2020》发展战略，日本推出了“绿色发展战略”，韩国提出了《国家绿色增长战略（至2050年)》，印度、巴西等新兴市场国家也纷纷加入“绿色大军”行列，制订“国家行动计划”并大力推进。越来越多的学者将其誉为继“蒸汽革命”“电力革命”“信息革命”之后的“第四次工业革命”,[①] 标志着人类开始迈向新的绿色文明新时代。第一次和第二次工业革命兴起的时候，我们落伍了；第三次工业革命，我们因为只赶上半程而略显被动；面对这次“绿色革命”，我们必须从中华民族历史发展的高度出发，紧紧抓住这次历史机遇，顺势而为，成功推动中国社会发展的历史性转型。以此国际视野为认识基点，党的十八届五中全会从国家发展战略的高度提出了绿色发展理念，并把绿色发展理念全面贯彻、细化于党的“十三五”规划建议之中。

绿色发展理念萃取古今、融汇中西，既折射出中国古代天人合一、道法自然的传统生态智慧，又将马克思主义生态思想和生态伦理与时代特征有机结合，是将生态文明建设融入经济、政治、文化、社会建设各方面和全过程的全新发展理念。“十三五”规划对绿色发展理念做出阐释：“绿色是永续发展的必要条件和人民对美好生活追求的重要体现。必须坚持节约资源和保护环境的基本国策，坚持可持续发展，坚定走生产发展、生活富裕、生态良好的文明发展道路，加快建设资源节约型、环境友好型社会，形成人与自然和谐发展现代化建设新格局，推进美丽中国建设，为全球生态安全作出新贡献。”[②] 概括起来，绿色发展理念主要包括四方面内容：第一，更加关注人类的健康和福祉；第二，更加关注社会的公平和进步；第三，更加关注生态系统的服务功能和生态价值；

① 胡鞍钢、周绍杰：《绿色发展：功能界定、机制分析与发展战略》，《中国人口资源与环境》2014 年第 1 期。

② http：//sh. xinhuanet. com/2016 –03/18/c_135200400. htm.

第四，更加关注技术创新高效管理获得的新的增长点。①

可见，绿色发展理念追求的不仅是经济领域发展观的科学转变，更体现出了社会价值观的生态化趋向以及公众绿色意识的觉醒，它以保护环境、自然资源为发展的前提，强调发展的整体性、全面性、综合性、长远性，实际上反映了人们对更高层次的文明形态的追求。绿色发展理念的本质可以归结为“人何以成为人”“人的生活何以成为生活”，它的核心是为人的生活赋予绿色、发展和文明的价值，树立起全民族的绿色价值体系，进而引导全民族形成健康、文明和发展的“绿色生活方式”。

三　绿色发展理念引导“绿色生活方式”

绿色发展理念的出现要求社会生活方式也必须具有“绿色性”。因为只有在人们的生活观念、实现生活利益和满足生活需要所引发的价值选择标准及行为普遍接受了绿色发展理念，在利用各种资源、选择一定的方式和手段进行生活活动遵循并践行了绿色发展理念的情况下，社会才有可能实现绿色发展。

在绿色发展理念的引导下的“绿色生活方式”是人们生活观念和生活方式的一次觉醒、革命。它表明人们开始从根本上改变过去仅以物质消费水平作为生活方式的评价标准，重新审视以往的生活方式，以有利于个人、社会和自然的绿色、协调、全面发展为评价标准，以绿色发展理念为全新的生活准则。绿色发展理念指出“以消费主义为取向”的现代生活方式②主要有三点缺陷：一是极端的人类中心主义，它将人推到最高主体和绝对中心地位，却将自然看作征服、宰制和肆意剥削的对象，忽略和漠视自然的独立性和内在价值。二是畸形的消费主义，将生命的意义等同于对物质的占有和对财富的追求，信奉“利益至上”，强调人的消费决定人的存在和价值。三是封闭的个人中心主义，将个人的利益放在集体和他人利益之上，只要个人自由而不讲社会责任。

“绿色生活方式”不但对现代生活方式进行了客观的审视和批判，而

---

① 杨朝飞：《绿色发展与环境保护》，《理论视野》2015 年第 12 期。

② 王治河：《后现代生态文明与现代生活方式的转变》，《岭南学刊》2010 年第 3 期。

且在批判的基础上主张对我国现有的生活方式进行革新，尝试构建出一种建立在人与自然和谐互动基础上的、以人的自由而全面发展为旨归的、以追求文明诗意的存在为内容的、以实现人类共同福祉为目标的新型生活方式。这种新型的“绿色生活方式”的变革在于：

第一，打破人类中心主义，实现人与自然和谐共生。在农业文明时期，人还处于一定的“蒙昧”状态，严重依赖自然，人对自然更多的是敬畏、依赖，因而人与自然之间的关系原始而简单。在工业文明时期，倡导人的解放和独立，人类在改造自然的实践活动中以人类利益为中心，形成了人类中心主义，人与自然的交往以人的统治、控制与自然的被统治、被控制为显著特征。在与自然相处中，人把自己看成是唯一的主体，自然只是客体，主体主宰和统治着客体，为了满足自身利益，人类不惜破坏、掠夺自然。“绿色生活方式”则具有与此完全不同的价值取向，着力推进人与自然和谐共生。它主张人与自然平等，二者“同呼吸共命运”，主张在生活各环节尊重自然、顺应自然、保护自然，并且发展自然，实现人和自然共同发展、和谐发展。

第二，摒弃消费主义，追寻人的自由而全面发展。以美国为代表的“消费型社会”，它以资本的逻辑支配社会，产生了各式各样的生活的异化，其中，“物支配人”的异化最为严重。人被异化之后，整个社会物欲横流，并且产生了“新穷人”——因为贫穷而在精神或心理上感觉被排除在“正常生活”“快乐生活”之外。[①]“绿色生活方式”则呵护了人的自由发展，把人从异化的“奴役”状态中解放出来，从而使人的自由全面发展成为可能。一个被物欲所奴役的人、一个视金钱为人生唯一价值的人，显然是与人的全面发展格格不入的。面对西方的消费主义在我国大众生活中的“崭露头角”，“绿色生活方式”坚决抵抗现代社会形形色色对人的“物化”、异化，以人为本，向更符合人性发展内在要求的、重精神发展的生存方式转型，以“人的全面发展”“生活幸福”为社会生活价值标准，使人成为人，使生活成为不被“遮蔽”的生活，追求人自由、诗意的生活。

---

① ［英］齐格蒙特·鲍曼：《工作、消费、新穷人》，仇子明、李兰译，吉林出版集团有限责任公司2010年版，第83—85页。

第三，拒绝个人中心主义，寻求人类共同福祉。人类只有一个地球，人类同处一个世界，坚持绿色发展，是为了建设美丽中国，也是对全球环境治理的积极贡献。人类自进入工业时代以来，空气恶化、水体污染、森林土地破坏、生物多样性减少等问题日益严重，加之经济全球化、社会信息化趋势深入发展，国与国之间已经形成“你中有我、我中有你”，“一荣俱荣、一损俱损”的命运共同体，这使得发展问题的解决越加复杂和棘手，需要人类共同的智慧来共同找寻新的、多元的、开放的发展途径。因此，坚持绿色发展、建设生态文明逐渐成为越来越多国家和人民的共识，成为新时期世界发展的潮流所向。中国共产党对于这一形势变化有着深刻的认识。自党的十八大以来，习近平总书记关于坚持绿色发展、建设生态文明的讲话、论述、批示达60余次，他强调：“建设生态文明关乎人类未来。国际社会应该携手同行，共谋全球生态文明建设之路。”①

四　构建“绿色生活方式”的途径

“绿色生活方式”的实现诉求于将其中的绿色发展理念内化为社会主体的价值取向，从而生发为人们内心深处的良知与品德，自内而外地指导人们的生活实践，以达到生活方式“绿色化”，使得绿色发展真正成为支撑整个社会良性运行的核心动力。“绿色生活方式”的建构需要国家、社会、公民个人等社会主体养成绿色的实践智慧，在具体实践的发展动态中改变故有的“反绿色”品行，切实推动绿色发展。

第一，加强国家制度设计和监督管理。政府要制定相应的法律、法规和制度，以此来为“绿色生活方式”的形成提供“刚性的”法制保障。加强顶层设计，在政策、法律的制定过程中，突出有关“绿色生活方式”倡导、绿色补偿机制、“反绿色”行径的惩处规定，使得“绿色生活方式”的养成有法可依，建立相应的绿色发展目标体系和考核体系，推进绿色文明制度体系建设，将推进绿色发展纳入管理制度框架。同时，要

---

① 任理轩：《坚持绿色发展——“五大发展理念”解读之三》，《人民日报》2015年12月22日。

监管签订“绿色生活目标责任书”，建立绿色考核制度，监督管理工作人员和人民大众的绿色生活行径，及时传达国家的绿色政策、法规，通过法律、制度来约束和规范人们形成“绿色生活方式”。

第二，培育社会绿色文化风尚。社会要通过教育和文化宣传来培育、推广绿色生活价值体系，为“绿色生活方式”的形成涵养“柔性的”文化内生动力。教育的作用不仅仅在于传授生活知识，传导生活观念，更在于培育生活方式的文化基础，只有确立了这一基础，人们才能享受到全面的文化生活乃至需要利用知识、技术才能享受的物质生活。所以要使“绿色生活方式”“进课堂”，开展全民绿色教育，在中小学基础教育中推广绿色生活知识，引导公民养成对“绿色生活方式”的认同感。通过基础教育培育全民族的绿色道德意识和绿色价值取向，在全社会形成一种健康、文明和发展的绿色文化风尚，从而促使人们对“绿色生活方式”的认识转化为自觉行动。社会还要注重通过舆论传媒增强公众关于“绿色生活方式”的价值认同意识和参与的积极性，提高人们对“绿色生活方式”的认识，坚定绿色发展理念。通过教育、文化宣传将“绿色生活方式”的方方面面渗透到社会各个领域，形成认同绿色发展理念并践行“绿色生活方式”的良好社会环境和文化氛围。

第三，鼓励公民主动参与“绿色生活方式”。每个公民既要遵守绿色发展的法律法规，又要自觉参与到“绿色生活方式”的大众构建队伍中来，为“绿色生活方式”的共建、共享贡献力量。“绿色生活方式”与每个公民的生活息息相关，体现着我们对绿色发展理念的认同度、对绿色发展的践行力，对于全面建成小康社会和“中国梦”的最终实现具有关键性的基础意义。绿色发展，人人应为；绿色生活，人人可为。推动形成“绿色生活方式”，需要我们坚持节约优先，强化集约意识，在生产、交换、分配、消费等环节形成节约集约的自觉行为；在衣、食、住、行等方面抵制和反对各种形式的奢侈浪费、不合理消费，促进生活方式绿色化。我们每个人应该时时、处处来切实践行“绿色生活方式”，保护环境、尊重自然、热爱生活、发展完善自身素质、与人和谐相处等高品质生活都是在“绿色生活”；购买节能环保产品，使用环保袋及随手关灯诸如此类行动都是在践行“绿色生活方式”，都是在为实现绿色发展添砖加瓦。

实现绿色发展，其根本要求是把绿色发展理念贯彻到社会发展决策过程和实施过程的始终，即进行生活方式的变革，形成健康、文明和发展的“绿色生活方式”。绿色发展理念引领下的“绿色生活方式”，其实质是对当代社会文明从价值层面、物质层面和体制层面进行全面的变革。在价值层面上，我们对待自然、对待后代、对待贫穷和富有的价值观念应该发生绿色性转向；在物质层面上，要对现有的物质生活方式、生产方式和技术手段进行绿色性的变革；在体制层面上，绿色发展问题要纳入到政治体制、经济体制、法律法制、社会保障和环境保护国策之中，对这些主流体制进行绿色化变革。这种“绿色生活方式”是以社会与自然关系和谐、社会可持续发展为目标的高品质的生活方式，它的确立使绿色发展由社会的战略目标转化为广大民众的自觉的、日常的行动，它将民众所追求的高品质的生活目标与社会整体的、长远的绿色发展的目标结合起来，使民众对高品质的生活追求与实现社会绿色发展战略目标的行动自然地统一起来，这种有机联动势必推动人类文明的进步。

基于可持续发展的绿色发展模式分析

唐少清　修媛媛　刘立国　段祥伟　姜鹏飞*

为了共同应对和减缓气候变暖，克服自2008年以来的经济衰退，世界各国正在协同开创一种具有可持续发展前景的新的经济社会发展模式——"绿色新政"①（Green New Deal），因此说，绿色发展是人类对自身价值、生存环境和人与自然关系的深刻反思基础上所形成的深刻命题，也是人类发展的必然选择。

一　问题的提出

工业化在带来财富的同时，其产生的副产品二氧化碳等对全球气候产生了灾害性影响。联合国于2007年所发表的报告预测：到21世纪末地球将升温2—5℃。此前100年已升温1℃，如果再升温5℃，人类文明将大祸临头。20世纪的经济发展模式在减少贫困人口和避免破坏生态环境方面存在严重缺陷，发展前途已走到尽头，不可持续。因为过去50年中，全球经济迅猛增长的同时，生态环境在恶化，气候变化也在加快。

---

* 唐少清，管理学博士，教授，硕士生导师，北京联合大学商务学院副院长，中国软科学研究会个人会员，河北大学兼职教授，研究方向：企业战略管理、项目评估与管理、第三产业，区域经济与发展；修媛媛，北京联合大学商务学院副教授；刘立国，法国巴黎第一大学博士研究生，讲师，研究方向：应用经济学，教育学；段祥伟，法学博士，讲师，北京联合大学商务学院学生处；姜鹏飞，经济学博士，副教授，北京联合大学商务学院国际商务系，研究方向：产业经济、服务经济。

① 刘助仁：《全球新的经济社会发展模式——"绿色新政"》，《国际资料信息》2010年第10期。

2008年10月，联合国环境规划署（UNEP）发出了旨在推动世界各国向绿色经济模式转变的倡议。

针对我们面临最严重的四大全球性环境问题，一是生物多样性减少；二是臭氧层的损耗和减少；三是持续性有机化合物的污染；四是全球性气候变化。发展绿色经济已经成为国际社会的共识，正成为新一轮国际经济的增长点和竞争焦点。绿色经济正在对发明和创新产生积极的推动作用，其规模之大，影响之广，是自工业革命以来所罕见的。因此说，当今世界面临的最大挑战是全球气候变化及其影响，最大的机遇是绿色革命与绿色发展。[①] 本文基于此，通过对绿色发展的内涵与本质分析，对中国推动绿色发展模式进行科学分析。

二　绿色发展的内涵与本质

何谓绿色发展？绿色发展是与传统发展相并行的一种新的发展模式。传统发展采用粗放型、一次性的方式从大自然中索取物质和能量来实现经济的数量型增长，同时不加处理地将废弃物丢进大自然，它以高开采、低利用、高排放、低产出为特征，是一种单向的开放式线性发展模式[②]；而绿色发展是以生态文明为价值取向，以实现经济社会的可持续发展为目标，以绿色经济为基本发展形态，通过开发绿色技术，发展环境友好型产业，降低能耗和物耗，保护和修复生态环境，使经济社会发展与自然相协调的一种经济发展方式。[③]

对于绿色发展，学者们有不同的观点，蒋南平认为绿色发展的实质是“资源能源合理利用，经济社会适度发展，损害补偿互相平衡，人与自然和谐相处”[④]。张雅静则认为绿色发展既要改善能源资源的利用方式，

---

① 高红贵、刘忠超：《中国绿色经济发展模式构建研究》，《科技进步与对策》2013年第30卷第24期。

② 胡岳岷、刘甲库：《绿色发展转型：文献检视与理论辨析》，《当代经济研究》2013年第6期。

③ 秦书生、王旭、付晗宁：《我国推进绿色发展的困境与对策——基于生态文明建设融入经济建设的探究》，《生态经济》2015年第31卷第7期。

④ 蒋南平、向仁康：《中国经济绿色发展的若干问题》，《当代经济研究》2013年第2期。

又要保护和恢复自然生态系统与生态过程，实现人与自然的和谐共处和共同进化。[①] 邬晓燕指出绿色发展是对传统发展道路的一种模式创新，是可持续发展的理论深化和实践推进。[②] 而西方学者主要认同双重危机理论，该理论的建立主要依据西方国家严重生态环境及能源资源问题的现状。双重危机理论认为西方国家不仅面临经济危机，还面临生态危机，而造成这种双重危机的根源在于资本的积累以及全球发展的不平衡。由于资本积累的需要，西方国家为了提高经济水平，迫使欠发达国家和地区廉价出售生产资料及能源等自然资源，这样就降低了资本积累成本，加快了资本积累速度，反过来又加速了对生产资源及能源等自然资源的开采速度，这就导致恶性循环，从而导致了全球性生态危机及生态环境的灾难。

低碳经济和循环经济是绿色发展的不同形式，绿色发展是以效率、和谐、持续为目标的经济增长和社会发展方式。绿色发展已经成为一个必然趋势，许多国家把发展绿色产业作为推动经济结构调整的重要举措，从内涵看，绿色发展是在传统发展基础上的一种模式创新，是建立在生态环境容量和资源承载力的约束条件下，将环境保护作为实现可持续发展重要支柱的一种新型发展模式。具体来说，包括三个要点：一是要将环境资源作为社会经济发展的内在要素；二是要把实现经济、社会和环境的可持续发展作为绿色发展的目标；三是要把经济活动过程和结果的“绿色化”“生态化”作为绿色发展的主要内容和途径。因此说，绿色发展，是在生态环境容量和资源承载能力的制约下，通过保护自然环境实现可持续科学发展的新型发展模式和生态发展理念。

（一）绿色发展的历史渊源

1962 年，美国女学者蕾切尔·卡森（Rachel Carson）所发表的《寂静的春天》[③]，对传统工业文明造成环境破坏做了深刻反思，开始引起各

---

① 张雅静：《绿色发展：中国第三代现代化的路径选择》，《洛阳师范学院学报》2013 年第 32 卷第 1 期。

② 邬晓燕：《绿色发展及其实践路径》，《北京交通大学学报》（社会科学版）2014 年第 13 卷第 3 期。

③ ［美］蕾切尔·卡森：《寂静的春天》，吕瑞兰、李长生、鲍冷艳译，上海译文出版社 2015 年版。

界对环境保护的重视。1972 年，德内拉·梅多斯（Donella Meadows）等人发表了《增长的极限》[①]，对西方工业化国家高消耗、高污染的增长模式的可持续性提出了严重质疑，但在当时，绿色理念主要集中在污染的末端治理领域。1987 年，世界环境和发展委员会发表了《我们共同的未来》，强调通过新资源的开发和有效利用，提高现有资源的利用效率，同时降低污染排放。1989 年，英国环境经济学家皮尔斯等人在《绿色经济蓝图》中首次提出了绿色经济的概念，强调通过对资源环境产品和服务进行适当的估价，实现经济发展和环境保护的统一，从而实现可持续发展。

2008 年 10 月，联合国环境规划署为应对金融危机提出绿色经济和绿色新政倡议，强调“绿色化”是经济增长的动力，呼吁各国大力发展绿色经济，实现经济增长模式转型，以应对可持续发展面临的各种挑战。2011 年，联合国环境规划署发布的《迈向绿色经济——实现可持续发展和消除贫困的各种途径》报告指出，从 2011 年到 2050 年，每年将全球生产总值的 2% 投资于十大主要经济部门可以加快向低碳、资源有效的绿色经济转型。[②] 联合国环境规划署（UNEP）在其发布的《绿色经济报告》中，对绿色经济给出的定义是“从长期来看，能够使人类的福利水平改善，使不平等程度降低，同时不会使后代面临环境风险和生态稀缺性的经济形式”。绿色经济发展模式优先关注人类健康与福祉，减少人类活动对环境的损害，充分认识自然生态系统和人工生态系统提供的服务功能与价值，并通过不断进行技术创新、机制体制创新、生态创新促进绿色经济发展。

（二）绿色发展的内涵与本质

绿色发展的内涵[③]包括绿色环境发展、绿色经济发展、绿色政治发展、绿色文化发展等既相互独立又相互依存、相互作用的诸多子系统。其中，绿色环境发展是绿色发展的自然前提；绿色经济发展是绿色发展

---

① ［美］德内拉·梅多斯、乔根·兰德斯、丹尼斯·梅多斯：《增长的极限》，李涛、王智勇译，机械工业出版社 2013 年版。

② 张梅：《绿色发展：全球态势与中国的出路》，《国际问题研究》2013 年第 5 期。

③ 王玲玲、张艳国：《“绿色发展”内涵探微》，《社会主义研究》2012 年第 5 期。

的物质基础；绿色政治发展是绿色发展的制度保障；绿色文化发展是绿色发展内在的精神资源。

绿色发展的基点，是生态环境容量和资源承载力。绿色发展的实质和目的①，是以人为本，追求人类的可持续发展，提高人的生活质量，尤其是关注人的健康。绿色发展也强调消费者的责任与选择。认同节制和适度物质消费，重视和享受生态消费的观念。而绿色选择，是拒绝和抵制污染企业的产品，选择节能、绿色产品，选择减量化方式和可循环的低碳消费方式，少制造垃圾。绿色发展的主要任务和目标，是保持经济与环境、经济系统与生态系统的协调，以实现可持续发展。生态文明，是绿色发展的目标和方向，同时也是绿色发展的重要内容和条件。

可持续发展是对传统发展道路的一种理念飞跃和模式创新，绿色发展则是可持续发展的理论深化和实践推进，实现了从较为消极的“经济发展兼顾环境保护”到更为积极的“以环境保护促进经济社会发展”的理念转型。

（三）人类文明与经济发展的关系

人类经历了四个文明阶段，也跨越了四个经济发展阶段②，而绿色发展则是一个可持续发展模式，是一种生态文明。见表 1。

表 1　　人类文明与经济发展的对应关系

类别	原始文明	农业文明	工业文明	生态文明
人与资源环境关系	朴素和谐	强和谐	不和谐	理性和谐
发展道路	无色发展	黄色发展	黑色发展	绿色发展
资源环境	无人类生产活动	农业生产	工业发展	高度发展
人的需求与发展	低水平	温饱	方便	高水平

（四）绿色发展中的环境伦理观

传统工业化道路实行的是“先污染、后治理”“快致富、后清理”

① 吕福新：《绿色发展的基本关系及模式》，《管理世界》2013 年第 11 期。

② 许广月：《从黑色发展到绿色发展的范式转型》，《西部论坛》2014 年第 24 卷第 1 期。

“增长优先”的“黑色发展”模式，它建立在“发展是天然合理的”“发展就是进步的，发展就是伦理的”的哲学基础上，坚持经济增长至上论和人类中心主义的环境伦理价值观，关注的是发展的方法论问题而不是发展的价值或伦理问题，缺少关于发展的哲学和伦理学反思。而绿色发展中的环境伦理观包括三个方面：一是要强调尊重和善待自然；二是要尊重和善待自然生态系统的和谐和稳定；三是着眼当前，并且思虑未来，不能够对下一代人不负责任。

（五）绿色发展的经济学分析

绿色发展也是一种解决“负面外部性”的方式，限制给其他人带来高代价的行为。如：汽车要达到尾气排放标准；工厂要限制污染物排放等。也就是说，造成负面外部性的人应该交费，体现自己给别人施加的代价。用价格来限制污染和用法律进行“命令和控制”是完全相反的两种办法。

三　世界各国实施绿色发展战略

（一）欧盟国家力推“绿色经济战略”

欧盟及其主要成员英国、德国、法国等都提出了本地区和国家的“绿色经济战略”，不仅要使绿色经济成为欧盟未来经济的主力引擎，而且要占领新的国际市场竞争制高点，并期望能够借此在后工业革命时代引领世界经济。在力推“绿色经济战略”方面，欧盟不仅提出的口号最响，行动也走在了其他国家和地区之前。

2009 年 10 月，欧盟公布了《战略能源技术计划》。该计划可以说是欧盟应对气候变化的高科技解决方案，协助欧洲企业占据发展低碳能源的领先优势，计划涵盖了风力、太阳能、电力网、智慧城市、生物能源、洁净煤、核能、燃料电池和氢能源等领域。这些措施的落实不仅有助于生态环境的改善，而且将为欧盟走出经济衰退后的发展提供可持续增长的动力。①

---

① 黄娟、王幸楠：《北欧国家绿色发展的实践与启示》，《经济纵横》2015 年第 7 期。

表 2　　美、日、欧盟各国绿色战略比较

国别	日期	名称	内容与特点	目标
英国	2009 年 7 月	低碳转型计划和《可再生战略》	继《气候变化法》后的新规，包括《低碳工业战略》《可再生能源战略》及《低碳交通战略》	绿色战略的核心目标是把英国建成为更干净、更绿色、更繁荣的国家
德国	2011 年 5 月	可再生能源法	德国“新能源计划”	德国决定于 2022 年之前关闭所有的核电站，计划大力开发风能、太阳能和生物能源
法国	2008 年 12 月	发展核能和可再生	涵盖生物、风能、地热能、太阳能以及水力发电等多个领域	—
美国	2012 年	绿色能源新政	制定并通过了《美国清洁能源安全法案》（ACES），提出“绿色经济复兴计划”	以降低温室气体排放为重要目标
日本	2009 年 4 月	《绿色经济与社会变革》	通过实行削减温室气体排放等措施，强化日本的绿色经济	引领世界低碳经济革命，提出要把日本打造成全球第一个绿色低碳社会

（二）美国的绿色新政

美国先后出台了《2009 年美国清洁能源与能源安全法案》及一系列配套政策措施。一是清洁能源：促进可再生能源、二氧化碳捕获技术、清洁电动车和智能电网的发展。美国将清洁能源发展的长期目标放在关注气候变化上。奥巴马决定实施“总量控制和碳排放交易”计划，对所有污染额度进行拍卖，用市场机制刺激美国消费者和企业开发经济有效的气候变化解决方案。美国“绿色新政”的长期目标就是要促进美国经济的战略转型，逐渐将当前高能耗、高排放的“黑色”传统经济发展模式，转变为低能耗、低排放的“绿色”可持续发展模式。

（三）日本的绿色新政

日本也于2009年公布了“绿色经济和社会变革战略”，面对日益严重的气候变暖问题和日趋加大的减排压力，日本把绿色经济作为未来数十年发展的首选战略。为实现绿色经济发展，日本制定了四大战略：一是加强节能法的执行力度，即“限制战略”；二是在政府和经济团联间达成协议，企业自我限制，即“协定战略”；三是建设几乎不排放温室气体的核电站，即“原子战略”；四是呼吁人们控制使用石油等，即“呼吁战略”。

四　基于可持续发展的绿色发展模式分析

2002年1月，联合国计划开发署发表的《2002中国人类发展报告：绿色发展，必选之路》中，首次提出了中国应当选择绿色发展之路。提出中国经济发展模式要告别长期以来实行的黑色道路，转向更加积极主动的资源节约型、环境友好型、以人为本的“绿色发展”，强调经济发展、社会进步和生态建设的统一与协调。绿色发展以生态平衡、自然保护、资源的永续利用和环境的治理等作为基本内容，把实现人与自然友好共存、协同进化和可持续发展作为最终目标，把实现“环境保护与经济发展的双赢”作为重要指标和手段。绿色发展是一条低代价、多收益的发展道路。推行绿色新政，发展绿色经济，是应对地球变暖和维护气候安全的必由之路。中国作为一个负责任的发展中大国，从中国人民和世界人民的根本利益出发，高度关注和极端重视地球变暖问题，为全球应对和控制地球变暖、维护气候安全而积极推行绿色新政，并发挥了重要作用。

中国自第二代领导人邓小平开始，均非常重视绿色发展。邓小平有关于绿化祖国、造福后代，经济发展必须与人口、资源、环境相协调的思想，江泽民关于实施可持续发展的理念和战略举措，胡锦涛的科学发展观与推进绿色发展、建设生态文明的思想，习近平的绿水青山就是金山银山、良好生态环境是最普惠的民生福祉、实行最严格的生态环境保护制度等关于大力推进生态文明建设的一系列新论述、新理念、新要求，是马克思主义生态绿色思想中国化的一个个里程碑，标志着中国马克思主义绿色发展观的形成与发展。①

（一）中国是绿色发展的积极推动者

中国政府为应对地球变暖和维护气候安全，将控制温室气体排放和实现绿色发展上升到科学发展的战略高度。在战略层面，中国政府不仅提出了科学发展观，而且把应对气候问题纳入到了建设生态文明的系统工程之中，并将生态文明提升到与物质文明、精神文明、政治文明同等的高度。把应对气候问题纳入到构建和谐社会与和谐世界的总体战略之中。中国不仅在国内实施了具体可行的绿色发展措施，还积极参与到应对气候变化的国际谈判中，将和平、发展、合作的理念真正落到了实处。中国是1992年世界环发大会及其通过的《联合国气候变化框架公约》的首倡者和主要制定者之一，之后又参加了历次"公约"缔约方年会，签署并见证了有标志性意义的《京都议定书》《巴厘路线图》和《哥本哈根协议》的通过。中国还积极参加了联合国及《公约》框架下各种应对气候变化的机制和活动，与广大发展中国家团结一致。协同努力，维护了《公约》提出的发达国家与发展中国家在减排方面应遵循"共同而有区别的责任"原则，维护了既有成果的权威性和连续性，促使应对气候变化的国际合作坚持了正确的原则和方向。

中国政府将经济衰退、环境恶化、气候变化等多重危机作为调整经济结构、转变发展方式的机遇，把推动新能源、清洁能源和节能环保产业作为重要突破口，从多方面入手积极推动绿色经济发展。2008年发布了《中国应对气候变化的政策与行动》白皮书，并于2009年11月26日郑重公布了控制温室气候排放目标——到2020年单位GDP二氧化碳排放比2005年下降40%—45%，并作为约束性指标纳入国民经济和社会发展的中长期规划。

（二）中国是绿色新政的认真行动者

中国制定了《中国21世纪议程——中国21世纪人口、环境与发展

① 黄志斌、姚灿、王新：《绿色发展理论基本概念及其相互关系辨析》，《自然辩证法研究》2015年第31卷第8期。

白皮书》，颁布了《中国21世纪初可持续发展行动纲要》，发布了《中国应对气候变化国家方案》等。中国政府还对各级政府领导者实行环保责任制，将其应对气候变化的能效同其政绩挂钩。2014年中国全面实施《大气污染防治行动计划》，国务院办公厅印发《大气污染防治行动计划实施情况考核办法（试行）》，相关部门先后出台19项配套政策措施，发布20项相关污染物排放标准。[①] 加强重点行业污染治理。印发京津冀及周边地区、长三角、珠三角及周边地区重点行业大气污染限期治理方案，出台《大气污染防治成品油质量升级行动计划》，发布《石化行业挥发性有机物综合整治方案》，提出码头油气回收技术推广行动方案。全年淘汰落后和过剩产能钢铁3110万吨、水泥8100万吨、平板玻璃3760万重量箱，淘汰黄标车及老旧车超过600万辆，淘汰燃煤小锅炉5.5万台。

中国作为最大的新兴发展中国家，本着对本国人民、对全人类利益高度负责的态度，采取了一系列积极措施应对气候变化。对此，我国各级地方政府、各类企业和全体人民也要提高敏感性，高度重视温室气体减排导致的国际经济格局和贸易规则的变化，充分认识低碳革命给产业发展、国际贸易、生活消费等带来的一系列重大影响，切实转变发展观念，创新发展模式，提高发展质量。这不仅关系到我们的产业繁荣、国家实力和生存环境，也关系到我们每个人的财富、健康和未来。[②]

中国在人类绿色发展指数（Human Green Development Index，HGDI）在2010年的排名[③]是86位，处于浅绿色发展水平阶段，中国绿色发展任重而道远。

（三）中国是绿色新政的巨大贡献者

中国作为世界最大的新兴经济体，也应当成为这场绿色工业革命的倡导者、创新者和领跑者。中国如果能够成功实施绿色发展战略，不仅为中国开创一条新型的跨越式发展道路，也为广大发展中国家的发展提

---

① 国家环境保护部：《2014年中国环境状况公报》，2015年。

② 冯之浚、周荣：《低碳经济：中国实现绿色发展的根本途径》，《中国人口·资源与环境》2010年第20卷第4期。

③ 李晓西、刘一萌、宋涛：《人类绿色发展指数的测算》，《中国社会科学》2014年第6期。

供示范和启示，具有世界意义。中国水电装机容量、核电在建规模、太阳能热水器集热面积和太阳能光伏发电累计容量均居世界第一，风力发电的装机容量也跃居世界前茅。

绿色发展①强调全球治理。由于全球气候变化对人类社会的整体性威胁有可能进一步加剧，应对气候变化的全球治理的重要性和必要性日益凸显。其中，“共同但有区别的责任”的原则已经成为全球气候变化谈判的基本原则，它也应该成为绿色发展全球治理的基本原则。一方面，发达国家要真正承担起绿色发展的国际责任，为发展中国家实施绿色发展提供技术援助和资金援助；另一方面，发展中国家也应该建立基于本国国情的绿色发展战略，并通过有效的政策工具加以落实。从某种意义上讲，绿色发展战略不是基于一国的，而是基于全球的。从长远的发展来看，绿色发展是对传统工业化模式的根本性变革，将为人类发展史开创物质文明与生态文明的和谐发展道路。

绿色发展的目的就是实现中国崛起，建设成一个绿色国家，让人民群众享受高质量的幸福生活。

五　中国实施绿色发展的模式选择

中国面临着资源环境和经济社会发展的双重压力，并且这种压力与日俱增，工业能耗与碳排放是这些压力的主要来源，工业的能源消耗量占全国能源消耗总量的70%以上，也是碳排放量最大的产业部门。中国高消耗、高排放和高污染的粗放工业模式尚未根本改变。2011年，GDP占世界1/10的中国消耗了世界近60%的水泥、49%的钢铁和3%的能源；碳排放总量世界第一；30%的河流水质属于Ⅳ—Ⅴ类和劣Ⅴ类，76%的重点监控城市空气质量不达标。② 随着工业化、城镇化进程的加快，中国工业在国民经济中的比重仍将在相当长的一段时期内居于主导地位，受发展阶段、资源禀赋、技术水平和体制机制等多种因素的限制，中国工

① 胡鞍钢、周绍杰：《绿色发展：功能界定、机制分析与发展战略》，《中国人口·资源与环境》2014年第24卷第1期。

② 国家环境保护部：《2012年中国环境状况公报》，2013年。

业发展仍具有高污染、高能耗、高碳排放的阶段性特征。①

实现绿色经济发展转型，是中国走在“第四次工业革命”前列的重大机遇。绿色工业革命是人类历史上“第四次工业革命”，前两次工业革命，中国都没有赶上。第三次工业革命——IT 革命尽管赶上了，但只有追赶的份。而这次绿色革命，我们第一次和发达国家站在同一起跑线上。绿色经济，不仅成为美国、日本、欧盟三大经济体瞄准未来的经济主引擎，而且是其占领新的国际市场竞争的制高点，主导全球经济链的新方向。对中国而言，全球新的“绿色竞争”是一场只能决胜、没有退路的“争夺战”。在这场意义重大、影响深远的人类社会最大规模的经济社会和环境的总体革命中，必须主动出击，一旦坐失良机，中国经济将陷入“绿色壁垒”的围困之中。

绿色经济以传统产业升级改造为支撑，以发展绿色新兴产业为导向，在保持经济稳定增长的同时，促进技术创新，创造就业机会，降低经济社会发展对资源能源的消耗及对生态环境的负面影响。因此，可选六种发展模式。

（一）构建产业共生的产业链体系——循环经济体系

第一个理念就是要构建产业共生的产业链体系，也就是要建立产业共生代谢关系，形成闭环体系，也就是把一个企业的废物拿来做另外一个，或者另外两个，另外三个企业的原料。这样废物不要作为垃圾扔掉，不能造成环境污染，资源浪费，因为这个废料完全可以再生作为资源，给别的厂来用，甚至于自己用，这个就叫共生代谢，你离不开我，我离不开你，共生生存，这是一个共存、共生、共赢的产业体系。

循环经济是一种以资源的高效利用和循环利用为核心，以减量化、再利用、资源化为原则，以低消耗、低排放、高效率为基本特征，符合可持续发展理念的经济增长模式，是对大量生产、大量消费、大量废弃的传统增长模式的根本变革。而绿色发展主张坚持人与

① 吴英姿、闻岳春：《绿色生产率及其对工业低碳发展的影响研究》，《管理科学》2013 年第 26 卷第 1 期。

自然的和谐共生，倡导节约和高效利用资源，强化环境治理，构建低碳循环发展模式。①

（二）推进传统产业升级改造

加强资源节约、环境保护技术的研发和引进消化，对重点行业、重点企业、重点项目以及重点工艺流程进行技术改造，提高资源生产效率，控制污染物和温室气体排放。制定更加严格的环境、安全、能耗、水耗、资源综合利用技术标准，严格控制高耗能、高污染工业规模；依法关闭一批浪费资源、污染环境和不具备安全生产的落后产能；采用信息技术改造提升传统产业。

（三）发展节能产业

中国目前能源利用效率不高，是美国的2—5倍、欧盟的5倍、日本的9倍。据测算，我国技术可行、经济合理的节能潜力超过4亿吨标准煤，可带动上万亿元投资。因此，推动节能产业发展，一要加大节能关键和共性技术、装备与部件研发和攻关力度，重点攻克低品位余热发电、高效节能电机、高性能隔热材料、中低浓度瓦斯利用等量大面广的节能技术和装备；二要采取财政、税收等措施，促进成熟的技术、装备和产品的推广应用；三要创新机制，大力发展节能服务产业。

（四）支持和鼓励资源综合利用产业

2015年，我国累计堆存工业固体废弃物近70亿吨，大量的废旧资源没有得到回收利用，随着蓄积量的不断增加，产业发展空间很大。一要组织开展共伴生矿产资源和大宗固体废物综合利用、“城市矿产”餐厨废弃物资源化利用、秸秆综合利用等循环经济重点工程。二要大力推动再制造产业发展。三要加强再生资源回收体系建设，尽快建设完善以城市社区和乡村分类回收站和专业回收为基础、集散市场为核心、分类加工为目的的“三位一体”再生资源回收体系。四要推动再生资源国际大循

① 张屹、白洁、谭晓旭：《绿色发展理念下政府治理循环经济的伦理重构》，《西南科技大学学报》（哲学社会科学版）2016年第33卷第4期。

环，增强国际再生资源的获取能力。

（五）大力发展新能源产业

2015 年 12 月 12 日，巴黎气候变化大会通过了全球气候变化新协议（《巴黎协定》），绿色转型成为全球经济发展的主要方向，中国在大会上承诺 2030 年前碳排放总量达峰，并在能源供给上达到 20% 的非化石比例，根据国家气候中心的测算，要达到这一目标相当于中国在未来 14 年中要建造 900 吉瓦非化石能源电厂，达峰前至少需要每年新建 60 吉瓦以上脱碳电力装机，因此安全高效发展核电，加快发展风能、太阳能、生物质能、水能、地热能，是实现中国绿色发展的重要保障。

新能源具有低碳清洁的特点，现供应着世界电力的 1/5。其中风能发电正以每年 30% 的速度增长，太阳能增速超过 40%，预计到 2050 年清洁能源占一次能源结构的比重将达到 32.2%。我国新能源发展潜力巨大，近年来，中国新能源快速发展。2015 年全国光伏发电累计装机容量 4318 万千瓦，成为全球光伏发电装机容量最大的国家；2015 年风电装机容量突破 30500 万千瓦，已居世界第一位，占全球风电装机总容量的 48.4%，比第二位的美国（13.6%）高出近 35%；2015 年，核电装机容量可达 2600 万千瓦；水电装机容量 3.2 亿千瓦。生物质能利用也得到了较快发展。

（六）加强环保产业链建设

一要加强水环境保护。加快城镇污水处理厂及配套管网建设，推进重点领域水污染防治，推动严重缺水城镇污水再生利用设施建设。二要加强大气环境保护。深入推进燃煤电厂脱硫设施建设，加快推进重点耗能行业二氧化硫综合整治；加快实施燃煤电厂和机动车氮氧化物控制示范工程；实施城市空气清洁行动计划。三要加强固体废弃物处理设施建设。加快城镇生活垃圾处理设施建设，推动垃圾焚烧发电场建设，大力推进污泥无害化处置和医疗废物及危险废物处理设施建设，加强重金属污染综合治理。

此外，绿色经济还包括大力发展电子技术、生物、航空航天、新材料、海洋等战略性新兴产业。

六 结论

面对国际金融危机、全球气候变化、人口膨胀和资源枯竭的多重挑战，世界经济面临着重大转型，用更加绿色、智能的新兴产业替代传统的资源型产业，实施经济发展方式转型，着力发展绿色经济，因此说，21 世纪必将是绿色经济发展的时代。进入 21 世纪，世界大多数人追求现代化生活的需求日趋强烈，因此，绿色产品成为 21 世纪的市场新宠；绿色消费成为 21 世纪的消费潮流；绿色产业成为 21 世纪的支柱产业；绿色认证成为 21 世纪进入国际市场的通行证；绿色企业成为 21 世纪企业存在发展的主导模式。绿色发展就是以人与自然和谐为价值取向，以绿色低碳循环为主要原则，以生态文明建设为基本抓手，中国只有大力发展绿色经济，才能有效突破资源环境瓶颈。从世界范围看，中国是一个人均生态财富较低的国家，资源环境问题已经成为中国发展的最大挑战，中国的能源消费和二氧化碳的排放都已经取代美国成为世界第一，这不但对全球造成了巨大的负外部性，同样也严重脱离了中国人均资源紧缺、生态环境脆弱的基本国情。资源环境问题已经成为中国发展的最大挑战，绿色发展已经成为中国发展的战略选择。因此说，绿色发展战略不是一个可选择的战略，而是一个必须要遵循的发展战略。

绿色发展是永续发展的必要条件和人民对美好生活追求的重要体现，只有坚持绿色发展，山青水绿、国家富强、人民幸福的美丽中国才能够实现。

凝聚生态共识，厚植发展根基*

王　婷**

习近平总书记指出，“生态兴则文明兴，生态衰则文明衰”。建设生态文明，关系人民福祉，关乎民族未来，是实现中华民族伟大复兴中国梦的重要内容。党的十八大把生态文明建设纳入中国特色社会主义事业“五位一体”的总体布局，站在战略高度和历史维度，努力开创社会主义生态文明新时代。生态文明建设的关键因素是人，成败在于全社会能否形成广泛的生态共识、能否厚植发展根基。只有凝聚最广泛的社会共识，激活生态文明建设原动力，形成“最大公约数”，才能汇集最强大的建设合力，破解发展难题，扎实推进生态文明建设。

一　凝聚“绿色化”共识

建设生态文明，是一场涉及生产方式、生活方式和价值观念的深刻变革，是解决走什么路、人怎么活的问题。环境问题的本质是发展问题，新常态下，对经济发展的质量要求更高，如果还是抱残守缺、故步自封，就会越被动，发展的压力和难度就越大。当前时期，无论是着眼新老环境问题交织的挑战，还是瞄准建设美丽中国的目标，都必须加快生产生活的绿色转型。2015年中共中央、国务院在《关于加快生态文明建设的意见》中首次提出“绿色化”概念，明确强调要“协同推进新型工业化、信息化、

---

* 此文系湖北省教育厅重大项目“建立和优化城乡生态连体结构的法律制度研究”（项目编号：15ZD021）阶段性成果。

** 王婷，湖北大学政法与公共管理学院教授。

城镇化、农业现代化和绿色化”。“绿色化”是指发展方式向着环境友好、资源节约的方向转变，既有经济层面，也有社会层面，是发展的整体优化。经济层面的绿色发展，关键是推动生产方式绿色化，“找一条路子”，找到一条经济、社会、环境协调发展之路，绝不能以牺牲生态环境质量为代价换取一时的经济增长，要实现生产发展、生活富裕、生态良好。社会层面的绿色发展，本质上是人的绿色发展，把绿色理念内化为人的绿色素养，“换一种活法”，形成勤俭节约、绿色低碳、文明健康的生活方式和消费模式。走“绿色化”发展道路，能够激发发展“绿色动力”，保持经济“绿色增长”，建立生态“绿色银行”，提高社会“绿色福利”，扩大公众“绿色财富”，全民共享“绿色成果”，开创社会主义生态文明新时代。由此可见，“绿色化”是生态文明建设的核心理念，统领“五化协同”推进，既是生态文明价值观的准确表述，也是实现生态文明目标的重要抓手，是指导生产方式、生活方式和消费模式全面转化的最高理念。

绿色就是发展，发展必须绿色，“绿色化”是推进生态文明建设的新路径。要建设生态文明，就必须在全社会凝聚“绿色化”共识。只有推进“绿色化”，以资源环境承载力为基础，以自然规律为准则，加强能源资源的宏观调控能力，提高资源集约利用水平，坚持生态优先，经济社会发展建立在资源得到高效循环利用、生态环境受到严格保护的基础上，才能破解日益突出的资源承载困境，迎来可持续发展。“绿色化”不仅是全新的发展观，更是全新的价值观，强调保护生态环境就是保护生产力，改善生态环境就是发展生产力。“绿色化”还是全新的财富观，绿水青山本身就是金山银山，环境资源能成为发展资源，生态优势可转为经济优势，将释放更多的“生态红利”。“绿色化”亦是全新的民生观，环境就是民生，良好生态环境是最普惠的民生福祉，“求生态”“盼环保”折射出民生之患和民心之痛，绿色发展能满足人民群众对干净水质、清新空气、优美环境的迫切需求。“绿色化”同时也是全新的消费观，倡导形成人人、事事、时时崇尚生态文明的社会新风尚，推动全民衣、食、住、行、游的绿色转型。

二　凝聚“全局化”共识

“不谋万世者，不足谋一时；不谋全局者，不足谋一域。”建设生态文明不是一时之选、一城之役，而是自身发展哲学的升华，是事关全局的发展，是对马克思主义生态观的再发展。“山水林田湖是一个生命共同体”，“在生态环境保护上，一定要树立大局观、长远观、整体观，不能因小失大、顾此失彼、寅吃卯粮、急功近利”。这些重要论断都充分说明建设生态文明要有全局观，不是局部的、片面的、暂时的，要久久为功。否则，生态环境没有替代品，用之不觉，失之难存。推进生态文明建设，是一项全面而系统的工程，是一场全方位、系统性的绿色变革，绝不仅仅局限于“种草种树”“末端治理”。必须要从自然要素的空间系统和生态保护的时间维度出发，举国上下要形成“全局化”共识，充分尊重生态系统的整体性和内在规律，统筹考虑经济利益和生态利益、局部利益和整体利益、当前利益和长远利益，处理好发展的强度、速度和优先度，对生态环境进行整体性保护、系统性修复、综合性治理。

党中央站在“全局化”的战略高度，把生态文明建设放在全面建设社会主义大局中深刻把握，使其融入经济建设、政治建设、文化建设、社会建设的各方面和全过程，坚持系统思维综合治理，打通生态建设与宏观经济政策之间“脉络”，促使深度融合，主动适应经济发展和环境保护新常态。在全面建设社会主义的大格局中，必须深知没有生态领域的小康就没有全面小康，必须厘清思路，重新审视全面建成小康社会对生态环保工作的迫切要求和重大指导意义，将“全局化”共识转变为主动全面融入的生态行动，确保实现与全面建成小康社会相适应的环境质量目标。要采取有力措施促进区域协调发展、城乡协调发展，各部门齐抓共管，科学布局生产空间、生活空间、生态空间，扎实推进生态环境保护。同时，还需要加强对全社会的引导，让“全局化”理念深入人心，明白人人都是“全局化”的一分子，建立广泛的环保统一战线，全社会理解、支持、参与环保，构筑生态文明社会共治的大格局。

三　凝聚“法治化”共识

如何破解“生态环境保护说起来重要，做起来次要”的困境？生态环境问题既与自然原因及发展阶段有关，更与法治因素息息相关。“只有实行最严格的制度、最严密的法治，才能为生态文明建设提供可靠保障。”“在生态环境保护问题上，就是要不能越雷池一步，否则就应该受到惩罚。”我国生态环境保护中存在的一些突出问题，大都与法治不完备有关。建设生态文明，离不开法治保驾护航。当前，转型发展压力增大，环境保护形势严峻，群众期待不断提高，这些都切实需要围绕全面依法治国的总体要求，增强法治观念，打通环境法治关键节点，打出守护生态法治组合拳，去除影响生态环境领域改革的体制束缚、利益羁绊和区划分割。解决环境问题的手段有很多，但关键环节是法治。通过法治手段来改善环境，是现阶段生态文明建设的主要着力点，全社会也要广泛凝聚“法治化”共识，这样才能不断优化法治环境，构筑生态文明的法治基础，才能彰显推进生态文明建设的鲜明态度和坚定决心。

党的十八大以来，一系列环保法律、法规、政策、措施陆续发布实施，逐步使生态法治理念深入人心。有了最严格的制度保驾护航，有了系统完整的生态文明制度体系，有了合理可操作的监督机制和管理办法，生态文明建设才能收到实效。要进一步加强法制建设，织密扎紧生态保护的制度“笼子”，以雷霆手段斩污除患，严肃追责问责，形成责任落实的闭环效应，用法治来保障生态建设，树立和强化绿色发展的鲜明导向。“徒法不足以自行”，再健全的法制，也需要人们具有法治意识，否则要么形同虚设，要么举步维艰。在依法治国大背景下，在生态建设领域首要的就是凝聚全社会的“法治化”共识，依法治污，依法严厉打击各类违法行为。通过严格执法，让企业懂得守法不是高要求，而是必须，引导企业不越底线、不踩红线、不碰高压线，引导地方政府不越位、不错位、不失位，引导公众支持执法、监督执法、模范守法。在“法治化”共识里，重要的是牢固树立底线思维，生态红线就是法律底线，要一体遵行，绝不能逾越。

越是深入理解生态文明建设的内涵，就越意识到凝聚生态共识的重要性和紧迫性。那么，怎样才能广泛凝聚生态共识，厚植发展根基？只有中央顶层设计和基层躬身践行相结合、政府倡导垂范和社会多方参与相结合、价值引导和制度规范相结合，才能在晓之以理、动之以情、导之以行、持之以恒、习之以常的渐进过程中，逐步形成之。具体而言，要高度重视、充分运用以下三大重要抓手。

其一，建设生态文化。在一定意义上，生态问题不是技术问题，不是管理问题，甚至也不是经济问题，而是深层的文化问题，是如何看待人与自然的关系问题，是如何认识发展的观念问题，说到底这些都是生态文化问题。生态文化是基础，是根本，是生态文明建设的重要支撑，是人与自然和谐共存、协同发展的文化。只有“内化于心”，才能“外化于行”。这就要求，生态文明建设必须回到本源去——注重生态文化建设，进入人的内心，唤起人们心中对自然的敬畏和尊重，对于发展的巅峰到底是什么重新进行审视和思考。建设生态文化，重在加强公民生态意识教育，引导人们持有生态整体观，把生态文明的种子播入人的内心，以自觉的生态意识反映人与自然的关系，强调人的责任与担当，“树立尊重自然、顺应自然、保护自然的生态文明理念”。建设生态文化，会对人的思维方式、价值观和言行产生重要影响，会逐步提升全社会共识度，促使人们从根本上放弃或者矫正错误的行为，自觉主动、深入持久地推进生态文明建设。

其二，推动公众参与。要想凝聚共识，就要努力推进公众参与，构建全民共治的环境管理体系。近些年来，一些地方的建设项目难以上马，遭到民众的强烈反对，缺少公众参与是其中的重要因素。推动公众参与，能逐步统一人们的思想认识，形成全社会对环境问题的共识，促进问题解决。要抓好制度保障工作，在渠道上方便公众获取，内容上让公众看明白，完善参与机制和程序，畅通表达渠道，以更开放的心态保障公众参与，以更理性的心态直面公众质疑，以更阳光的心态听取不同意见，切实保障公众的表达权、监督权和参与权，激发全社会参与生态文明建设的活力，形成打击环境违法行为的合力。其中，推动公众参与要特别注重信息公开，这不仅是有效的环境管理手段，也是推动公众参与、引导社会共治的前提保障。信息的公开透明还有利于消除误解、建立信任，可以有效防止群体性事件发生，提升公信力，促进社会稳定。

其三，加强制度建设。凝聚全社会生态共识，共谋绿色发展，必须破解制约生态文明建设的制度障碍，必须把制度建设作为推进的重中之重。要以生态红线管控、自然资源资产产权和用途管制、自然资源资产离任审计、生态补偿、政绩考核等重大制度为突破口，注重整体设计，建立系统完整的制度体系，用制度推进生态文明建设。为保证制度落地生根，还要构建起完整闭合的责任链条，建立责任追究制度，对那些不顾生态环境盲目决策、造成严重后果的人，必须追究其责任，而且应该终身追究。加强制度建设，并施之以最严密的法治，把生态文明建设纳入制度化、法治化轨道，规范和约束各类开发、利用、保护自然资源和生态环境的行为，加快生产方式的绿色化，推进生活方式的绿色化，无形之中弘扬生态文明主流价值观，全面提升全社会建设生态文明的共识度。

长江经济带“生态优先”绿色发展的思考

——借鉴莱茵河流域生态环境治理经验*

黄 娟 程 丙**

长江经济带是我国区域发展的新战略与新支撑带，建成我国生态文明建设先行示范带是其战略定位。这意味着，长江经济带发展不能走传统发展老路，而要探索生态优先的绿色发展新路，生态优先是其绿色发展的首要任务。目前，学术界分别研究长江经济带资源、环境、生态问题的成果较多，而将三者结合起来探讨其生态优先发展的成果鲜见。本文在揭示长江经济带生态优先发展基本动因基础上，分析其资源、环境、生态面临的突出问题，并借鉴莱茵河流域生态优先发展经验，提出长江经济带“生态优先”绿色发展的对策建议。目的是为长江经济带探索生态优先的绿色发展之路、建成生态文明建设先行示范带提供理论与实践参考。

一 长江经济带“生态优先”绿色发展的基本动因

资源、环境、生态是人类社会生存与发展的根本前提，资源安全、

* 本文系“幸福观视角下我国生态文明建设道路反思与前瞻研究”（13BKS048）阶段性成果；2016 年度大学生发展与创新教育研究中心科研开放基金立项项目“我国大学生生态文明主流价值观及其教育研究”（DXS20160011）。

** 黄娟，中国地质大学马克思主义学院教授，博士生导师，主要从事生态文明理论与实践研究；程丙，浙江大学马克思主义学院硕士研究生。

环境安全、生态安全是经济安全、政治安全、社会安全等国家安全的根本保障。“生态优先”是指经济社会发展必须以资源、环境、生态承载力为前提，将资源节约、环境保护、生态修复放在经济社会发展的优先地位。探索生态优先的绿色发展之路是长江经济带贯彻绿色发展理念、实现可持续发展、引领我国绿色发展、顺应国际绿色发展的必然选择。

（一）贯彻绿色发展理念

绿色发展理念是五大发展新理念的核心与主线，是针对我国资源环境生态瓶颈提出的重要发展理念，迫切需要贯彻落实到不同区域与各个行业。以习近平为总书记的党中央，高度重视长江经济带发展，要求把生态环境保护摆在长江经济带发展的优先地位，明确提出长江经济带要走生态优先的绿色发展之路的观点。[①] 相关文件也明确要求生态优先、绿色发展：《关于依托黄金水道推动长江经济带发展的指导意见》指出：“推进长江经济带生态文明建设，使长江经济带成为水清地绿天蓝的生态廊道，建设生态文明先行示范带。”我国“十三五”经济社会发展规划纲要也提出：“长江经济带要坚持生态优先、绿色发展的战略定位，努力建设成为我国生态文明建设的先行示范带。”[②]《长江经济带发展规划纲要》再次明确，长江经济带发展要“共抓大保护，不搞大开发”。走生态优先的绿色发展之路，是长江经济带贯彻落实绿色发展理念的具体体现，为长江经济带经济社会发展指明了重点与方向。

（二）确保其可持续发展

改革开放以来，长江经济带驶上了经济发展的“快车道”，成为带动中国经济社会发展的引擎。然而，与之密切关联的生态环境建设严重滞后甚至不断恶化。先发展、后治理的传统发展道路，带来一系列资源、环境、生态问题，使长江母亲河不堪重负、疲态尽显，“生态警钟”鸣

---

① 《习近平在推动长江经济带发展座谈会上强调走生态优先绿色发展之路让中华民族母亲河永葆生机活力张高丽出席并讲话》，《人民日报》2016 年 1 月 8 日第 1 版。

② 《中华人民共和国国民经济和社会发展第十三个五年规划纲要》，《人民日报》2016 年 3 月 18 日第 1 版。

响。目前，长江经济带内的资源能源承载与生态环境容量已接近或达到上限，成为长江经济带可持续发展的重大瓶颈。有专家指出，未来几十年内如果不及时对长江采取保护措施，长江很有可能变成第二条黄河。[①]生态兴则文明兴，生态衰则文明亡。在当前经济发展新常态背景下，如果继续走传统发展老路，漠视资源环境生态保护，必将使长江经济带陷入发展绝境。人类文明发展史启示我们，只有坚持生态优先发展，积极探索绿色发展之路，才能破除长江经济带未来发展瓶颈，使之成为我国经济社会发展的重要增长极。

（三）引领我国绿色发展

长江经济带，横跨我国东中西三大地带，总面积约205万平方公里，占全国国土面积的21.4%。优越的地理位置、丰富的自然资源以及雄厚的经济基础，使得长江经济带在我国发展大局中优势明显。2013年以来，长江经济带经济总量一直保持在全国总量40%以上。2015年，长江经济带国内生产总值达30.56万亿元，占全国的45.16%。[②]部分专家预言，到2020年前后长江经济带经济总规模将达到全国的50%。[③]这些数据深刻表明，只要长江经济带依然走黑色发展道路，说明中国还在走传统发展道路。反之，如果长江经济带成功探索生态优先的绿色发展之路，将为我国其他区域、其他流域探索绿色发展积累有益经验，从而引领整个国家走上生态优先的绿色发展道路，进而破除资源、环境、生态瓶颈对我国可持续发展的严重制约，为我国早日实现“两个百年”任务，以及中华民族伟大复兴的中国梦奠定良好基础。

（四）顺应国际绿色发展

走生态优先的绿色发展道路，由传统粗放发展模式转向绿色低碳发展模式，从工业文明发展道路转向生态文明发展道路，已经成为当今世

---

① 李干杰：《坚持走生态优先、绿色发展之路　扎实推进长江经济带生态环境保护工作》，《环境保护》2016年第44卷第11期。

② 《长江经济带11省经济联动渝黔GDP增速领跑全国》，中国经济网，2016年1月16日，http://district.ce.cn/zg/201601/16/t20160116_8319853.shtml。

③ 同上。

界各国与国际社会的共识，也是全球范围内流域经济带发展的共同趋势。综观国际主要流域的开发模式，无论是美国密西西比河流域、田纳西河流域，还是欧洲的莱茵河流域，坚持生态优先的可持续发展模式早已占据主导地位，而且发展成效十分显著。密西西比河流域经过绿色开发，实现了“经济繁荣、环境优美、生态良好”的发展目标，创造的经济总量占到美国的32%。① 曾经的“欧洲下水道”莱茵河，经过半个多世纪的综合治理，也已经发展成为欧洲的“绿色经济带”，创造的经济总产值约5200亿美元，占全流域国家经济总量的六成以上。② 在发展绿色化、流域生态化的国际大背景下，作为后起之秀的长江经济带理应顺势而为，主动积极探索生态优先的绿色发展新路。

二　长江经济带“生态优先”绿色发展的主要问题

长江经济带是典型的带状区域经济类型，流域内一切生产性、生存性活动与区域内资源、环境、生态密不可分。近年来，长江经济带各省市围绕资源环境生态问题开展了大量工作，也取得了初步成效。重庆市全面取缔三峡库区网箱养殖，净化了长江干流重庆段水质，重现了“一江碧水，两岸青山”的生态美景；湖南、江西有序推进洞庭湖与鄱阳湖生态环境综合治理工程；湖北先后投入近30亿元，实现“矿山复绿”逾2000公顷；③ 浙江从2002年提出“绿色浙江”战略，如今大力推进“美丽浙江”建设，始终走在全国前列。但总体而言，长江经济带资源、环境、生态问题依然突出，绿水青山与金山银山面临巨大冲突、经济社会可持续发展面临巨大挑战。

（一）资源利用粗放浪费

长江经济带自然资源蕴藏总量丰富，但传统粗放发展方式使各类资

---

① 曾刚等：《长江经济带协同发展的基础与谋略》，经济科学出版社2014年版，第312页。

② 同上书，第328—329页。

③ 《湖北：生态优先“矿山复绿”守护长江之“腰”》，中国社会科学网，2016年3月28日，http://sky.cssn.cn/zx/shwx/shhnew/201603/t20160328_2940759.shtml。

源浪费严重。水资源利用浪费：长江流域可利用淡水资源约 2827 亿立方米，占全国近 40%，然而，长江沿岸工农业用水量巨大，万元工业增加值用水量约为全国平均水平的 2 倍。[①] 土地资源利用浪费：长江流域耕地资源总面积达 6.7 亿亩，占全国耕地总面积的 33.4%，其中，水田 3.3 亿亩，占全国的 66.1%。[②] 但带内国土开发强度平均为 7%，是全国平均水平的 1.7 倍。[③] 随着城市面积不断扩大，农业用地被大量侵占，严重威胁耕地安全和粮食安全。矿产资源利用浪费：长江经济带有 34 种矿产储量占全国储量 50% 以上，离子吸附性稀土、钒、钛、磷的储量占全国 80%—90%，其中原生钒铁矿储量占全国总量的 97.79%，硫铁矿在全国所占比重超过了 50%，[④] 铜矿的资源探明储量也占全国近 40%。[⑤] 然而，长江经济带金属矿产尾矿利用率约为 10%，远低于发达国家 60% 的利用率。[⑥] 由于过度开采，带内老矿山和近地表矿产资源逐步枯竭。在国家发展改革委公布的三批 69 个资源枯竭城市中，长江经济带内 25 个城市在列，占总数的 36%。能源资源利用浪费：长江流域页岩气资源可开采量达 15.5 万亿立方米，占全国总量的 62%。[⑦] 但长江经济带能源资源综合利用效率仅为 33% 左右，比国际先进水平低近 10%。[⑧] 据《中国能源统计年鉴》数据显示，1999 年至 2013 年，长江沿岸各省份能耗总量整体呈上升趋势，平均增长达 2.3 倍。2013 年长江经济带能源消费总量接近 16

---

① 曾刚等：《长江经济带协同发展的基础与谋略》，经济科学出版社 2014 年版，第 234 页。

② 《融入区域发展新格局——解读〈支撑服务长江经济带发展地质调查报告〉》，《中国国土资源报》2015 年 12 月 17 日第 1 版。

③ 亢舒：《〈长江经济带发展规划纲要〉出台在即“一道两廊三群”浮出水面》，《经济日报》2016 年 3 月 1 日第 9 版。

④ 《融入区域发展新格局——解读〈支撑服务长江经济带发展地质调查报告〉》，《中国国土资源报》2015 年 12 月 17 日第 1 版。

⑤ 郝芳等：《长江经济带铜矿资源布局结构优化与产业发展研究》，《中国矿业》2015 年第 24 卷第 10 期。

⑥ 毕献武、董少花：《我国矿产资源高效清洁利用进展与展望》，《矿物岩石地球化学通报》2014 年第 33 卷第 1 期。

⑦ 《地质调查工作助力长江经济带发展　中华人民共和国国土资源部》，2015 年 12 月 14 日，http：//www.mlr.gov.cn/xwdt/dzdc/201512/t20151214_1391561.htm。

⑧ 任毅、丁黄艳：《长江经济带工业能源效率影响因素与产业转型策略研究》，经济科学出版社 2015 年版，第 35 页。

亿吨标准煤，占到全国能源消费总量近 40%。[①] 所谓“巧妇难为无米之炊”，资源开发利用的粗放浪费，加剧了长江经济带资源紧张局势，对其可持续发展构成了巨大威胁。

（二）环境污染日趋严重

人口的聚集，工业化、城镇化的加快，长江流域的过度开发，使长江经济带环境污染问题越来越突出。长江水污染问题尤为严重：长江沿岸分布着五大钢铁生产基地、七大炼油工厂及大小近 40 万家化工园区，规模以上的排污口达 6000 余个。[②] 2003 年到 2012 年的十年间，长江经济带废水排放量呈不断上升的态势，2007 年突破 300 亿吨，2012 年接近 400 亿吨，总量相当于黄河一年的水量。长江干流城市江段的边岸污染带不断扩大，目前超过 600 公里的长江边岸污染带已经形成，其中有毒有害物质含量高达 300 余种。[③] 农村生活污水随意排放，农业生产中化肥、农药的大量使用，加剧了长江农业面源污染，其中近 2/3 氮肥经挥发和降雨作用进入大气和河湖水网。[④] 长江 60 余个主要湖泊中，80% 存在严重富营养化现象。[⑤] 五大淡水湖存在不同程度的水体富营养化，太湖、巢湖、洞庭湖已恶化为劣 V 类，长江流域整体水质恶化的风险不断加大。空气质量不容乐观：长江经济带聚集着全国 30% 的石化产业和 40% 的水泥产业，空气污染不断加重。[⑥] 2014 年，长江经济带废气中主要污染物二氧化硫、氮氧化物和粉尘排放量为 1825.2 万吨，占到全国总量的 31.5%，2015 年更是达到 35%。[⑦] “雾霾围城”成为长江经济带秋冬季的

---

① 杨桂山等：《长江经济带绿色生态廊道建设研究》，《地理科学进展》2015 年第 34 卷第 11 期。

② 金明：《长江经济带“不搞大开发”将促生态优先发展》，《经济日报》2016 年 3 月 1 日第 9 版。

③ 曹新：《为何长江经济带不搞大开发》，《中国青年报》2016 年 4 月 18 日第 2 版。

④ 《融入区域发展新格局——解读〈支撑服务长江经济带发展地质调查报告〉》，《中国国土资源报》2015 年 12 月 17 日第 1 版。

⑤ 朱娟娟、杨洁：《长江流域水质局部污染严重》，《中国青年报》2016 年 5 月 5 日第 5 版。

⑥ 《绿色发展渐成长江经济带区域发展共识》，《新华网》，2015 年 12 月 28 日，http://news.xinhuanet.com/2015-12/28/c_1117595811.htm。

⑦ 国家统计局：《2015 中国统计年鉴》，中国统计出版社 2015 年版。

常态。土壤污染不可忽视：2014年《全国土壤污染状况调查公报》显示，长江三角洲区域土壤污染问题突出，涉及长江流域的西南、中南地区土壤重金属超标范围较大。[①] 据初步调查，长江经济带6.7亿亩耕地中，2.2亿亩存在不同程度的土壤污染。[②] 我国主要酸雨地区八成分布在长江经济带，长江流域江西、湖南、重庆等地为我国酸雨重灾区，酸雨造成的土壤酸化、板结不断加大。垃圾污染顽疾难除：长江沿线固体废弃物未经处理，直接入江使得长江漂浮垃圾成灾。每当洪水季节、三峡枢纽蓄水时，三峡大坝就会呈现垃圾漂浮带绵延数十公里长的奇观。据统计，自2003年三峡库区蓄水以来，重庆江段累计清理长江漂浮垃圾将近130万吨；在湖北三峡大坝地区，仅秭归一地，从2008年以来累计打捞漂浮垃圾近29992.8吨。[③] 垃圾围城、垃圾围村成为长江经济带的"新景观"。环境恶化使长江经济带环境承载力不断下降，已经严重威胁到带内人民群众正常生产与生活。

（三）生态系统退化明显

长江是我国重要的生态宝库，但几十年的"大开发"极大破坏了生态系统。森林面积大幅下降：长江上游地区森林覆盖率已由20世纪50年代初的30%—40%，下降到目前的10%左右，整个流域原始植被减少85%。[④] 湿地面积锐减：围湖造田、填湖造陆使长江中游地区的湖泊面积由1950年的17198平方公里减少到现在不足6600平方公里，我国第一大湖鄱阳湖更是由5200平方公里萎缩至现在的2399平方公里。[⑤] 地处中游的湖北，在20世纪中期百亩以上的湖泊湿地有1332处，目前仅剩728处，减少近五成，湿地生态系统现状堪忧。洪涝与干旱交替：三峡大坝的建成减小了中下游地区洪水威胁，但长江中下游各大城市频遭暴雨袭击，城市内涝时有发生，

---

① 环境保护部、国土资源部：《全国土壤污染状况调查公报》，2014年。

② 《融入区域发展新格局——解读〈支撑服务长江经济带发展地质调查报告〉》，《中国国土资源报》2015年12月17日第1版。

③ 《三峡大坝垃圾漂浮带绵延数十公里：船开不过去》，光明网，2014年12月28日，http：//legal.gmw.cn/2014－12/28/content_14316113.htm。

④ 曹新：《为何长江经济带不搞大开发》，《中国青年报》2016年4月18日第2版。

⑤ 陈有明、刘同庆、黄燕等：《长江流域湿地现状与变化遥感研究》，《长江流域资源与环境》2014年第23卷第6期。

城市面临强降雨增多、河流调蓄能力下降等多重压力。与此同时，近年来长江经济带局部季节性干旱呈现加重趋势，中下游地区水量显著下降、枯水季节提前、干旱年份增加已成常态。2015 年，九三学社提交中央的调研报告显示，2003 年至 2013 年主要断面宜昌、汉口和大通的年均过水量比 1990 年前分别平均减少 570 亿、450 亿和 760 亿立方米，分别下降 12.6%、6.3% 和 8.4%，仅宜昌一地，百年不遇的干旱年份由 3 次增加到 18 次。[①] 生物多样性减少：由于三峡大坝等水利工程设计修建中忽视生态系统完整性，致使长江中鱼类等生物栖息地遭受破坏，水生生物的数量和种类不断减少。调查显示，2004 年至 2010 年三峡水库蓄水期间，水库特有鱼种仅剩 23 类，较蓄水前减少了 51.1%，且鱼种呈小型化趋势。[②] 2003 年至 2012 年长江中下游平均渔获量较 1996 年至 2000 年下降 41%，"四大家鱼"减少 94%；白鳍豚、中华鲟等濒危物种难觅踪迹，长江江豚也仅剩 1000 余头，比 1997 年减少 75%。[③] 此外，长江经济带地震、滑坡、泥石流等自然灾害频发，自然因素、人为因素造成的水土流失逐年加重。长江经济带生态系统退化已经威胁到其经济社会的持续发展。

三　莱茵河流域"生态优先"绿色发展的重要经验

莱茵河流域是世界内河流域实现可持续发展的成功典范。莱茵河流域总长约 1320 公里，面积达 18.5 万平方公里。其中，瑞士占据河流上游源头的绝大部分，德国境内莱茵河流域面积达 10 万平方公里，荷兰几乎是莱茵河三角洲的代名词。[④] 20 世纪 60 年代以来，随着沿岸国家工业化、城市化超负荷发展，莱茵河流域生态环境遭受灭顶之灾，河水完全碳化，

---

① 《九三学社中央关于长江上游水利水电工程对全流域生态环境影响的调研报告》，2015 年。

② 李建、夏自强、戴会超等：《三峡初期蓄水对典型鱼类栖息地适宜性的影响》，《水利学报》2013 年第 44 卷第 8 期。

③ 杨琴冬子：《关于长江流域生态保护问题之一》，湿地中国网，2016 年 2 月 17 日，http：//www.shidi.org/sfDB1EFB48ED 3241D39DC93954C4C15B7C_151_chanbawetland.html。

④ ［美］马克·乔克：《莱茵河一部生态传记（1815—2000）》，于君译，中国环境科学出版社 2011 年版，第 17—19 页。

鱼类几乎绝迹，莱茵河成了“欧洲的厕所”。经过半个多世纪的综合治理，如今莱茵河流域生态环境极大改善，资源环境生态治理积累了丰富经验，对长江经济带探索生态优先发展具有重要启迪作用。

（一）高效清洁利用资源

莱茵河流域自然资源较为丰富，同时注重资源集约高效清洁利用。瑞士地处莱茵河的上游，在水能、太阳能、生物质能和地热等可再生能源方面储量可观，而且开发利用率居于世界领先水平。2013 年，瑞士可再生能源消费量占能源消费总量的22.62%，而传统煤炭仅占总能源消耗的0.49%，水能资源的开发利用率达到87%以上，是全球水能利用率最高的国家。[①] 莱茵河中游地区煤、铁矿产资源储量丰富，大部分集中分布在德国境内的杜伊斯堡—鲁尔河口地区。在早期开发过程中，该地区也存在资源浪费问题。以德国鲁尔地区为例，18 世纪中期煤炭开采年产量仅为7 万吨，到 20 世纪中期年产量超过 12000 万吨，是开采初期的近1700 倍，数量惊人。[②] 20 世纪60 年代后，受石油、天然气广泛使用的影响，煤炭行业产能过剩，鲁尔区爆发了严重的资源危机，经济跌入谷底。为提振经济、实现绿色发展，鲁尔区对资源领域进行规划重组，重点加强资源行业生产技术革新。通过生产技术升级，鲁尔区原煤、铁矿石等初级产品的有效利用率大幅提升；与此同时，研发清洁、低碳、循环的煤化工产品，延伸初级能源资源产品的附加值，形成了“煤炭—焦化—煤气—发电—化工”一体化发展模式，实现了能源资源的节约集约利用，也最大限度地实现了污染物的“零排放”。[③] 通过集约、高效、循环、清洁利用资源，为莱茵河流域生态优先的绿色发展提供了资源保障。

（二）重点治理环境污染

治理环境污染是莱茵河流域综合治理的重点和关键。水污染治理领

---

① 魏霞：《瑞士可再生能源开发及对贵州的启示和借鉴》，《贵州社会科学》2015 年第 310 卷第 10 期。

② ［美］马克·乔克：《莱茵河一部生态传记（1815—2000）》，于君译，中国环境科学出版社 2011 年版，第 156 页。

③ 曾刚等：《长江经济带协同发展的基础与谋略》，经济科学出版社 2014 年版，第 328—329 页。

域主要采取以下措施：签订水污染防治协议，各国先后联合签署了《防治莱茵河氯化物污染的波恩协议》《防治莱茵河化学污染的波恩协议》和《防治热污染的波恩协议》，为莱茵河水污染治理奠定了良好基础；严格实施环境监测，全流域建立 29 个水质监测站，实时全面监测河流水质，并将水质标准分为 4 类共 7 个等级，与我国现行标准相比更加精准科学；加强污水处理厂建设，1965 年至 1985 年的 20 年间，沿岸国家共投入约 600 亿美元建设污水处理厂和城市排水管网，实现了全流域 90% 以上的生产生活污水无害化处理，河水中的污染物减少了 90%，完全符合饮用水标准。① 大气污染治理领域，各国按照欧盟气候变化政策采取统一行动。温室气体排放治理：二氧化碳排放量通过欧盟排放交易制度进行监管，并制定“到 2020 年欧盟温室气体排放量比 1990 年水平减少 20%”的减排目标；空气污染物治理，通过“哥德堡议定书”和欧盟国家排放上限（NEC）指令进行管理，并修订增加 SO_2、NOx、PM 以及挥发性有机物化合物（VOC）和 NH_3 的排放上限。② 这些公共措施有效遏制了空气污染，使得莱茵河地区空气质量明显改善。土壤污染治理领域，莱茵河地区通过重复利用污水处理残留的污泥的方法，在改善土质的同时，为农业生产提供了丰富矿物肥料和生物能源。③ 垃圾污染治理领域，莱茵河沿岸各国以循环经济原则为指导，充分发掘以建筑、基础设施和其他耐用品形式存在的资产的利用价值。德国率先启动了“绘制人为材料库存”（Kartal）项目，约有近 420 亿吨的物质被添加到人为材料库存中，这些二级原料为德国循环经济发展提供了资源基础。④ 通过重点治理环境污染，为莱茵河流域绿色发展提供了环境支撑。

---

① 曾刚等：《长江经济带协同发展的基础与谋略》，经济科学出版社 2014 年版，第 329—330 页。

② Oliver Maaß, Philipp Grundmann, “Added-value from Linking the Value Chains of Wastewater Treatment, Crop Production and Bioenergy Production: A Case Study on Reusing Wastewater and Sludge in Crop Production in Braunschweig (Germany)”, *Resources, Conservation and Recycling*, Vol. 107, No. 2, 2016, pp. 195 – 211.

③ Ibid. .

④ Georg Schiller, Felix Müller, Regine Ortlepp, “Mapping the Anthropogenic Stock in Germany: Metabolic Evidence Fora Circular Economy”, Resources, Conservation and Recycling (2016), 2016 – 08 – 07. http://dx. doi. org/10. 1016/j. resconrec. 2016. 08. 007.

（三）自然修复生态系统

莱茵河流域坚持“顺应自然，保育生态”原则，成立了莱茵河国际保护委员会（ICPR），采取多种措施修复生态系统。为保护生物多样性，实施了“鲑鱼2000”计划：为使主要鱼类——鲑鱼重返莱茵河，沿岸国家想方设法保护和增加栖息地与产卵场。德国和法国耗时三年，投入900万欧元，在伊菲次海姆水电站建立了欧洲最大的鱼道。2005年底，3000多尾鲑鱼迁移至莱茵河上游及其支流产卵繁殖。① 预计到2020年，鲑鱼数量将达到7000至21000尾。② 扩大自然保护区：地处莱茵河三角洲的荷兰，规划建立了自然保护区，并从爱尔兰引进种牛，增加该地区的生物多样性。《莱茵河2020》行动计划明确提出，要修复莱茵河古河道的原始生态，加强湿地保护。1995年底，莱茵河及其支流自然生物聚居区面积增加到10000公顷，2010年大约增加到28000公顷。③ 加大洪水治理力度：通过建设技术性滞洪工程、自然恢复和植树、提高城市和农区蓄水能力以及“还河流空间”的措施，还原河流流动的自然状态，提高全流域的行洪泄洪能力。2013年，ICPR发布的《莱茵河概况》报告显示，从1995年至2010年，莱茵河流域洪水灾害风险下降水平远超过设定的减少25%的目标。2010年，莱茵河中下游行洪泄洪能力达2.3亿立方米，已提前实现2020年设定的目标。④ 通过恢复修复生态系统，确保了莱茵河流域绿色发展的生态安全。

四 长江经济带“生态优先”绿色发展的对策建议

长江经济带要健康发展、持续发展，必须坚持生态优先、绿色发展，

① Salmon2020，http：//www. iksr. org/en/international-cooperation/rhine – 2020/salmon2020/index. html? tx _ queofontresizer _ pi1% 5Bfontresize% 5D = 2&cHash = 49d15eab37 ad4d5fca1458fbab91a628&no_cache = 1&sword_list%5B0%5D = salmon.

② ICPR. Rhine 2020，2001.

③ Nathalie Plum，Anne Schulte-Wulwer-Leidig，“From a Sewer into a Living River：the Rhine Between Sandoz and Salmon”，*Hydrobiologia*，Vol. 729，No. 1，2014，pp. 95 – 106.

④ ICPR. *The Rhine and its Catchment*：*An Overview*，2013.

将生态文明建设摆在首要地位，将资源环境生态工作放在优先位置。为此，长江经济带要在科学评估资源、环境、生态问题基础上，借鉴莱茵河流域资源、环境、生态治理的成熟经验，优先做好资源、环境、生态工作，坚持有所为、有所不为，将长江经济带打造成资源节约、环境友好、生态良好型示范带，将其建设成为我国生态文明建设的先行示范带。

（一）建成资源节约型示范带

节约资源是保护生态环境的根本之策，生态优先发展的首要任务是节约集约循环利用资源。面对当前资源的浪费与紧缺问题，长江经济带必须做好资源开发利用的“加减法”，将长江经济带建成资源节约型示范带。在减法方面，长江经济带应在工业化、城镇化、信息化、农业现代化进程中，学习借鉴莱茵河领域经验，加大资源节约集约清洁利用力度，提高资源利用效益和产出效率。具体包括严格控制沿江各省市工农业用水总量，采用先进的工农业节水技术，注重水资源节约利用；严守耕地红线，杜绝工业用地、城市建设用地、交通用地等盲目扩张、非法侵占农业用地和生态空间；引导工农业传统生产方式转向绿色生产方式，逐步减少能源、矿产、水资源等消耗总量；减少一次性能源的消耗比率，摆脱“一煤独大”能源结构困境；大力整顿、兼并重组自然资源生产行业，淘汰生产工艺老旧、开发利用率低的落后产能，清理僵尸企业。在加法方面，长江经济带可以学习借鉴莱茵河流域经验，通过增加资源初级产品附加值实现资源高效利用。这就需要长江经济带加大资源领域的科研投入力度，依靠科技创新对传统自然资源生产企业进行升级改造，研发自然资源的衍生产品、拉长产业链，不断提高自然资源利用率，以创造新供给满足新需求。与此同时，长江经济带要充分发挥人力资源与科技创新优势，加快对新能源的开发利用，加大风能、水能、太阳能、核能等清洁能源和可再生能源在能源消费中的比重。长江经济带唯有坚持资源节约优先，才能缓解资源瓶颈、确保资源安全，从而为其实现可持续发展提供资源保障。

（二）建成环境友好型示范带

坚持生态优先的绿色发展，必须加大环境污染治理力度，采取最严格的环境保护措施，学习借鉴莱茵河治污经验，在水、大气、土壤等污染治理中率先垂范，将长江经济带建成环境友好型示范带。治理水污染方面，主要包括督促长江沿线各省市共同制定并签订防治长江污染的协议；完善全流域水体监测和污染应急体系建设，重点加强沿江工业带、城市带、农业带的实时监测和隐患排查，保障带内生活、生产和生态用水安全；加大污水处理力度，建设沿江全覆盖的高标准的污水处理厂和污水管网系统，逐步实现工农业废水和生活污水的“零污染”排放，确保“一江清水向东流”。治理大气污染方面：长江经济带根据《大气污染防治行动计划》要求，制定更加严格的标准与详细时间表，加强各省市之间的区域联防联控，率先完成 2017 年各项防治指标；严格控制化石能源消费总量，对全部工业企业进行脱硫、脱硝、除尘设备改造升级，明确重点行业、重点企业排污总量上限，逐步实现有机废气无害化处理；建筑工地实施绿色施工，不断扩大城市绿地面积，大力发展绿色交通。治理土壤污染方面：首先要摸清家底，普查带内土壤污染现状，建立土壤质量档案；确定威胁土壤污染的重点行业和企业，对于违规污染行为严惩不贷；有序治理农业生产中农药、化肥滥用问题，采用技术手段综合改良耕地土壤。治理垃圾污染方面：要减少生产与生活垃圾污染源，加强垃圾处理场建设力度，配套城乡全覆盖的垃圾处理设施，构建长江沿岸健全完备的垃圾清运与处理体系；同时垃圾是错位的资源，可以借鉴德国做法，建立“长江经济带人为材料库存”，做到垃圾资源循环利用最大化。总之，长江经济带坚持环境治理和保护优先，才能缓解其环境问题、确保环境安全，从而为实现可持续发展提供环境保障。

（三）建成生态良好型示范带

生态优先必须强化生态恢复，可以效仿莱茵河流域成功经验，完善相关制度采取多种措施，将长江经济带建成生态良好型示范带。森林是“地球之肺”，是陆地生态系统的主体和重要资源，是人类生存发展的重要生态保障。长江经济带应继续推进长江沿线防护林体系建设、退耕还林还草、“绿化长江”和“库周防护林建设”等生态工程，以长江中上游省份湖北、湖南、重庆、四川、云南为重点，加大封山育林和造林绿化力度，争取到 2020 年实现森林覆盖率 43% 的既定目标。湿地是“地球之肾”，要严格划定长江经济带湿地保护红线，通过行政立法来保护好长江流域现有的湿地景观，同时，正确处理好江河湖海生态联系，在实施长江中下游地区退田还湖还江工程基础上，启动长江经济带退耕还湿工程，有序扩大生态湿地面积。针对旱涝频发问题，要完善长江流域防洪防涝体系建设，重点进行中下游地区河道堤坝加固疏通、中小河流整合治理、城市排水管网建设，沿江建设海绵城市，提高长江经济带整体的行洪泄洪能力。保护生物多样性，可以建立沿江国家自然保护区，试点恢复沿岸原始自然风貌，加强长江珍稀濒危水生物和重要水生物跟踪观测和科学研究，保护长江特有物种及其栖息地。要恢复、修复长江经济带的生态系统，必须根据长江“生态共同体”原则，探索建立上下游生态补偿新机制，推进下游经济收益区与中上游生态保护区之间横向生态补偿工作，努力实现长江经济带内经济、生态、社会发展成果均衡共享。长江经济带只有坚持生态保护，才能筑牢生态安全屏障，为实现可持续发展提供根本的生态保障。

生态优先的绿色发展新路是长江经济带发展的必由之路。将长江经济带建成生态文明建设的先行示范带，首先必须解决带内资源、环境、生态瓶颈问题，学习借鉴莱茵河领域生态优先绿色发展经验，推动资源绿色化、环境绿色化、生态绿色化发展，率先建成资源节约、环境友好、生态良好型示范带。当然，长江经济带要深入探索生态优先的绿色发展之路，迫切需要贯彻落实五大发展新理念，其中，绿色生产、绿色生活是有效途径，制度创新、科技创新是第一动力，区域协调、城乡协调是必然要求，内外联动、开放发展是重要条件，人民共建、人民共享是其根本目的。唯有走生态优先的绿色发展新路，才能使长江母亲河焕发生机与活力，才能早日实现我们的“绿色长江梦”。

中国特色社会主义生态文明理论的伦理意蕴*

董前程　王　雪**

人类社会的发展是一个渐进的文明形态的发展过程，当人类社会从原始社会的渔猎文明发展到以资本主义理性为主的工业文明时，在促进社会与经济的发展过程中也给自己带来了社会风险与生态危机，面临着如物种灭绝、环境污染等极大的风险和不确定，这种风险与不确定引起了人类开始反思审视自身所处的文明，酝酿了一种新的文明形态——生态文明。从历史上看，无论东方还是西方，每一种文明形态都有自己固有的灵魂与基础，都会得到道德理性的合法化论证，有着自己的伦理意蕴，以马克思主义生态文明观为基础的中国特色社会主义生态文明理论也不例外。

一　中国特色社会主义生态文明倡导有与之适应的伦理理念：以生态平等为核心的生态和谐

作为一个发展中国家，中国在探索生态文明建设过程中，不仅积极汲取了资本主义生态文明建设的理论与实践，还善于从中国传统文化与

* 本文为2018年海南省哲学社会科学重点研究基地资助课题［课题编号：HNSK（JD）18—12］、海南省高等学校科学研究资助项目（课题编号：Hnky2018—28）阶段性研究成果。

** 董前程，海南师范大学马克思主义学院副教授，主要研究方向：生态文明理论与实践、马克思主义中国化；王雪，德国莱比锡大学全球与区域问题研究生院博士研究生，主要研究方向：环境史、生态文明理论与实践。

实践中汲取所需的理论与实践，同时以马克思主义生态文明观为基础，尤其是自党的十六大以来，在经济建设中不断推动生态文明建设理论的发展，逐渐形成了具有中国特色的社会主义生态文明理论，这种理论是追求以生态平等为核心的生态和谐伦理观。

人类自诞生以来，就为实现人类的平等孜孜追求，也正是对这一目标的不断追求不断地推动着人类社会的进步与发展。马克思认为，所有的人都生而平等，不管是哪个民族、哪个国家的人都应该平等地享有政治地位和社会权利，也不管是同代人还是隔代人也都是同等无差的，都应该得到平等的尊重与保护。但是随着社会的进步，随着当今社会面临的日益严峻的生态危机，人类社会的平等观也必须不断扩大，要突破人与人之间的关系，从时空上向整个自然界发展，需要从整个生态系统出发，建立一种整体的生态平等观。

在生态伦理学家看来，人不仅仅具有社会性，也具有自然性，与自然界是统一而不可分割的，二者是相互包容的，而且人与自然是荣辱与共的，与自然界的其他生存物之间没有本质上的贵贱之分，“人既不在自然界之上，也不在自然界之下”①，“道无贵贱”，人与自然之间也是平等的，因此，自然界也理所当然地要从人类那里获得平等关心的道德权利，我们要以“一种道德态度尊重自然的某些方面”②，遵循自然规律，合理地利用自然和改造自然，建立起与之相应的伦理规范，调节人与人、人与社会以及人与自然之间的关系，促进人与自然的永续和谐发展。无数的实践证明，一旦我们人类与自然不能平等地相处，将我们赖以生存的自然作为了征服对象，那么我们就会破坏甚至割裂人与自然之间的和谐关系，适得其反。因此，人类要“学会尊重生命，赞赏物种的进化和生态系统的相互依赖，学会与大自然息息相通”③。

我国在建设中国特色社会主义生态文明过程中，一直遵循了以生态

---

① ［美］R. T. 诺兰等：《伦理学与现实生活》，姚新中等译，华夏出版社 1988 年版，第 454 页。

② ［美］保罗·沃伦·泰勒：《尊重自然：一种环境伦理学理论》，雷毅、李小重、高山等译，首都师范大学出版社 2010 年版，第 56 页。

③ ［美］霍尔姆斯·罗尔斯顿：《环境伦理学》，杨通进译，中国社会科学出版社 2000 年版，第 161 页。

平等观为核心的生态和谐的伦理理念。虽然我国资源丰富，但是我国是一个人口大国，人均占有量小，人口与资源的矛盾严重制约了生态和谐社会的建立。为此，邓小平提出了节制生育的观点，主张人口与自然资源的协调发展。党的十二大以来，党中央从中国国情出发，提出了要坚持优先保护的原则，实现自然资源的开发与保护相统一，要坚持走可持续发展道路，对自然资源进行合理有效的开发。党的十六届三中全会上，提出了科学发展观，这是一种建立在生态平等基础之上的生态和谐观。科学发展观强调的不仅仅是人与人、人与社会的发展，还包括了人与自然的协调发展，这种发展是一种和谐的生态发展理念。科学发展观要求人们遵循自然的客观规律，维护自然生态系统的平衡，实现人与自然的和谐共存，避免人类现在以及将来陷入社会风险与生态危机中。党的十六届四中全会对人与自然的关系进行了重新定位，将人与自然的和谐作为了和谐社会的题中之义。和谐社会追求人与政治、经济、社会、文化、自然的协调发展，是一种整体的、综合的、全面的、协调的可持续发展社会，这个“社会是人同自然界完成了的本质的统一，是自然界的真正复活，是人的实现了的自然主义和自然界的实现了的人道主义”。[①] 党的十七大以来，我国在中国特色社会主义生态文明建设理论与实践上不断发展，尤其是党的十八大、十九大报告上提出的“美丽中国”理论。“美丽中国”的提出是站在生态整体主义的立场，认为人和自然界中的所有生物包括动物、植物、微生物等都是平等的，“山水林田湖是一个生命共同体，人的命脉在田，田的命脉在水，水的命脉在山，山的命脉在土，土的命脉在树”[②]。因此我们要坚持以生态平等为核心的生态和谐观，珍惜自然，在向自然索取的同时也要平等地对自然界以及整个地球生态系统给予生态关怀，尽我们应尽的责任，不对它们造成任何伤害，“要像保护眼睛一样保护生态环境，像对待生命一样对待生态环境”[③]，在发展过

---

① 马克思：《1844 年经济学哲学手稿》，人民出版社 1985 年版，第 79 页。

② 习近平：《关于〈中共中央关于全面深化改革若干重大问题的决定〉的说明》，《人民日报》2013 年 11 月 16 日。

③ 《习近平张德江俞正声王岐山分别参加全国两会一些团组审议讨论》，《人民日报》2015 年 3 月 7 日。

程中的“每个细节都要考虑对自然的影响，更不要打破自然系统”①，建设一个天蓝、地绿、水清的美好家园。

二　中国特色社会主义生态文明主张有与之顺应的伦理实践：以生态理性为核心的生态发展

人类自诞生以来，为了自身的不断发展，就对赖以生存的大自然开始无节制地开发，对自然的破坏越来越严重，逐渐导致生态危机。为此，恩格斯对人类这种毫无生态理性的无节制发展提出了警告：“我们不要过分陶醉于我们人类对自然界的胜利。对于每一次这样的胜利，自然界都对我们进行报复。每一次胜利，起初确实取得了我们预期的结果，但是往后或再往后却发生完全不同的出乎预料的影响，常常把最初的结果又消除了。”② 随着社会的发展与进步，作为具有理性的人，开始以一种生态理性来追求社会的发展与进步，促进了生态道德与生态文明建设。中国特色社会主义生态文明建设的发展也逐渐主张要求以生态理性为核心的生态发展，如此，才能促进全面小康社会的建成。

生态理性是生态文明社会的哲学基础，也是生态文明社会的时代呼唤。随着启蒙运动的开展，人性得到了彻底的解放，人也成了单向度的人，而自然界的神秘感也逐渐在人类面前褪去，人对自然界的敬畏也慢慢消失，开始将自然作为征服的对象。在经济理性与科技理性的驱动下，人类在认识和改造自然的过程中，也开始了对自身利益最大化的追逐，加剧了人与自然的矛盾，引起生态风险与生态危机。于是，人类面对一直以来视为标尺的资本主义的理性产生了疑虑，开始了反思，提出了各种观点，都突出了生态的重要性和必要性，尤以生态理性的主张最具批判性与合理性。法国存在主义哲学家高兹在充分反思经济理性的合理性基础上，认为“生态学有一种不同的理性，它使我们知道经济活动的效

① 《中央城镇化工作会议召开》，《人民日报》2013 年 12 月 14 日。

② 中共中央马克思恩格斯列宁斯大林著作编译局：《马克思恩格斯选集》第 4 卷，人民出版社 1995 年版，第 383 页。

能是有限的，它依赖于经济外部的条件。尤其是它使我们发现，超出一定的限度之后，试图克服相对匮乏的经济上的努力造成了绝对的、不可克服的匮乏。但结果是消极的，生产造成的破坏比它所创造的更多。当经济活动侵害了原始的生态圈的平衡或破坏了不可再生的自然资源时，就会发生这种颠倒现象”①。因此，我们要克服因在经济理性的驱动下对利润的迅速与巨大的追逐，对大自然的疯狂掠夺导致我们生活的地球陷入风险中，如果任其发展下去，甚至会毁灭我们生活的地球中的生命。因此，在社会发展过程中要考虑到自然承受能力的有限性，要坚持生态理性，追求更少但更好的社会。所以，要求我们在生态文明建设实践过程中，坚持以生态理性为核心的生态发展，追求经济、社会和生态效益的统一。

中国特色社会主义生态文明建设刚刚上路，在社会发展过程中还面临着许多问题，任重道远，需要坚持生态理性观，在发展过程中“既要绿水青山，也要金山银山。宁要绿水青山，不要金山银山”②。为此，我们在建设中国特色社会主义生态文明过程中，要坚持适度的原则，不能毫无节制地掠夺大自然，也不能毫无节制地发展经济和消费。在经济生产上，要树立生态生产观，坚持可持续发展，这是一个社会生态理性的根本标志。改革开放以来，一味追逐经济利益和经济发展的经济利益至上的思维模式虽然促进了我国经济社会的发展，但也因此使我们付出惨痛的代价：资源被大量地浪费，森林被大片地毁坏，一些不可再生资源急剧减少，湖泊干涸，生物物种多样性逐渐丧失，沙漠化现象严重，导致整个生态系统的平衡完全被破坏，像沙尘暴、雾霾等极端天气和自然现象频发，不仅给我们造成了巨大的经济损失，还严重影响了人们的身心健康。我们党和国家及时发现了这一问题，在深刻分析经济发展现状的基础上，提出要实施可持续发展战略，“不仅要安排好当前的发展，还要为子孙后代着想，为未来的发展创造更好的条件，决不能走浪费资源和先污染后治理的路子，更不能吃祖宗饭、断子孙路”③。同时强调，在

① Andre Gorz, *Capitalism*, *Socialism*, *Ecology*, London: Verso, 1994, p. 16.

② 习近平：《弘扬人民友谊　共创美好未来——在纳扎尔巴耶夫大学的演讲》，《人民日报》2013年9月8日。

③ 中共中央文献研究室：《新时期环境保护重要文献选编》，中央文献出版社、中国环境科学出版社2001年版，第383页。

生态保护过程中要有长远的眼光，“要注意算大账”，不能“只算局部的眼前的小账，而不算全局的长远的大账”①，不能急功近利，否则就会损害经济社会的和谐发展。而且，要重视对资源的可持续利用，要坚持理性、有序的原则，走新型工业化道路，坚持“五个统筹”，实现经济效益、社会效益和生态效益的协调统一。可以说，这种新的发展是要坚持以生态理性为核心的发展，实现从“经济人”到“生态理性经济人”的转变，力求从“又快又好”的发展向“又好又快”的发展转变，确保“广大人民群众喝上干净的水，呼吸上清洁的空气，吃上放心的食物，在良好的环境中生活”②，“使我们的祖国天更蓝、地更绿、水更清、空气更清洁，人与自然的关系更和谐”③。正是基于这样的理念，党中央将生态文明建设上升到了“五位一体”的高度，作为我国全面建成小康社会的重要内容之一，充分显示了中国特色社会主义生态文明建设过程中的生态理性与生态发展，我们追求的发展不是盲目的无限制的，哪怕把经济发展的步伐放缓一点，也不能涸泽而渔，不能再简单地以 GDP 论英雄，要坚持以生态理性为核心的绿色发展，创新发展理念，培育有生态理性的公民，切实做到经济效益、社会效益和生态效益的有机统一，努力建设天蓝地绿水净的美丽中国。

三 中国特色社会主义生态文明要求有与之呼应的伦理担当：以生态良知为核心的生态责任

随着人对自然资源的不断掠夺与消耗，人类在面对疮痍满目的生态环境时，开始对当前的社会发展进行审视反思，意识到“绝不能像

---

① 江泽民：《在中央计划生育和环境保护工作座谈会上的讲话》，《中国环境保护部主办、中国环境年鉴社编辑：中国环境年鉴（1998 年）》，中国环境年鉴社 1998 年版，第 3 页。

② 《胡锦涛在参加首都义务植树活动时强调爱护环境保护环境建设环境 努力实现人与自然和谐发展》，《人民日报》2005 年 4 月 2 日。

③ 《胡锦涛在参加首都义务植树活动时强调持之以恒抓好生态环境保护和建设工作 切实为人民群众创造良好生产生活环境》，《人民日报》2006 年 4 月 2 日。

征服者统治异民族那样，绝不像站在自然界以外的人一样”①，意识到生态危机的根源不是别人而是人类自己。对自身灵魂的拷问，使人们清晰地认识到，人类在改造自然界的同时，要与自然和谐共生，要遵循生态理性的发展，但更要有生态意识，与自然和解，将自身融入自然并使之成为自然的一部分，成为荒野的一部分，将自然的还给自然，回到自然，与自然实现和谐统一，就能找回本真，超越人与自然之间的差异，自觉自发地对自然产生一种善念，进而滋生出生态良知的意识。

生态良知是指人类自觉自发自愿地尊重、保护、关爱与其共同生活在一个生态圈的自然界的一种生态意识，并在此基础上从伦理道德上对自身的实践进行深刻的反思与评价。在中国儒家思想里一直就存在着这种生态良知，如“克己复礼为仁”“民胞物与”等。在西方环境伦理学者那里，生态良知是作为道德主体的人从生态学的角度，对自身的行为做出的善恶判断和评价，这是衡量人的行为的标尺。“一件事，当它有助于保护生命共同体的完整、稳定和美丽时，它就是正确的；反之，它就是错误的。”② 另外，作为一种道德的观念，生态良知是一种理性的认同，人类在认识和改造自然的过程中，会逐渐产生一种道德自律，认识到人与自然之间的矛盾需要通过情感的发挥才能弥补，认识到只有自觉自愿地对自然渗入情感，才能释放自己的激情，才能更加积极地去认识自然和改造自然，才能与自然和谐相处。而这种情感是需要人类通过自身的道德体验才能体会出来的。只有人类亲自体验了，他才能正确地做出善恶的判断与评价，从而正确地处理人与自然的关系。因此，生态良知要求人们从自身改造自然界出发，树立起生态负责的态度，要为人类在自然界中的所有行为承担一定的责任。只有担负起生态责任，我们人类与自然共同生活的这个共同体才能更好地发展，人类也才能在其中成为一个全面自由的人，从困境中走出来。

中国特色社会主义生态文明建设的目标是实现可持续发展，建设美

① 中共中央马克思恩格斯列宁斯大林著作编译局：《马克思恩格斯选集》第3卷，人民出版社1995年版，第518页。

② 利奥波德：《沙乡年鉴》，侯文蕙译，吉林人民出版社1997年版，第194页。

丽中国，实现百姓富、生态美的有机统一，这就要求我们树立生态良心，清醒地认识到“生态环境保护是功在当代、利在千秋的事业。要清醒认识保护生态环境、治理环境污染的紧迫性和艰巨性，清醒认识加强生态文明建设的重要性和必要性”①，自觉自愿地承担起生态责任，一方面要想办法为我们以及前人以前破坏生态环境的行为还债，另一方面还要以对子孙后代高度负责的态度，为后人留下一个生态良好、可持续发展的生存空间。改革开放以来，我们为经济建设的发展付出了沉重的生态代价，沙尘暴、洪水、雪灾、雾霾、泥石流等自然灾害犹如悬在我们头上的达摩克利斯之剑，时刻警醒着我们；资源枯竭、水污染、大气污染等犹如阿喀琉斯之踵，时时在追问我们。经济发展与生态环境的矛盾已经严重制约了社会的发展。为此，党中央认为如果一味地追求经济的粗放型发展，环境污染会加剧，老百姓的幸福感也会大打折扣，甚至产生强烈的不满，所以，生态文明建设是一项政治任务。为了完成这项政治任务，我们在建设中国特色社会主义生态文明过程中要切实履行生态责任。一方面，我们深刻地认识到了加强生态文明建设的重要性。中国特色社会主义生态文明建设的社会主义性质决定了我们要克服资本主义自身不能克服的种种弊端，科学地认识、合理地利用和保护自然，要从改造自然的过程中“加深对自然规律的认识和把握，从中得出有益的结论，从而更加科学地利用自然为自己的生活和社会发展服务”②，实现经济建设和生态环境协调发展。党的十八大以后，习近平总书记更是多次在不同场合提到了生态文明建设的重要性，如森林“是人类生存发展的重要生态保障”，而且强调山水林田湖的整体统一性，它们是一个生命共同体等。这种从可持续发展的角度出发，高瞻远瞩的判断分析是我国勇于承担生态责任的表现。正如格里芬所言：“中国政府是世界上第一个把建设‘生态文明’作为主要目标的政府。通过提倡发展生态文明，中国已经显示了向这种后现代方向迈进的意图和决心。”③ 另一方面，我们明确了在

---

① 《习近平在中共中央政治局第六次集体学习时强调：坚持节约资源和保护环境基本国策 努力走向社会主义生态文明新时代》，《人民日报》2013 年 5 月 25 日。

② 中共中央文献编辑委员会：《江泽民文选》（第 2 卷），人民出版社 2006 年版，第 232 页。

③ 李惠斌、薛晓源、王治河：《生态文明与马克思主义》，中央编译出版社 2008 年版，第 7 页。

生态保护中各责任主体的责任。自然资源和生态环境与社会公众密切相关，“是最公平的公共产品，是最普惠的民生福祉”[①]，因此，政府要实现公共管理职能转变，切实承担起生态责任。改革开放以来，我国先后制定了旨在保护环境、保护生态与资源的有关的法律，还出台了一系列保护生态环境的制度，如提出环境和发展综合决策的机制、节能减排制度、生态补偿制度、环境损害赔偿制度等，很好地将政府在生态文明建设中的执行者和监督者的责任落到了实处。同时，还提出了企业的生态责任，指出“企业是环境保护的一支重要力量。所有企业都要遵纪守法、文明生产，树立良好的企业形象”[②]，并要求坚持“五大发展”理念，大力发展循环经济，实现又好又快的发展。党的十八大以来，还在生态文明建设中提出了发展“绿色银行”、建设“海绵城市”、制作“空气罐头”等新的生态文明理念。这些制度和机制的构建及理念的更新都在说明我国在特色社会主义生态文明建设中立足我们的国情，切实承担了“民有所呼，我有所应”的生态责任，为建设美丽中国在努力。生态文明建设不仅仅是一个国家一个地区的责任和问题，还具有地域性和全球性，需要世界各国共同行动、携手合作。因此我们必须有全球观念和世界眼光，积极提倡国际合作，主动承担国际生态文明建设责任。习近平总书记提出“中国将继续承担应尽的国际义务，同时世界各国深入开展生态文明领域的交流合作，推动成果分享，携手共建生态良好的地球美好家园”[③]。我们也切实按照这一承诺，在生态文明建设中承担了自己应尽的生态责任，体现了我们大国的风范。从在1992年联合国环境与发展会议上作出履行《21世纪议程》的承诺到联合国环境署在2016年联合国环境大会上发布《绿水青山就是金山银山：中国生态文明战略与行动》报告，我国特色社会主义生态文明建设理念逐渐走向世界，在为全球可持续发展做着自己的贡献，承担着自己作为一个发展中大国的生态责任。

---

① 《习近平在海南考察时强调：加快国际旅游岛建设　谱写美丽中国海南篇》，《人民日报》2013年4月11日。

② 中共中央文献编辑委员会：《江泽民文选》（第1卷），人民出版社2006年版，第535页。

③ 《习近平向生态文明贵阳国际论坛2013年年会致贺信强调：携手共建生态良好的地球美好家园》，《人民日报》2013年7月21日。

四 中国特色社会主义生态文明需要有与之照应的伦理保障：以生态自由为核心的生态公正

自由之于人就是一部不断探索的历史，因为自由关乎人的尊严、人的价值与人的权利。但是随着人类理性的增强，在所谓追求完全的自由的驱使下，人类开始了对自然的无限制掠夺，但是随着生态危机的爆发，证明人类并没有获得征服自然的自由，相反陷入了生存与发展的两难，连人类的生存与发展都存在问题，又何谈自由？然而作为人类解放的标志，人类追求从必然王国进入自由王国，人类就首先需要实现人在自然面前的真正自由，认识到自由是有限度的，是一种相对自由，并不是无限制的绝对自由。只有认识了自然，遵循自然的规律，人类才能摆脱自然的束缚，并真正获得自由。正如恩格斯所言："自由不在于幻想中摆脱自然规律而独立……在于根据对自然界的必然性的认识来支配我们自己和外部自然；因此它必然是历史发展的产物。"① 这才是我们追求的自由，因为它使自由与必然得到了统一，这种自由是通过对自然规律的认识来改造和利用自然，实现人与自然的统一的自由，如此才能保障人在社会面前的自由以及人与人之间的自由。因此，我们必须让自由限制自由，使自由受限于自然，让人类正确地看待自己作为生命共同体中的一员，才能实现人与自然整体和谐统一的生态自由，才能保证地球上每个自然存在物的权利，保障他们的生态正义。而这种生态正义正是确保人类实现自由，实现自由王国向必然王国转变的保障。

现代工业的发展使人类更加轻易地征服自然，也让人类忽略了对自身行为合理性的审视，最终导致人类在不断牺牲自身生存环境中换取了经济的发展，使人类的生存与发展陷入了困境。为此，人们开始重新从道德上审视人类与自然的关系，对引起生态危机与生态风险的不正义行为进行了批判，认为"社会正义和环境保护的议题必须同时受到关注。

---

① 中共中央马克思恩格斯列宁斯大林著作编译局：《马克思恩格斯选集》第 3 卷，人民出版社 1995 年版，第 455—456 页。

缺少环境保护，我们的自然环境可能变得不适宜居住。缺少正义，我们的社会环境可能同时变得充满敌意。因此，生态学关注并不能主宰或总是凌驾于对正义的关切之上，而且追求正义也必定不能忽视其对环境的影响"①。因此，坚持生态正义是我们确保自然界中每个物种的权利和生态自由的保障，是我们建设中国特色社会主义生态文明的时代呼唤。

改革开放以来，在"一个中心、两个基本点"的思想指导下，我国的生产力得到了极大的解放与发展，社会经济取得持续飞速的发展，但是一些深层次的矛盾也逐渐凸显，社会不公的现象也逐渐突出，尤其是在生态环境中。一方面由于追求经济发展，忽视了对生态环境的监管与治理，导致现阶段我国自然环境存在的不公正现象还没有得到很好的解决，如东部地区四季分明、气候温润，而西部地方干旱少雨、风灾频发，但西部地区较之东部地区自然资源比较丰富，这种情况导致我国区域环境发展不平衡，这种不平衡不仅仅体现在自然资源上，更多的是由于东部地区经济较发达，所以西部地方的资源被不断地运往东部地区，成为东部地区的原材料基地，而西部地区却没有得到相应的补偿，这种恶性循环导致的结果就是西部地区的生态环境越来越恶劣。虽然国家连续实行了西部大开发、南水北调、退耕还林等政策，以期通过这些来积极促进西部地区经济发展和保护西部地区的生态环境，但最直接的受益者还是东部地区。与此同时，由于长期以来的城乡差距的存在，所以在生态环境治理过程中，城市的投资力度也比农村更大，农村的环境保护工作被忽视，如通过实行转二产促三产，虽然城市的空气质量得到改善，但是城市周边的农村污染却在不断加重。而且随着近年来经济的发展，农村生态环境除了受到城市工业外污染源的威胁，还受到自身的内源污染的威胁，如为了给城市提供更多的米、菜等，在生产种植过程中使用了大量的化肥农药，结果导致农业生态环境和农产品污染，又如农作物秸秆的焚烧造成资源浪费和环境污染，甚至成为雾霾的成因，诸如此类的农村生态环境的恶化，一方面导致农村生态退化，而且也从另一方面给城市带来了各种潜在的生态威胁。更为重要的是，社会财富的不平衡，

---

① ［美］彼得·温茨：《环境正义论》，朱丹琼、宋玉波译，上海人民出版社2007年版，第2页。

生态问题上也逐渐被反映出，贫困人群经常要承受过多的环境污染，比如要在有毒化学品或者被污染的地点工作，为生活所迫呼吸不干净的空气等，而且还不能享受到更好的医疗保健条件，而另一方面富裕人群的工作生活环境相对要环保得多，还能享受到更好的医疗保健以弥补生态环境的污染所带来的危害。另一方面，由于实行改革开放，所以在引进国外技术、资源等时，一些发达国家往往利用我们急于发展经济的心理，将一些污染严重的技术和工业转移到我国，甚至将一些洋垃圾出口到我国，严重地破坏了我国的生态环境，加重了生态治理的负担。这些不公正如果不解决好，人与自然之间的和谐就是一句空话，生态自由与平等也无法实现。为此，改革开放以来，我们在建设中国特色社会主义生态文明过程中，提出了要建设"四个现代化"、实施可持续发展、发展循环经济、建设"两型社会"、坚持科学发展观、建设社会主义和谐社会、构建和谐世界、建设美丽中国、全面建成小康社会等思想，无一不渗透着生态正义的理念。如我们提出要建设美丽中国，这就蕴含着生态正义的思想。美丽中国建设要求我们从人与自然的关系出发，尊重每个人与其他生物的自然权利与自由，自觉保护自然，"担当起自然管理者的责任，以维护和发展自然，使之向着有利的方向前进"①，实现人与自然的和谐，如此，才能实现美丽中国。同时，美丽中国是一个可持续发展的中国，这就要求我们不仅现在要建设一个天蓝地绿水净的家园，还要将这个家园一直延续下去，"必须把我们与尚未成为现实的'我们'的我们的后代，或者是还没有权力和我们竞争获得幸福的后代作为一个整体，要考虑到我们的欲望的满足有可能剥夺了对他们的关心，我们的满足有可能夺走了他们生存和发展的资源"②，要让我们每一个以及未来的每一个人都能记得住乡愁，实现中华民族的永续发展。为了实现生态自由和生态正义，确保中国特色社会主义生态文明建设，我们还制定了一系列法律、法规和行业标准等，确保了我们生活共同体中的每一种生物都得到了统一的有效的保护，从各方面对城乡、区域和阶层的生态发展与保护进行

---

① J. Passmore, *Man's Responsibility for Nature: Ecological Problems and Western Tradition*, New York, 1979, p. 200.

② 陈鸿清：《生存的忧患》，中国国际广播出版社 2000 年版，第 169 页。

了规定，确保了生态正义。生态文明建设不仅仅是一国的问题，全球携手坚持民主、平等、正义，建立公平有效的应对机制，才是人类未来发展的道路，正如习近平总书记在第七十届联合国大会一般性辩论时讲话中说的："国际社会应该携手同行，共谋全球生态文明建设之路，牢固树立尊重自然、顺应自然、保护自然的意识，坚持走绿色、低碳、循环、可持续发展之路。"[①] 为此，我国也确实在生态文明建设过程中，坚持共同但有区别的责任原则，自觉履行着在国际社会中的生态责任，维护了自然与人类的生态自由，保障了生态正义，积极地构建一个和谐的世界。

面对21世纪的发展，人类生存与发展遇到了空前的生态危机，我们在生态文明建设过程中提出的美丽中国、和谐世界不仅仅是美丽的愿景，更是全新的生态文明发展理念，蕴含着丰富的伦理意蕴。我们必须树立尊重自然、顺应自然、保护自然的生态文明理念，坚持生态平等和生态和谐，在"五位一体"的理念指导下，坚持生态理性，以生态正义为保障，勇于承担生态责任，实现中华民族永续发展，实现全面建成小康社会的目标。

---

① 习近平：《携手构建合作共赢新伙伴　同心打造人类命运共同体》，《人民日报》2015年9月29日。

新兴国家绿色发展与治理合作

林跃勤*

一 问题的提出

过去相当长时期以来，人类在追求财富过程中掠夺性地开发和使用地球资源，使得全球资源与环境问题日益严重，可持续发展面临威胁。如近几十年来全球已经有超过一半的原始温带阔叶林被转换成为农田、种植园和城市。人类对淡水生态系统的破坏已经远远超越了可持续的水平。生物多样化锐减以及动物栖息地破坏与退化是气候变化的主要原因①，人类活动已使地球上约 2/3 的自然资源面临枯竭。② 在地球上许多地区，存在水、空气、土壤以及生物污染危害严重状况；一些无法取代的资源受到破坏或陷于枯竭；生活和工作环境里存在着有害于人类身体、精神和社会健康的严重缺陷（联合国 1972 年斯德哥尔摩人类环境会议《人类环境宣言》）。如不改变这一趋势，到 2030 年即使两个地球也不能满足人类需求［世界自然基金会（WWF）《地球生命力报告 2012》］。政府间气候变化专门委员会的最新科学评估报告显示，近 100 年间全球地表平均温度上升了 0.74℃，最近 50 年的升温速率几乎是过去 100 年的两倍，最近 10 年也是有记录以来最热的 10 年。全球气候危机的主要原因是

* 林跃勤，博士，研究员，中国社会科学杂志社国际二部主任，研究方向：国际经济。

① http：//www. eurekalert. org/pub_releases/2016 – 04/nrts-wls040416. php.

② http：///news. sohu. com/20050331/n224942853. shtml.

人类社会大量消耗化石能源和排放温室气体。①

因此，多年来，推动人与自然、人与社会和谐可持续发展成为国际社会的强烈愿景。早在 1972 年，联合国《人类环境宣言》呼吁各国政府和国际社会把保护和改善人类环境作为重要责任，提出将 6 月 5 日作为每年“世界环境日”。1980 年联合国环境规划署（UNEP）、国际自然和自然资源保护联合会（IUCN）和当时的世界野生生物基金会（WWF）制定的《世界自然资源保护大纲》强调，必须研究自然、社会、生态、经济之间相互的基本关系以及利用自然资源过程中的基本关系，以确保全球可持续发展（包括社会、经济方面的“人类可持续发展”以及资源节约、自然与生态保护性利用方面的“地球可持续发展”含义，联合国 2015 年后可持续发展规划再次肯定和强调了这两个方面）。1987 年世界可持续发展委员会发表了《我们共同的未来》报告，1992 年 6 月联合国环境与发展里约热内卢大会通过的《里约环境与发展宣言》即《21 世纪议程》，规定了至 21 世纪在全球范围如何减少浪费性消费、消除贫穷、保护大气层、海洋和生物多样性以及促进可持续农业的各主体综合行动蓝图，以及发达国家和发展中国家在应对气候变化时，承担“共同但有区别的责任”。2002 年约翰内斯堡联合国环境与发展问题的全球高峰会议确定了多数项目行动时间表。2008 年 12 月 11 日联合国秘书长在联合国气候变化大会上提出“绿色新政”概念，呼吁全球采取涉及环境保护、污染防治、节能减排、气候变化等与人和自然的可持续发展相关的环境友好型政策，增加应对气候变化投资，促进绿色经济增长和就业，以修复支撑全球经济的自然生态系统。

2012 年 6 月里约联合国可持续发展大会（“里约 +20”峰会）通过的行动方案再次要求各国在发展经济的同时实现低碳经济，解决气候变化、粮食安全、水资源和能源短缺的问题，走绿色发展之路。

2015 年 12 月 12 日，巴黎气候变化大会近 200 个缔约方一致同意通过《联合国气候变化框架公约》(《巴黎协议》)，包括目标、减缓、适应、损失损害、资金、技术、能力建设、透明度、全球盘点等在内的 29 条全球气候变化新协议，为 2020 年后全球应对气候变化行动作出安排。要求

① http：//blog. sina. com. cn/s/blog_7c0cc9190100smgl. html.

各方承诺将加强对气候变化威胁的全球应对，把全球平均气温较工业化前水平升高控制在2摄氏度之内，并为把升温控制在1.5摄氏度之内实现温室气体排放达峰，21世纪下半叶实现温室气体净零排放。

尽管推进和谐可持续发展也已成为全球普遍共识和各国的共同努力，但是，全球资源环境治理问题依然非常严峻，尤其是新兴与发展中国家在追赶发展过程中资源环境利用、保护与保持快速发展的矛盾更为凸显，这些国家的产出单位能耗远高于国际评级水平（如根据国际能源署数据，2003年俄罗斯GDP单位能耗是丹麦、日本、瑞士、挪威和英国的16倍以上）。[①] 其在资源消耗、碳排放和空气、水土污染等方面非常严重，如美国、中国、印度和俄罗斯分别居全球碳排放前四位，依据中国北京师范大学从12个重要维度对全球123个国家测算的人类绿色发展指数，中国、印度、印度尼西亚、南非、尼日利亚、墨西哥等均处于较为落后的位置，与瑞典、瑞士、德国、日本等发达国家差距甚大，而且基本上落后于其自身人类发展指数排名（图1，表1）。显示多数主要新兴与发展中国家绿色发展质量低于其经济与社会发展水平的不乐观状态（生态赤字，巴西、印度尼西亚、土耳其除外）。

生态环境不佳不仅影响其可持续发展，而且对居民的健康寿命和生活品质造成严重威胁，每年全球有数百万人弭患或死于因环境污染造成的疾病，直接经济损失数千亿美元计。不仅引起国内民众的担忧和埋怨，如据赢创工业集团与凤凰网2016年10月公布的一项超过20万人的调查结果，有62.69%的被调查者不太满意或不满意目前所处的环境，非常满意的仅占1.58%。[②] 此外，环境污染还会产生跨境不良影响并引起周边国家乃至全球的责难，如2013年10月底至11月初中国雾霾严重，扩散到朝鲜半岛甚至日本等国。韩国KBS电视台2013年11月3日报道称，“人类历史上最严重的大气污染”——中国雾霾正持续对朝鲜半岛产生影响。含有大量有毒化学物质和重金属的中国雾霾覆盖首尔，首尔大气中神经性有毒物质“铅”的含量是平时的8倍，“砷”和“镍”的含量是平时的4倍，罕见的“铬”也被检测出来。主要由煤炭燃烧产生的硫化物和

---

① http：//3y. uu456. com/bp_5g8py0yg6n76vac3m09h_1. html.

② http：//blog. sina. com. cn/s/blog_4fc9d28f0102xg6y. html.

氮化物等污染物质达到平常的6倍以上。《朝鲜日报》称华北地区的雾霾冬季随着西北风移动，最快6小时就会越过黄海覆盖朝鲜半岛。中国雾霾已经越来越成为韩国的问题。日韩媒体纷纷发出中国雾霾随西北风刮来“袭击”“入侵”本土的声音，“日本环境省担心中国东北、华北等地携带污染物的雾霾随着西北风飘向日本”，日本气象协会给出的大气污染传播预测图也显示，中国PM2.5大气污染跨洋传播影响日本，西至九州，东到东北地区的日本列岛基本都被覆盖。[①] 澳大利亚媒体也称，处于季风带的中国空气污染尤其是其中细微颗粒物对境外影响是很难排除的，冬季季风自西向东吹势必将中国大气污染，尤其大气中的悬浮颗粒从中国境内吹向太平洋方向。印度环境污染和雾霾也非常严重，依据世界卫生组织（WHO）2015年5月7日发布的“2014年城市户外空气污染数据库”，世界上年平均PM2.5浓度最高的20个城市13个来自印度。巴西亚马孙河流域的森林植被、印度尼西亚原始森林被滥伐和水土流失情况等也很严重。

这些均显示，新兴经济体在追求快速经济增长过程中环境和空气污染十分严重。不仅威胁自身可持续发展也产生不良的外部效应。这些国家强化绿色治理，转向绿色发展、低碳经济[②]任务极为严峻和迫切，是全球绿色治理与绿色发展的重点对象。挪威国际事务研究所所长史欧夫（2015）指出，金砖国家应抓住经济可持续发展的机遇，重视发展“绿色经济”，加快经济结构调整。[③] 金砖国家绿色发展与治理状况直接决定着全球绿色经济与绿色发展的成效。比较分析这些群体在应对全球绿色发展挑战方面的战略、政策以及经验教训，不仅关系到这个群体自身实现良性发展、改善国际竞争力和国际形象、实现后发赶超和崛起，也对其他发展中国家的绿色发展提供有益启示，从而为全球绿色发展做出巨大贡献。

---

① http://news.163.com/13/1104/07/9CQP9F7J00014JB6.html.

② “低碳经济”最早见于2003年的英国政府发布的能源白皮书《我们能源的未来：创建低碳经济》。随着全球人口和经济规模的不断增长，化石能源大量使用带来的环境问题及其诱因［烟雾、光化学烟雾和酸雨、大气中二氧化碳（CO_2）浓度升高等］带来的全球气候变化逐渐为人们所认识。摒弃传统增长模式，应用新世纪的创新技术与创新机制，建构低碳经济模式与低碳生活方式成为人类普遍愿景，与之相适应，“低碳经济”“低碳发展”“低碳消费”“低碳社会”“低碳城市”等新概念、新政策应运而生。

③ http://world.people.com.cn/n/2015/0802/c157278-27397628.html.

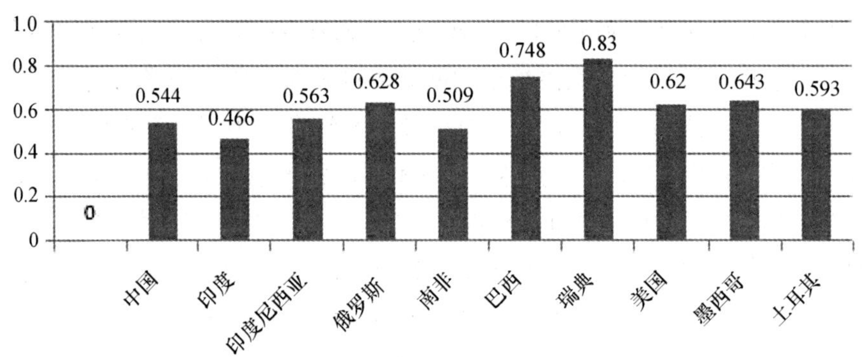

图1　主要新兴与发展中国家绿色发展指数（得分）排名国际比较（2010）

资料来源：李晓西、刘一萌、宋涛：《人类绿色发展指数的测算》，《中国社会科学》2014年第6期。

表1　主要新兴国家人类绿色发展指数与人类发展指数国际比较（2010）

人类绿色发展指数（HGID）	排名	
	绿色发展指数	人类发展指数
中国	86	77
印度	103	99
印度尼西亚	83	90
俄罗斯	58	56
南非	93	92
巴西	18	64
瑞典	1	8
美国	61	4
墨西哥	53	48
土耳其	71	73

资料来源：李晓西、刘一萌、宋涛：《人类绿色发展指数的测算》，《中国社会科学》2014年第6期。

二　新兴国家绿色发展战略政策比较

新兴经济体在追赶发展过程中逐渐认识到自身发展过程中存在的绿色环保和可持续发展难题与困境，同时认为，环境治理是自身不可推卸的国际义务，也是改善国际形象、提升国际竞争力、成功崛起的基本保障。为避免发达国家先污染后治理的老路就必须走绿色经济、绿色增长道路，为此，新兴国家纷纷制定绿色发展战略，出台绿色发展支持政策。

（一）制定绿色发展战略规划

中国是较早意识、提出并实施绿色、可持续发展战略的国家之一，而且随着时代的发展不断创新绿色可持续发展理念与战略，将相应内容纳入国民经济和社会发展五年规划纲要，制定了促进可持续发展战略实施的系列专项规划，并制定、颁布和修订了一系列相关法律、法规，为推进绿色可持续发展提供制度和法律保障。1992 年联合国环发大会后，中国政府即于 1994 年 3 月发布了《中国 21 世纪议程——中国 21 世纪人口、环境与发展白皮书》，并签署了《联合国防治荒漠化公约》，1996 年将可持续发展上升为国家战略，全面纳入国民经济与社会发展规划。2003 年提出了以“以人为本、全面协调可持续发展”为核心内容的科学发展观。2005 年，提出了加快建设资源节约型、环境友好型社会的先进理念，并于 2007 年将建设资源节约型、环境友好型社会写入中国共产党党章，并提出了建设生态文明的先进理念。在 2009 年哥本哈根举行的《联合国气候变化框架公约》第 15 次缔约方会议上，中国承诺，到 2020 年的碳排放水平与 2005 年相比削减目标为 40%—45%。2012 年，中共十八大提出把生态文明建设纳入中国特色社会主义事业“五位一体”（即经济建设、政治建设、文化建设、社会建设、生态文明建设）的总体布局，并发布首个可持续发展国家报告《2012 中国可持续发展国家报告》。党的十八届五中全会中又把绿色发展理念纳入“十三五”规划的创新、协调、绿色、开放、共享五大发展理念之一。2013 年以来制定了《能源发展战略行动计划（2014—2020 年）》《国家应对气候变化规划（2014—2020 年）》《强化应对气候变化行动——中国国家自主贡献》，提出将于 2030 年前后使二氧化碳排放达到峰值并争取尽早实现，2030 年单位国内生产总值二氧化碳排放比 2005 年下降 60%—65%，非化石能源占一次能源消费比重达到 20% 左右，森林蓄积量比 2005 年增加 45 亿立方米左右。中国大力推进绿化（森林碳汇）间接减排，提出将森林覆盖率提高到 2010 年的 20%，2006 年制定的《国家中长期科学和技术发展规划纲要（2006—2020 年）》规定了重点发展包括新能源等在内的产业规划政策。

2007 年 6 月中国 14 个部门联合发布《中国应对气候变化科技专项行动》。2010 年 10 月国务院发布了《关于加快培育和发展战略性新兴产业的决定》提出要发展新能源、节能环保、电动汽车、新材料、新医药、生物育种和信息产业七大新兴战略性产业。国家发改委发布的《国家应对气候变化规划 2014—2020》目标包括到 2020 年单位国内生产总值二氧化碳排放比 2005 年下降 40%—45%。2014 年 11 月的《中美气候变化联合声明》显示，中国计划 2030 年前后二氧化碳排放达到峰值且将努力早日达峰，并计划到 2030 年非化石能源占一次能源消费比重提高到 20% 左右。2015 年 5 月中国在向联合国提交的《2015 年后发展议程中方立场文件》中表明，大力推广低碳、节能、环保技术和产品，发展循环经济。2016 年 9 月在杭州 G20 峰会期间中国与美国一起率先向联合国递交《中国落实 2030 年可持续发展议程国别方案》。

俄罗斯十分重视推行绿色发展，认为应该通过技术进步和生态系统更新，确保人类生活在一个健康的生态系统中。自然资源作为地球上维持人类生存和生活的基础，但再丰富的自然资源开发也有其自身峰值，过度开发自然资源不可能总是获得益处。为此，俄罗斯制定了打造“绿色经济”国家战略。2008 年《2020 年前经济社会发展规划》提出了包括重点推进发展新材料、新能源等加快经济结构调整、创新科技发展等产业；在 2009 年通过的《俄罗斯联邦 2030 年前能源战略》中规定，到 2030 年，天然气需求在俄罗斯能源结构中要下降至 50% 以下，而光伏太阳能、生物质能、小水电及风能等可再生能源消耗提升到 13%—14%，其中俄罗斯依靠可再生能源生产的电力要达到 1260 亿—1550 亿千瓦时，约占全俄电力生产的 7%。2009 年俄罗斯发布的《气候变化评估报告及其对俄罗斯联邦带来的影响》研究报告分析了气候变化对俄罗斯的影响以及俄罗斯应该采取的对策。2009 年颁布的《俄罗斯创新体系和创新政策报告》将能源、核电等作为战略性支柱产业。俄已经批准了旨在减少环境污染、发展“绿色经济”的 2012—2020 年国家环境保护计划，内含包括与空气污染有关的改善环境质量、加强空气质量监测等 5 个子计划。俄罗斯于 2004 年 11 月批准了《京都议定书》。俄罗斯设定了到 2020 年在 1990 年的基础上将温室气体排放减少 20%—25% 的气候政策目标，国家环境保护计划以 2007 年为基准，在减少有害物质排放、自然保护区面积增长等方面提出具体目标。2011 年发布了《俄罗斯联邦至 2020 年气候学说》作为减碳政策指南，包括大力推广混合动力汽车，落实国家提高能效法案，修建更多用于示范的节能型住宅等。2014 年《俄联邦 2030 年前科技发展前景预测》将医药和健康、生物、节能、新材料和纳米技术等确定为优先发展产业。

印度 20 世纪 80 年代以来将生物技术等作为新兴产业之一。2006 年 8 月，印度计划委员会起草了《能源综合政策报告》，作为印度"第十一个五年（2007—2012 年）计划"制定能源发展政策指南。2007 年 6 月 6 日成立的由总理任主席的"总理气候变化委员会"在 2008 年推出了包括太阳能、能源效率、可持续居住、水、喜马拉雅生态环境、植树造林、可持续农业和应对气候变化八个领域"应对气候变化全国行动计划"，为印度有效实施低碳生态可持续发展提供了一个行动框架。2008 年 4 月印度制定的第 11 届新能源和可再生能源五年计划，确立了其 2008—2012 年发展低碳的战略目标——到 2012 年可再生能源如太阳能光伏电池发电将占印度电力需求的 10%，在电力构成中将占 4%—5%。可再生能源将占 2008—2012 年增量的 20%。印度政府于 2008 年 6 月 30 日发布《气候变化国家行动计划》。印度在 2009 年哥本哈根举行的《联合国气候变化框架公约》第 15 次缔约方会议上承诺到 2020 年的碳排放削减目标比 2005 年低 20%—25%。从 2010 年开始实施"国家太阳能计划"，将低碳发展和包容性增长列入其第十二个五年计划之中。印度计划到 2022 年发展可再生能源 17.5 万兆瓦。力争 2050 年太阳能发电量要达到 2000 亿瓦。2012 年 1 月印度农村发展部发布的《印度绿色农村发展》报告提出了农村绿色发展的相关政策建议。

巴西在推动低碳绿色发展中特别注重努力扩大再生能源和乙醇等生物质燃料在整体能源生产的比率。巴西在 2009 年确定到 2020 年将温室气体排放量在预期基础上减少 36.1%—38.9% 的减排目标，并为此大力发展以生物质能为主的新能源，同时实施"减少机动车污染计划"，2015 年 12 月提交给巴黎气候大会的减排承诺主要目标包括：根据 2005 年标准，承诺到 2020 年碳排放降低 34%，至 2025 年减少 37% 温室效应气体排放量，2030 年减少 43%；终结非法伐木；复原 1200 万公顷森林；复原 1500 万公顷被破坏的牧草地；整合 500 万公顷农牧森林。在整体能源生产保障45%的再生能源；将水力发电在整体能源生产的比率扩大至66%；将风力、太阳能等再生能源在整体能源生产比率扩大至23%；将电力效能提高约10%；以及将自甘蔗衍生的乙醇和其他生物质能源在整体能源生产比率提高至16%。巴西成为第一个对整体经济采取绝对减碳目标的新兴大国。

南非政府高度重视低碳发展，2002年出台《南非生物技术战略》，近年南非将旅游业作为低碳发展的重要方向，南非的《国家应对气候变化绿皮书》指出，其气候政策目标包括为使大气中的温室气体浓度保持稳定以避免气候灾难而作出努力，同时提升南非社会、经济和环境在适应气候变化威胁中的能力。2011年3月南非新的《国家旅游战略》规定到2020年时，每年接待外国游客1500万人次，在9年（2012—2020年）内创造4999亿兰特（1美元约合6.83兰特）的国内生产总值和22.5万个工作岗位。南非能源部2011年6月制定了增加可再生能源电力总发电量计划。南非政府修订的《综合资源规划》鼓励更多私营企业参与发展可再生能源和核能。

（二）建立健全促进绿色发展法律体系

新兴国家致力于通过完善法律体系为绿色发展提供强大法律支持和保障。为减少温室气体排放、节约能源、发展可再生能源和循环经济、建设资源节约型和环境友好型社会，中国制定并于2005年2月28日通过了自2006年1月1日起施行的《中华人民共和国可再生能源法》，为促进资源节约使用，中国于2007年10月28日通过了修订后的《中华人民共和国节约能源法》并自2008年4月1日起施行。自2009年1月1日起施行《中华人民共和国循环经济促进法》，还出台了《清洁生产促进法》《大气污染防治法》等，2015年8月《煤炭法（修订）》《电力法（修订）》《能源法》送审稿上报国务院法制办立法审查。中国还制定了《中国应对气候变化国家方案》《中华人民共和国国民经济和社会发展第十一个五年规划纲要》（“十一五规划”），以及《中国应对气候变化的政策与行动（白皮书）（2008）》等一系列应对气候变化的国家政策。中国划定约占全国国土面积20%的重要生态功能区、陆地和海洋生态环境敏感区、脆弱区等区域为“生态红线”，对那些不顾生态环境盲目决策、造成严重后果的官员将严厉追究其责任而且“终身追究”。巴西政府注重通过法律和财税金融机制促进环境保护以及乙醇和生物燃料低碳能源的开发利用。为了遏制亚马孙河流域的生态，2007 年巴西推出首部《气候变化和环境法》，颁布《亚马孙地区生态保护法》，与国际组织合作联合制订了热带雨林自然生态保护计划和实施“绿色经济特区”政策，制定了《巴西 21 世纪议程》。1991 年颁布法令规定在全国汽油中添加 20%—24% 的乙醇。2004 年 12 月 6 日又公布了实施生物柴油的临时法令，宣布于 2007 年开始必须在矿物柴油中掺加 2% 的生物柴油，到 2012 年增加到 5% 。另外，巴西联邦法律明确规定，联邦一级的单位购、换轻型公用车时，必须使用包括乙醇在内的可再生燃料车。巴西政府立法确定汽油中乙醇的比例，对不执行者处以相应处罚。印度注重通过法律手段促进环境保护和生态发展。印度政府于 2001 年就颁布了《能源法》，其目的在于促进资源有效利用和国家长效发展。在《仲裁法》和《调停法案》框架下调解、裁决有关能源和环境项目实践中的纠纷。为减少水土流失、净化空气等，印度政府于 2008 年 1 月 1 日正式实施《新森林法》。印度《宪法》第四部分“国家政策基本原则”中也明确规定了：“保护和发展环境、保护森林是每个邦和每个公民的责任。”俄罗斯 2013 年通过了一系列环境保护法案，这些法案提出一些鼓励手段及强制措施，以促使企业最大限度减少废物产生和排放、使用先进技术、提高废弃物回收率。建立对污染企业实施收费和高罚款法律。

（三）出台系列绿色发展激励政策

（1）税收优惠政策。巴西政府运用税收杠杆“绿化”产业链，向不具有可持续性的行业和企业增税，从政府采购的倾向性和融资门槛两方面推动“绿色发展”。还通过立法形式激励和保护乙醇和汽车生产商及消费者的利益。为提倡可再生能源利用、鼓励低碳经济发展，印度政府制定了新能源开发项目的税收补贴、软贷款和特殊关税指导方针、相关的刺激性财政政策以及非财政性刺激政策等，如简化审批程序，鼓励国内外能源性企业设厂等。印度可再生能源发展有限责任机构为许多可再生能源项目提供利率和财政补贴优惠措施。

（2）加大绿色发展资金支持政策。新兴国家加大了对绿色经济的投入力度。如印度政府专门成立了一个独立运作的“非条约性能源部”，其主要职责是促进印度可再生能源利用；此外，政府还设立了可再生能源发展协会负责为可再生能源项目推广募集资金。2011 年印度清洁能源投资 103 亿美元，比 2010 年高出约 52%，这是世界所有重要经济体中的最高增长。2015 年 1 月印度推出“风能计划”，决定未来 5 年在可再生能源领域吸引 1600 亿美元的投资，到 2022 年实现 5 万—6 万兆瓦的风能发电。巴西政府通过信贷优惠、补贴、设置配额、统购乙醇，以及运用价格和行政干预手段，鼓励开发、使用乙醇燃料。巴西社会发展银行向生产厂家提供项目资金 90% 的融资计划，还通过加强家庭农业计划对种植生物柴油原料的农户提供融资贷款。巴西政府还协助企业从世界银行等国际金融机构获取贷款。设立法定农业专项低息贷款给予农民甘蔗种植，还吸引外国大型金融机构在当地设立分支机构，让农民从国际金融机构得到贷款。南非政府与企业界签署了“绿色经济协议”未来 10 年计划。在首个 5 年内拨款 220 亿兰特（约 7.85 兰特合 1 美元）用于建设可再生能源项目，并投入约 30 亿兰特用于生产绿色能源产品，吸引大量投资，创造 30 万个就业机会。俄罗斯政府计划在 2020 年前拨出 3 万亿卢布用于发展可再生能源发电，其中 5000 亿卢布为国家预算资金，2.5 万亿卢布为私人投资，使未来俄可再生能源发电装机能力达到 2000 万千瓦。

（3）扶持低碳技术创新。金砖国家注重技术创新开发新能源、节能减排，低碳发展。2012 年印度发射“印度浮质与大气卫星”，将收集一氧化碳、二氧化碳、臭氧、水蒸气、氮氧化物、硫氧化物等数据，借此评估其对气候的影响。中国政府高度通过技术创新开发和增加太阳能、核电、生物能、可再生能源在一次能源结构中的比重，积极推进能源多元化大力开展煤的清洁利用，加大对雾霾等大气污染的治理。中国根据中国电网分散的特点建立的一套“中国式智能电网”系统 2016—2020 年进入引领提升阶段，将全面建成统一的“坚强智能电网”，技术和装备达到国际先进水平。巴西、俄罗斯、印度等国都已将特高压作为能源和电力发展的重要方向。巴西不断加强生物燃料技术研发，以绿色科技的创新进步推动生物能源技术的高速发展，推动以甘蔗为主要原料的乙醇燃料的发展，将生物燃料的原材料拓展到秸秆等农林废弃物，并成功将纳米技术运用于第二代生物燃料的生产中，不仅扩大了生物能源的来源范围，而且攻破了生物能源生产的瓶颈，从而使得生物能源的利用高效化、循环化、集约化。从2003年巴西开始推出汽油、乙醇双燃料汽车，采用燃料灵活探测技术的双燃料汽车，能依据感应器测定燃料类型及混合燃料组分，自动调节氧气和燃料的比例及发动机的喷射系统，使不同的燃料都可发挥最高效能。通过技术创新从2008年开始生产的新车100%都是灵活燃料车型（flex-fuel vehicle）。巴西生物燃料技术世界领先，其生产生物燃料成本只有欧盟的1/2和美国的2/3。鼓励开发酒精双动力发动机，出产了全球第一款生物燃料飞机。巴西支线飞机因油耗低和气体排放低在全球首批获得ISO 14001环境认证。俄罗斯大力研发新一代核能技术，积极研究开发快堆及浮动核电站开发。除了BN－600和BN－800两台快堆外，俄罗斯还计划于2030年前开工建设3台BN－1200钠冷快堆。2007年4月16日开始在北德文斯克市北方机械船厂建造世界上第一座浮动核电站，预计2017年建成。南非坚持推动核电站建设项目，并在能源部预算中安排8.5亿兰特（合8100万美元）用于支持核能研发活动。

（4）大力植树造林和加强森林保护。保护森林、植树造林吸收二氧化碳，抵减部分工业温室气体排放，是减轻发展中国家面对的国际减排压力最可行、最有效的措施之一，林业碳汇项目也被纳入了温室气体自愿减排机制。中国和印度均大力植树造林改善环境并取得明显成效。仅在2000—2010年短短10年内，中国植树面积就达16万平方公里，相当于1.6%的陆地面积，造林速度超越了同期0.38%的森林减少速度。① 印度制定了营造防风林和农田防护林带造林计划，加入了联合国10亿棵树行动，仅在2007—2009年就植树25亿株，造林成果使全球10亿株树运动完成了100多亿株树的种植，联合国环境规划署指出，亚洲人工林占全球的1/3主要分布在中印，为世界经济走向低碳和可持续发展做出了巨大贡献。俄罗斯通过了2013—2020年国家森林经济发展计划，拨款5258亿卢布（约合1077亿人民币）以加强森林保护。2009年巴西环境部提议到2020年森林砍伐面积减少80%，同期植树造林面积增加一倍，每年将温室气体排放控制在22亿吨，碳排放减少20%。

① http：//news.sina.com.cn/c/nd/2016－03－28/doc-ifxqswxk9754336.shtml.

（四）加快绿色产业发展

优先发展低碳产业以及低耗产业，优化产业结构，是低碳减排和绿色发展的重要选项。中国近年大力支持新兴服务业和其他绿色低碳新兴产业发展。2014 年 5 月下旬中华人民共和国国务院印发了《2014—2015 年节能减排低碳发展行动方案》，明确将加快发展低能耗低排放产业，力争到 2015 年服务业和战略性新兴产业增加值占 GDP 的比重分别达到 47% 和 8% 左右，到 2015 年，节能环保产业总产值达到 4.5 万亿元。2010 年 10 月 10 日国发〔2010〕32 号文件《国务院关于加快培育和发展战略性新兴产业的决定》提出，到 2020 年节能环保、新一代信息技术、生物、高端装备制造产业成为国民经济的支柱产业，新能源、新材料、新能源汽车产业成为国民经济的先导产业，战略性新兴产业增加值占国内生产总值的比重力争达到 15% 左右。

（五）优化能源消耗结构

能源消耗结构合理与否对于碳排放具有重要影响。煤炭消耗对环境造成的负面影响远大于其他能源。中印等国碳排放高、空气污染严重的主要原因之一在于煤炭消耗较多。中国、印度等能源结构中煤炭占比超过全球平均水平，更高于发达国家（图 2），中国的煤炭消耗占全球的 50.3%（2014），尤其是电煤占煤炭消费总量比例只有 50%，又比世界平均水平（78%，美国为 93%）偏低[①]。印度占全球煤炭消费的 9.3%。

新兴国家在致力压缩煤炭消耗的同时，努力扩大核能、水电、太阳能、风能等清洁能源的比重。中国为了优化能源结构制定了《煤电节能减排升级与改造行动计划（2014—2020）》《全面实施燃煤电厂超低排放和节能改造工作方案》、制定并实施世界最严格标准的《火电厂大气污染物排放标准》等，提出电煤占煤炭消费比重将在 2020 年提升到 60% 以上，其中，烟尘超低排放限值 10 毫克/立方米。2016 年中国在与美国达成的《中美气候变化联合声明》中也承诺大幅度压缩煤炭消耗，增加低污染或可再生能源，到 2030 年将非化石能源占一次能源消费比重提高到

---

① http://club.kdnet.net/dispbbs.asp?boardid=1&id=11292601.

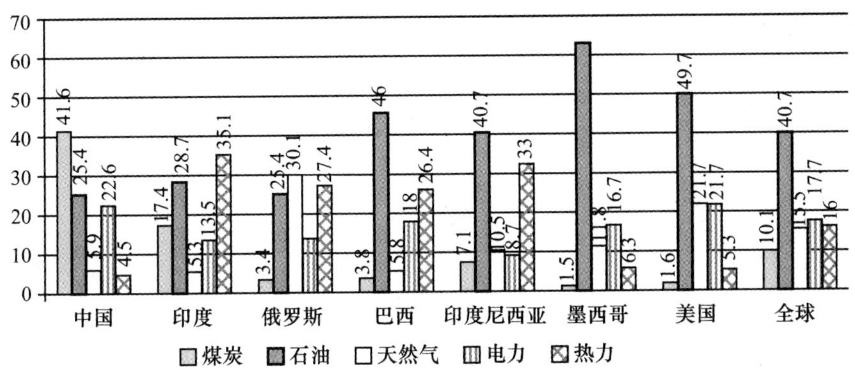

图2　主要新兴国家终端能源消费结构国际比较（%）

资料来源：中国数据为中国国家统计局 2012 年数据，其余国家数据为国际能源署 2011 年数据。

20%左右，使二氧化碳排放达到峰值。2016 年 11 月 4 日中华人民共和国国务院发布一项新的气候计划提出，到 2020 年单位 GDP 二氧化碳排放比 2015 年下降 18%，煤炭消费总量控制在 42 亿吨左右，非化石能源占一次性能源消费比重达到 15%。南非采取政府牵头、企业参与的可再生能源发展政策，改善能源消费结构。中国在推动太阳能光伏发电以及水电等方面成效卓著。巴西依托农业优势和先进的生物技术，大力推广乙醇，率先从甘蔗、大豆、油棕榈等作物中提炼燃料，巴西还推进航空、化工、汽车制造等领域的绿色化，巴西航空工业公司以“碳平衡增长”为理念，出产了全球第一款生物燃料飞机。近年，俄罗斯把发展太阳能发电作为发展绿色经济的主攻方向之一。俄罗斯发放总额约 1600 亿卢布的太阳能补贴以促进太阳能发展。2012 年 8 月，俄开始在车里雅宾斯克州兴建装机容量为 100 兆瓦的太阳能电站。卢克石油公司启动了投资总额近 2.5 亿欧元的乌兹别克斯坦太阳能发电站工程项目；在 2014 年索契冬奥会奥运村采取太阳能平板集热器供电供暖。俄罗斯还大力推广与使用新能源汽车并改善电动车基础设施建设。在与关税同盟伙伴达成协议后，俄罗斯对进口纯电动汽车实行零关税。印度决定将电能供应燃煤率从 2012 年的 90%降至 2030 年的 65%，大幅度减少温室气体排放实现经济与环保的双赢。莫迪政府提出将煤炭的清洁能源税提升两倍，增加清洁能源基金超过30亿美元，太阳能装机容量从2万兆瓦提升到10万兆瓦，相当于投资1000亿美元，每年减少1.65亿吨二氧化碳排放，同时增加60亿美元植树造林增加碳汇，为“国家适应基金”增加2亿美元投资发展新能源，为在全印度建设100个适应和减缓气候变化的智慧城市投资12亿美元等。

（六）促进低碳消费

社会消费意识与习惯也是影响碳排放的重要因素。低碳消费指消费者在消费品包括商品与服务的购置、使用和处置过程中充分评估二氧化碳的直接与间接排放，以最低的碳排放作为决定消费行为的依据，以低能耗、低污染、低排放为基本理念的消费行为模式。通过低碳消费的需求引领促进低碳生产、实现低碳经济的良性发展。政府可以通过先行干预（包括低碳消费宣传教育和提示、碳排放标识、政府采购等）与后继干预（包括正向激励如政府补贴、以旧换新、税收优惠政策，逆向激励如征税政策，特别是对一些碳排放高的消费行为的加征政策等）引导调节公民节约用水电气、减少垃圾投放量、乘坐公共交通出行、选用节能产品、政府无纸化办公以及乘坐小排量汽车，等等。金砖国家等均采取财税金融政策等鼓励低碳消费，如对大排量私人小汽车征收较高税收，不断提高汽油环保标准，遏制华丽包装、鼓励使用可降解包装，配置大量城市低廉公共自行车，鼓励公交绿色出行等，大力推广新能源低排放或无排放汽车并对购买者给予补贴。对低碳生活行为及低碳消费折算成一定数量的碳币并给予物质奖励。中国对购买电动车给予较大的补贴并不受限购的限制，截至2015年底，中国新能源汽车产销累计49.7万辆，其中2015年全年销售33万辆，占到全球的一半。① 巴西早在20多年前就强制要求汽油添加乙醇，并对居民购买低碳汽车给予奖励。俄罗斯开始推广电动汽车，计划每年销售1000辆，俄罗斯计划到2016年底设立300个电动汽车充电站。首先在莫斯科、圣彼得堡、喀山、索契、新西伯利亚和叶卡捷琳堡等城市推广快速汽车充电站，在位于莫斯科的俄斯科尔科沃创新中心普及推广绿色交通模式，在该创新园区内电动汽车将成为主要的交通工具。

---

① http：//www. cankaoxiaoxi. com/finance/20161016/1347476. shtml.

（七）加强环境监控

环境监测是环境保护的基础，起着支撑决策的重要作用。中国环境保护部2011年10月25日正式成立全国环境监测技术委员会，以推进环境监测技术进步，提高环境监测决策质量。中国第一次制定了环境监测的五年专项规划，明确了“市县能监测、省市能应急、国家能预警”的建设目标，提出要加强环境质量的监督考核与信息公开，并陆续修订和出台各类新的环境质量标准和污染物排放控制标准，通过修改完善《环境空气质量标准》，将PM2.5纳入评价指标加强防治灰霾污染服务。俄罗斯在环境质量控制和改善方面采取了诸多举措。俄罗斯自20世纪90年代起即开始制定和发布包括空气质量在内的环境质量报告。政府拨巨资改善空气质量，采取限制企业废弃物排放、发展绿色经济、保护森林等措施。1993年起莫斯科市开始对空气质量进行监测，并于20世纪90年代末开始发布相关信息。截至2012年初，俄全国252个城市共设立了683个空气质量监测站点。全天24小时不间断运作，每20分钟收集一次数据，包括风速、风向、温度、压力、湿度等气象参数，以确定污染物如何扩散。俄罗斯推行环保信息公开制度，环保部门官方网站实时更新空气质量监测数据，民众可以随时查询所监测各种污染物对人体的实时危害程度。

（八）建立绿色金融支持体系

发展低碳经济需要强大的资金支持，新兴国家绿色发展资金需求巨大。有关测算显示，新兴国家要实现绿色转型需要上十万亿美元的资金。依据中国制定的环境保护标准，仅2013年绿色资金的需求量就应该达到2.3万亿元人民币，而2013年包括公共财政与私人投资在内的绿色投资额仅有0.9万亿元人民币左右。2014—2020年间，中国绿色金融平均年资金需求可能达3万多亿元人民币。[①] 因此，建立绿色融资体系对于促进绿色发展至关重要。近年，为支持绿色经济发展，金砖国家逐步建立其绿色融资体系。中国2007年推出了绿色信贷的有关政策，鼓励银行增加

---

① http：//theory. people. com. cn/n1/2016/0905/c40531 -28690716. html.

对绿色清洁项目的贷款。2014 年 8 月，中国人民银行研究局与联合国环境署可持续金融项目联合发起了绿色金融工作小组。2015 年 9 月，中国制定的《生态文明体制改革总体方案》首次明确了建立全国碳排放交易市场等中国绿色金融体系的顶层设计。2015 年 12 月，中国央行建立了一个绿色债券市场，创建绿色股票指数、绿色评级体系、公私合营绿色基金以及全国性的碳排放和污染配额交易市场，对银行绿色贷款进行补充，使得中国成为世界上第一个发布全国性绿色债券发行指导意见的国家，成为第一个由政府支持的机构发布本国绿色债券标准的国家。截至 2015 年 7 月下旬，中国发行的绿色债券已经超过 1200 亿元人民币，占全球同期绿色债券发行量的 45%。2016 年 1 月 1 日至 7 月 15 日，中国发行绿色债券 750 亿元，占全球同期发行总额的 33%，成为全球最大的绿色债券市场。中国将从 2017 年建立全国碳市场，推进节能减排。预计到 2020 年，中国将每年发行 3000 亿元人民币的绿色债券。2016 年 1 月，中国倡议、推动成立了 G20 绿色金融研究小组，由中国人民银行和英格兰央行担任共同主席，2016 年 2 月在上海举办的 G20 财长及央行行长会议将绿色金融列入重点议题。2016 年中国倡导促进第一份 G20 绿色金融综合报告，支持全球可持续发展。金砖国家致力将金砖国家开发银行打造成促进金砖国家绿色发展和治理的重要机制之一。印度实施绿色金融优先行业贷款政策，要求银行将 40% 的贷款投入到农业、中小型企业等关键行业中。印度积极支持利用碳信贷为本国新能源融资。2008 年 1 月，孟买多种商品交易所与芝加哥气候交易所合作启动了碳信贷的期货交易，年交易额约为 250 亿卢比。印度中央电力监管委员会（CERC）于 2010 年 1 月推出了一套针对国内可再生能源交易的全新政策。这一新政的出台在平衡实体经济快速增长与低碳经济要求的同时，也为印度打开了价值数十亿美元的碳交易市场。目前，印度绿色债券发行规模占全球总发行规模的 2%，排在全球第 8 位。2005 年起，巴西圣保罗证券交易所开始对外公布企业可持续发展指数。巴西正准备筹建国家绿色债券市场发展委员会。目前，巴西约有 10% 的银行贷款被列为绿色贷款。2016 年 7 月 18 日，金砖国家开发银行正式发行规模为 30 亿元，期限为 5 年的绿色债券，作为金融机构法人依法在银行间债券市场发行的、募集资金用于支持绿色产业项目并按约定还本付息的有价证券。这些债券筹集资金将帮助该行支持一系列已经获得通过的绿色项目融资。

多年来金砖国家积极参与到全球绿色发展与治理洪流中并已经取得了一些成就，如中国目前已经成为世界最大太阳能、水电发电国家；中国在“十二五”期间实现了单位 GDP 能耗下降 18.2%，单位 GDP 的二氧化碳排放量下降了 20%，累计实现节能 8.6 亿吨标准煤，相当于减少二氧化碳 19.3 亿吨的良好节能成效。① 过去 20 年，印度通过减排节能实现了年均能源消费增长 4% 的情况下 8% 的年均 GDP 增长，单位 GDP 耗量从 0.3 降到 0.16。1990—2005 年的排放浓度（每单位 GDP 中二氧化碳排放）下降了约 18%。巴西已成为世界绿色能源发展的典范，2012 年巴西约有 10% 的塑料由甘蔗制成，成为全球最大的生物燃料乙醇、绿色塑料生产国，全球最大乙醇产业与出口国。2013 年乙醇出口达 100 亿升。境内乙醇燃料加油站已达 3.5 万个，是世界上唯一一个在全国范围内不供应纯汽油的国家。巴西消费的燃料中有 46% 是乙醇等可再生能源，高于全球 13% 的平均水平。巴西平均二氧化碳每年少排放近 5 亿吨，绿色能源既促进了工业发展转型又改变了居民消费结构。② 被联合国秘书长潘基文誉为“绿色经济领跑者”。俄罗斯近年全国氮氧化物浓度降低（但强致癌的苯并芘浓度增高）。根据世界自然基金会的最新预测，巴西、印度、南非和中国通过自主减排措施到 2020 年将会减少碳排放 21 亿吨，超过届时发达国家的碳排放量。③ 进入 21 世纪后，金砖国家中除了南非清洁能源消费弹性还为负值以外，其余 4 国的清洁能源消费弹性均为正值，且在数值上比上一个发展周期都有了显著提升，说明日益强化了对清洁能源的开发。

三　新兴国家绿色发展与治理合作

鉴于绿色发展是跨区域的国际性问题，个别国家的经济政策和国际

---

① http://www.cqn.com.cn/zggmsb/content/2016-06/29/content_3081013.htm.

② 胡红蕾、陈威华、尹南、巴西：《绿色经济领跑者》，《中国矿业报》2009 年 11 月 14 日第 B03 版。

③ http://money.163.com/09/1216/15/5QLRABOJ00253UL5.html.

经济关系对可持续发展都有重大关系，开展国际合作是推进绿色发展的主要途径。联合国《21世纪议程》认为有活力和支助性的国际经济环境有助于绿色可持续发展并需要各国采取果断的合作政策建立新的伙伴关系。金砖国家意识到绿色发展绿色转型中加强国际合作的重要性，一方面是加强与发达国家的合作，另一方面是促进与新兴与发展中国家间的合作。金砖国家在国际多边框架下以及在金砖国家框架下致力开展双边和多边绿色低碳经济的合作。

（一）协调绿色发展合作共识与战略

金砖国家在全面战略合作框架下开始注重气候与环境治理合作倡议与机制建设，自2015年4月22日在莫斯科召开第一届金砖国家环境部长会议（主题为“发展绿色经济：金砖国家的可持续发展与竞争力”）以来，开始连续每年在机制峰会之前举办一次，形成金砖国家合作机制建设的新领域。为响应2016年金砖国家领导人会晤确定的“建设负责任、包容、集体解决方案的金砖伙伴关系”主题，第二次金砖国家环境部长会议于2016年9月中旬在印度果阿举行。五国部长或特别代表分别介绍了各自的环境保护工作进展，讨论了金砖国家环境合作优先领域，发表了《第二次金砖国家环境部长会议联合声明》并通过了《金砖国家环境合作谅解备忘录》，增进了金砖国家间环境合作共识。中国建议在改善环境质量、推动绿色发展等领域开展金砖国家政策对话与务实合作；轮廓是2030年可持续发展议程，加强金砖国家城市环境合作，重点在城市空气质量、固体废物、水环境质量等领域开展对话与合作；构建金砖国家环境智库交流平台与网络。

（二）合作开发低碳清洁技术

金砖国家积极开展低碳技术合作。作为两个温室气体排放大国，中国和印度面临着类似的环境问题，是全球气候谈判的两大关键盟友。2009年10月，中印签署《中国政府和印度政府关于应对气候变化合作的协定》，建立了应对气候变化伙伴关系和中印气候变化工作组。2010年，两国签署了《中印关于绿色技术合作的谅解备忘录》。2012年11月26日两国就开展清洁技术合作以及寻找环境问题的解决之道“联手共迎绿色未来”事宜达成共识。中印两国都已采用创新方法来处理日益增多的城市污水问题。在多哈，中印两国正致力于确保达成《京都议定书》第二承诺期，还就在小水电站项目领域展开合作签署协议。2012 年 5 月 17 日，由中华人民共和国国家发展和改革委员会和印度能源与资源研究所（TERI）共同牵头的中印低碳发展合作研究项目正式启动，旨在为实现低碳未来的政策工具效果进行评估。这一项目能让两国合作，共同确定寻求低碳发展道路上障碍和机遇以及可用的政策工具。在 2016 年 9 月中旬在印度果阿举行的第二次金砖国家环境部长会议期间，中印环保部门就水环境治理、农村环境整治等共同感兴趣的议题交换了合作意见。中印通过技术合作促进喜马拉雅山水资源和生态系统的可持续性。

金砖国家积极开展核能、新一代核能技术合作。中俄两国核能合作已经有 20 多年历史，在核电站建设、铀浓缩、核燃料供应、科技交流、人员培训等方面成果丰硕。两国间最大的核能合作项目——田湾核电厂 1 号、2 号机组运行安全稳定，3 号、4 号机组项目建设稳步推进。2010 年 3 月，两国签署了关于在中国合作建造 BN－800 型示范快堆核电站的谅解备忘录；2014 年 5 月，Rosatom 和中国国家原子能机构签署关于合作建设浮动核电站谅解备忘录；2014 年 7 月，Rosatom Overseas 与中核新能源有限公司签署关于建立浮动核电站项目的合作意向书。印度、巴西和南非三国早在 2007 年就宣布将按照国际原子能机构相关条款要求，通过相互提供技术、设备和材料加强民用核能合作。2010 年印度与俄罗斯签署了核电领域合作协议，俄罗斯计划帮助建造总共 12 台核电机组。Rosatom Overseas 与巴西卡玛古建设集团于 2014 年 7 月签署了谅解备忘录，共同新建乏燃料[①]贮存设施和核电站。2014 年 8 月，俄罗斯与南非签署了政府间核能战略合作协议；2014 年 10 月和 11 月，南非分别同法国、中国签署了政府间民用核能合作框架协议。中国和巴西在清洁高效农业开发方面展开合作。2014 年 7 月 17 日中巴关于进一步深化中巴全面战略伙伴关系的联合声明第十九款指出，双方强调清洁、高效、可再生能源在推动可持续发展中发挥的作用，强调有必要加强对彼此可再生能源发展情况的了解，以明确双方共同点和互补优势，从而鼓励政府、学术界和企业

① 乏燃料，又称辐照核燃料，是在反应堆内烧过的核燃料。

界在相关领域合作。同日，巴西淡水河谷图巴朗港与中国连云港签署合作协议，通过技术合作降低日常运营的能耗和温室气体排放，合作实施提高港口运营效率的操作流程、新的世界级项目，致力于高效、安全与可持续发展。

（三）交流绿色发展经验

2014 年 3 月 18 日第三次中印战略经济对话北京举行期间，中印双方与联合国开发计划署共同发布的《中印低碳发展研究：问题与挑战》研究报告确定了中印技术合作的若干重点部门和领域，包括清洁煤及发电技术、工业、建筑及交通节能技术、风能及太阳能利用及碳捕捉技术等。报告为两国间的南南合作提供了典范，也为中印两国早日实现上述承诺的碳减排目标提供了依据和方法。联合国政府间气候变化专门委员会（IPCC）主席拉金德拉·帕乔里评价道："中印两国面临相似的地区和全球性环境挑战，而且这些问题的重要性与日俱增。虽然中国和印度的经济实力和制度结构不尽相同，但是两国的合作研究将有利于推动双方向全球可持续发展目标迈进。"

（四）协同参与全球绿色治理

金砖国家等加强对外绿色发展交流，协调国际社会制定并实施鼓励绿色经济发展的贸易政策，反对各种形式的贸易保护主义。金砖国家在国际气候谈判中坚持"共同但有区别的责任"原则，主动倡导"自主贡献"原则，根据本国经济社会发展水平，在可能的范围内承担更多的义务，采取积极的行动。中国、印度、巴西和南非在哥本哈根气候大会以及巴黎气候峰会等全球气候治理与发展转型重大国际活动之前都就原则立场展开密切磋商。2009 年 12 月 15 日，在哥本哈根气候大会前夕，中国、印度、南非和巴西组成的"基础四国"集团的代表团团长联合召开新闻发布会，向外界阐明了他们以团结的态度反对任何阴谋或企图劫持《京都议定书》，或在修改议定书时往里面添加新的意义，或以任何方式削弱公约、议定书或巴黎行动计划的行动，表明了基础四国将与非洲合作、与 77 国集团合作，与所有发展中国家一起要求双轨制的原则立场。2015 年 12 月 8 日"基础四国"集团在巴黎气候大会召开发布会，共同敦促发达国家兑现给发展中国家提供资金支持的承诺。积极参与国际民航组织框架下的国际碳交易市场规则制定。南非萨索尔集团与中国神华集团共同开展煤炭液化工程。

加强与国际机构的合作，在全球范围内开展新能源的合作。金砖国家积极开展与联合国绿色产业发展组织（UNGDO）等的合作，加强和深化全球绿色发展与治理参与度，融入全球性绿色产业经济链，建立绿色产品国际贸易通道，进而提高绿色治理能力和水平。

（五）共建多边绿色发展支持机制

金砖国家致力于将2015年在上海成立的金砖国家开发银行建设成为支持基础设施建设和促进低碳、可持续发展的重要平台和机制。2016年4月金砖国家开发银行公布了首批4个累计8.11亿美元贷款项目，分别是：为巴西国家开发银行提供最高额信贷3亿美元用以建设600兆瓦的可再生能源项目；为印度国有的卡纳拉银行提供总计2.5亿美元资金支持，用于可再生能源项目投资；给予南非国家电力公司1.8亿美元，用以输电线路建设，以传输670兆瓦的发电量和500兆瓦的可再生能源项目；给中国上海临港弘博新能源发展有限公司约合8100万美元建设100兆瓦的太阳能屋顶发电项目。未来，金砖国家开发银行不仅将大力支持金砖国家发展绿色低碳经济，还将为其他发展中国家的绿色低碳发展做出积极贡献。

四 总结

前面的分析显示，绿色发展是一种发展模式创新，包括发展理念、战略、政策与价值取向的转换、资源配置、生产与生活行为方式的革命、技术与管理等的创新等，是个长期而复杂的系统工程。金砖国家等新兴国家均在致力低碳经济发展，加强环境保护，并为此制定和实施了一系列政策措施，以及广泛开展国际合作等，取得了不俗的成绩。由于国情不同、发展阶段差异，以及发展理念和政策制定和推行能力强弱不一，在绿色转型、低碳经济发展方面的成就并不一致。

整体而言，巴西、中国和俄罗斯的推广治理力度较大，成就也较为显著。特别是巴西，在开发和推广以乙醇和生物能源为标志的新能源、积极保护亚马孙流域森林降低碳排放等方面成就卓著，并成为巴西的国际名片。印度和南非绿色发展成效略微逊色。新兴国家的国家治理模式与能力均在提高与完善之中，面对纷繁复杂的发展与环境矛盾，绿色转型与治理能力和经验依然不足。印度在国际减排承诺方面的“滞后”受到西方国家的批评指责。中国人口多，经济发展快，增长方式转型缓慢滞后，尽管在推进绿色发展以及相关治理方面决心与力度很大，成绩显著，但在推进资源、环境保护、低碳化方面依旧有很大潜能和空间，需要付出更多努力。依据世界银行每年发布的《全球治理指标》，金砖国家等的政府效率指标排名在全球明显偏后。这包括环境规划、能源结构调整、人才培育、监测技术、资金投入、污染治理、低碳消费等诸多方面均不能满足环保的环境治理的要求，这不能不影响到政府制定、执行环境保护以及转向低碳发展的决策能力和效率。绿色发展与治理任重道远。转向科技创新和低碳型增长轨道，决定着金砖国家的经济增长稳定性和持续性。为此，在环境扮演着与教育、基础设施和法制程度等一样重要的未来增强国际竞争力的核心要素背景下①，金砖国家应该继续加大绿色发展与治理的决心、能力，以及加强合作。

首先，应该坚定绿色发展的战略定力和加大绿色发展与治理投入。像中国、印度、南非、印度尼西亚等发展中大国大多处于工业化和城市化快速发展阶段，肩负消除贫困、调整经济结构的艰巨任务，又受到能源、资源和环境的多重制约，从传统发展模式转型“船大掉头难”，面临统筹经济发展、社会发展和环境保护“绿色发展”的各种阵痛和挑战，包括巨大的资金和技术开发难题，产业转型、传统对外出口面临发达国家的贸易壁垒或援助门槛约束。金砖国家应该坚定绿色发展信念，扩大绿色战略投入，跟上并引领国际绿色发展潮流。

其次，加强合作，共同推进绿色经济发展和治理。通过国家产业发展政策对接，整合产业和产能，优化产业结构，鼓励新能源产业的发展，大力发展新兴第三产业等，将为金砖国家绿色发展注入巨大动力。未来金砖国家可以通过发行跨境绿色债券、推进清洁能源开发等进行合作。中国还可以与俄罗斯、印度、巴基斯坦等相关国家在“一带一路”框架

① http：//huanbao. bjx. com. cn/news/20141011/553500. shtml.

下加强生态环境、生物多样性和应对气候变化合作，共建“绿色丝绸之路”。鼓励企业层面的合作以及智库间在绿色发展与治理方面的交流。

再次，注重绿色发展经验借鉴。新兴国家在绿色发展方面的政策与成效各有所长，如印度注重运用市场机制推动企业节能和提高能效发展低碳经济。印度从 2007 年开始对电厂、铁路、铝、水泥、氯碱、纸浆纸张、化肥、钢铁等高耗能产业单位实行强制能源审计。在对 730 家大型企业排放清查基础上对未达标企业须整改或购买节能证，惩罚金额将高于目前的每年 37.4 万卢比（1 美元约合 49 卢比）。中国国家意志与资源动员能力较强，巴西通过绿色技术的研发提高生物能源的使用效率和配套技术，积极研发如秸秆、沼气等废弃物能源和酒精能等的开发与使用，在节约成本的基础上努力实现“变废为宝”的绿色转换，大力推广新能源汽车和交通节能减排技术，倡导使用低碳排放的交通工具，有效减少碳排放。俄罗斯在控制空气污染和环境破坏以及资源合理开发与提高国内附加值方面做得较好（如要求对承包给国外的土地、森林资源合理开发、不允许过度耕作和使用化肥农药以及过度开采、严格要求合理间伐与轮种结合及要求提高境内加工深度等）。

复次，加强体制机制与政策创新合作。金砖国家应就绿色发展的制度建设与政策制定创新方面展开合作，在诸如明晰环境和资源产权，建立污染税、资源税、排污费和资源补偿费等收取制度，完善环境贴息贷款、环境基金等金融、财政手段及押金制度，综合运用财政、税收、价格、信贷等手段，调节引领市场主体的经济行为指向循环经济方向，规范企业的经济行为等方面，金砖国家均可以开展共同研究，以完善各自的制度与政策。联合国副秘书长、环境规划署执行主任阿奇姆·施泰纳 2015 年 4 月指出，包括中国在内的发展速度较快的国家，在绿色环保产品和服务能力方面提升很大，为世界其他国家的绿色经济发展提供了契机。中国在（可再生能源）技术方面的生产能力降低了全球产品价格和使用门槛，因此像非洲国家也开始在很多方面进行可再生能源投资，这是一个典型的一国国内市场带动全球发生革命性变化的例子。①

最后，应加强在全球绿色发展与治理体系建设中的合作发声。在全

① http://m.news.cntv.cn/2015/04/22/ARTI1429661555671417.shtml.

球气候与环境治理方面，由于发展水平以及绿色低碳发展方面的任务与挑战并不一致，发达国家与发展中国家之间存在的歧见不是短期可以消除的。而新兴国家面临的难题以及利益诉求比较接近或一致，因而，在全球气候谈判以及节能减排和绿色发展方面应该继续深入交换意见，共同提出创新规则建议，协调立场行动，在推动全球绿色发展与治理创新的目标下谋求权益与话语最大化，促进自身的绿色低碳与可持续发展。

基于绿色发展的全球治理新原则*

吴　畏　石敬琳**

像经济增长与转型、环境与生态危机的解决、全球正义的实现这些重大的全球性问题，都需要超越原有理论的学科边界，并结合世界各国的发展情况去寻求答案。绿色增长、绿色经济、绿色发展这三个概念为一些国际组织（机构）和国家所界定、倡导并使用，尽管在内容上有所重叠，在逻辑上不尽一致，在使用上容易变形，其实为全球治理提供了独特的理论视角和丰富的实践资源，甚至是历史变革的契机。本文通过对这三个概念的实质内涵、实践原则和理论基础的分析，来阐发绿色发展如何作为整体主义的发展范式，并使之成为当代全球治理和国家治理的共同愿景和目标，在此基础上提出基于绿色发展的全球治理五条新原则。

一　整体主义的绿色发展范式

“绿色增长”和“绿色经济”概念在不到十年的时间内，逐渐取代“可持续性发展”①，而被一些国际机构（组织）与国家政府所频繁而广

---

* 国家社会科学基金项目“国家治理哲学研究”（15BZX019）；教育部哲学社会科学研究重大课题攻关项目“推进国家治理体系和治理能力现代化若干重大理论问题研究”（〔2014〕177号）。

** 吴畏，华中科技大学国家治理研究院研究员、哲学系教授、博士生导师；石敬琳，华中科技大学国家治理研究院博士生。

① 1987年的布伦特兰报告《我们共同的未来》（世界环境与发展委员会）让“可持续发展”概念广为流行，在学术界，1989年科尔比（M. E. Colby）在《发展中的环境管理范式进化》的世界银行工作论文当中首次使用“绿色增长”，在政治界，英国的保守党政治家霍华德（Michael Howard）1989年提出“绿色增长而非是不增长，必须成为保守党的格言”。参见Alex Bowen and Cameron Hepburn，“Green Growth：an Assessment”，*Oxford Review of Economic Policy*，Vol. 30，No. 3，2014，pp. 407－422。

泛地使用，体现了这样的基本共识：要应对环境恶化、资源枯竭、生态危机、社会不公等重大问题，需要创新一些概念去描绘保护生态环境、刺激全球经济复苏、构建公正社会的新愿景，尽管对这些概念的界定和理解不尽相同，使用的目的和方式也会存在着较大差异。“绿色发展”则是中国政府和学者基于对全球经济与环境形势和中国经济社会发展态势的研判而提出一种整体主义的发展范式。

（一）绿色经济与绿色增长

“可持续性发展”在20世纪80年代至21世纪之间开始流行，之后一些国际经济与发展机构和国家政府更倾向于使用“绿色增长”和“绿色经济”两个概念，并不断扩展其含义，是要借此为各国政府的政策制定和实践决策提供理论框架与行动指南。但两个概念到底能够提供怎样的思想库和工具箱，它们是核心理念、运行模式，还是制度框架、政策工具？这需要对绿色经济和绿色增长两个概念进行澄清和比较分析。这里以联合国环境规划署的《绿色经济指南：第1期》中所总结的关于绿色经济和绿色增长界定所用的关键词来略做分析（表1）。①

表1　　界定绿色经济和绿色增长的关键词

维度	绿色经济	绿色增长
社会	人类福祉，社会平等，社会包容，减少不平等，更高的生活质量，社会发展，公平获得，满足女性和青年创业者的需要，社会利益，共享、循环、合作、团结、应变、机会、相互依赖，社会正义、社会保护和体面工作	福祉，社会包容，穷人获得必需品，满足食品生产、交通、建筑、住房和能源的需要，资源分配

① Division for Sustainable Development，UNDESA. A guidebook to the Green Economy：Issue 1：Green Economy，Green Growth，and Low-Carbon Development-History，Definitions and a Guide to Recent Publications，2012，p. 60. http：//www. uncsd2012. org/content/documents/528Green%20 Economy%20Guidebook_100912_FINAL. pdf. 表中部分内容根据更新版本进行了补充，第四个维度“社会—经济—环境”为笔者所新增。

续表

维度	绿色经济	绿色增长
经济	收入增长与就业，公共与私人投资，应变经济，经济增长，新经济活动，投资可持续生产和清洁技术，生态系统服务，黑人广泛的经济权力（注：南非政府所提），为企业提供机会	经济增长与发展，技术与创新，环境可持续的经济发展，更加应变，持续的经济增长，经济增长的驱动，新增长引擎，绿色技术，新工作机会，质的增长而非简单的GDP增长，与减少温室气体排放行动相容或由之驱动的创造就业或GDP增长，自然资本，协调发展中国家快速增长与减轻贫困的迫切需要，以绿色投资为驱动
环境	减小环境风险与生态匮乏，低碳，资源节约，生产清洁（包括消费和结果），减少碳排放与污染，提高能源与资源效率，避免损害生物多样性与生态系统支持，在地球的生态限度内，环境责任，有限承载能力	保护和维持自然资产和环境服务，环境管理，资源与服务提供，低碳，更少利用资源与产生更低排放，资源节约，清洁，气候与环境可持续性，能源与资源效率，使污染与环境影响降至最低，避免不可逆转和高成本的环境破坏，抵御风险，经济与环境的和谐，环境保护，减少温室气体排放
社会—经济—环境	持续动态的进步，相互促进，长期，同时性，环境与经济整合	同时性，达到和谐

将关键词分列在社会、经济和环境三个维度上，表明绿色经济和绿色增长都需要由这个“三维”定位才能说明。从社会维度看，“绿色经济”比“绿色增长”包含更多的内容，特别是社会平等、社会发展、社会利益，共享、循环、合作、团结、应变、机会、相互依赖，社会正义、社会保护和体面工作等诸多内容，这说明绿色经济被当作具有丰富社会内涵的一种经济形态或形式，尽管还缺乏深入阐述。在经济维度上，“绿色增长”比“绿色经济”包含了在增长方面更详细的内容，特别是强调了质的增长而非简单的GDP增长、绿色技术、自然资本、协调发展中国家快速增长与减轻贫困的迫切需要、绿色投资。在环境维度上，“绿色增长”与“绿色经济”所包含的内容基本相同，但“绿色增长”多了气候与环境可持续性、避免不可逆转和高成本的环境破坏等与经济与环境管理相关的内容。因此，“绿色经济”与“绿色增长”两个概念的基本含义

一致，差别在于侧重点不同和所适用语境差异。绿色经济侧重于对经济类型或性质的定性，而绿色增长侧重于经济动态或增长模式。故此，把绿色经济与绿色增长作为一种可互换概念也未尝不可。

但有些机构过于狭义地理解绿色增长和绿色经济，把它们视为可持续性的一种新的实现形式或路径，像经合组织（OECD）就声称："绿色增长是可持续发展的子集，但不能取代之。"[①] 雅各布斯（Michael Jacobs）较为准确地总结了绿色增长之所以取代可持续发展成为国际经济与发展组织的重要概念的主要理由。探讨绿色增长的目的是从一种消极的和政治上不引人注目的构架转换到更加积极的方面，与可持续发展类似，它试图表明环境保护并不必需要以牺牲繁荣为代价。与可持续发展不同的是它把增长问题放在前面。可持续发展是把广泛的政治支持联盟结合起来的商议行动，但回避增长与环境保护在根本上相容的问题并重构作为"发展"的经济对象。绿色增长不仅坚持那种相容性，而且声称保护环境实际上会带来增长。[②]

（二）对绿色发展的整体主义界定

绿色发展概念之所以为中国所重视，一定程度上如杨灿、朱玉林所认为的："在国际学术界，并未明确提出'绿色发展'这一概念，通常的提法包括'可持续发展''绿色经济''绿色增长''低碳经济'等，边界相对模糊，实质上没有多大区别。'绿色发展'是我国学者和探究机构根据自身的理解，结合中国的实际，综合绿色经济、绿色增长、低碳经济、可持续发展、生态文明等概念的内涵意义，创造性地提出来的。"[③] 国内一些学者也试图给出其定义。

国内学者关于绿色发展的思考与界定没有像西方的机构和学者那样

---

① Organisation for Economic Co-operation and Development（OECD）, *Towards Green Growth*, 2011, p. 11. Organisation for Economic Co-operation and Development, Paris. http://www.oecd.org/greengrowth/48224539.pdf.

② Michael Jacobs. Green Growth, in Robert Falkner（ed.）, *The Handbook of Global Climate and Environment Policy*, John Wiley & Sons, Ltd. 2013, pp. 197－214.

③ 杨灿、朱玉林：《国内外绿色发展动态研究》，《中南林业科技大学学报》（社会科学版）2015 年第 6 期。

给出界定绿色经济和绿色增长的关键词，而倾向于做出整体性或综合性的界定，其核心是新的发展模式论——可持续发展模式的升级版。如陈银娥、高红贵认为，绿色发展是以绿色经济为主要内容的发展模式，是在新时代背景下对可持续发展理念的全新诠释。① 胡鞍钢则更为具体地界定了绿色发展：经济、社会、生态三位一体的新型发展道路，它以合理消费、低消耗、低排放、生态资本不断增加为主要特征，以绿色创新为基本途径，以积累绿色财富和增加人类绿色福利为根本目标，以实现人与人之间和谐、人与自然之间和谐为根本宗旨。② 他还强调了，绿色发展是第二代的可持续发展观，其基础是绿色经济增长模式，要求增强包括识别能力、投入能力和评估能力在内的绿色发展能力和制定包括绿色规划、绿色金融和绿色财政在内的绿色发展战略，并强调全球治理。③ 世界银行国务院发展研究中心联合课题组也认为：绿色发展是有别于传统发展模式的新型发展模式，是一场深刻而全面的发展理念、生产模式和消费模式的变革。它使经济增长摆脱对高排放、高资源消耗和环境破坏的依赖，是在经济增长与碳排放减少、资源节约及环境改善之间形成相互促进关系的一种可持续发展方式。④

联合国环境规划署在 2015 年所提出的“包容性绿色经济”就体现了对绿色经济做出更加整体主义界定的倾向。上述中国学者对绿色发展的思考与当代主流的绿色经济或绿色增长并没有本质区别，对于发展中国家和后发国家而言，绿色发展要成为一种整体主义的发展新范式，仅仅考虑构建经济、社会和环境三方面新型关系，还是不够的，它甚至缺失了原来在“发展型国家”理论所论及的国家能力及现代化中所包含一些历史、政治和文化这三个维度，其实，它们也是发展的基本条件或内在要素。因此要超越西方的话语权，必须重新界定绿色发展。绿色发展应当是一个包含了经济、社会、环境、政治、文化与历史的六位一体的整

① 陈银娥、高红贵等：《绿色经济的制度创新》，中国财政经济出版社 2011 年版，第 17—18 页。

② 胡鞍钢：《中国：创新绿色发展》，中国人民大学出版社 2012 年版，第 33 页。

③ 胡鞍钢：《绿色发展：功能界定、机制分析与发展战略》，《中国人口、资源与环境》2014 年第 1 期。

④ 世界银行国务院发展研究中心联合课题组：《2030 年的中国：建设现代、和谐、有创造力的社会》，中国财政经济出版社 2013 年版，第 239—245 页。

体主义发展模式，它不仅要求在全球化条件下重构经济、社会和环境的新型关系，而且必须立足于各国的具体实际以经济增长、社会进步、人民福祉和生态改善为核心来重构政治、文化与历史之间的新型关系。

绿色发展作为整体主义发展范式，既需要绿色，如鲍恩（Alex Bowen）与赫伯恩（Cameron Hepburn）所言的，把“绿色”视为保护集聚的自然资本价值的观念①；更要增长，而不像杰克逊（T. Jackson）所认为的，把终结经济增长作为绿色经济的核心信条，或者是“没有增长的繁荣”②。此外，不仅可以把绿色发展作为一些国家政治改革的一个重要能动因素，例如，德国的绿党政治；而且可以把绿色发展作为文化创新的现实动力与实现机制，绿色发展中所蕴含的人、社会、自然之间的新型价值关系，对各种不同文化形式的发展而言都具有深刻的现实意义。因此，作为整体主义发展范式的绿色发展包含着以下几个基本构成。第一，以绿色增长为核心的经济发展。第二，自然价值共享的人民福祉。第三，基于社会正义的政治改革。第四，以绿色革命为动力的文化创新。

二　绿色经济的基本原则

全球范围内，绿色增长和绿色经济进入决策者的视野，是由于三个方面的原因：第一，当很多国家经历了衰退与增长率低于长期的平均值，增长就被视为重要的政治命令；第二，增长被广泛地看作是改善世界上穷人的面貌和加快低收入国家的发展的关键所在；第三，人类所引发的气候变化是环境的特别方面成为头等大事和世界范围内政治家的日程③。因此一些国际机构和非政府组织希望通过提出关于绿色经济的一些基本原则（表2），并以此来规范经济、社会和环境的协调发展就理所当然。由于非政府组织和国际机构对绿色经济原则进行概括的出发点、基本立

---

① Alex Bowen and Cameron Hepburn, “Green Growth: an Assessment”, *Oxford Review of Economic Policy*, Vol. 30, No. 3, 2014, pp. 407 – 422.

② T. Jackson, *Prosperity without Growth: The Transition to a Sustainable Economy*, London, Sustainable Development Commission, 2009.

③ Alex Bowen and Cameron Hepburn, “Green Growth: an assessment”, *Oxford Review of Economic Policy*, Vol. 30, No. 3, 2014, pp. 407 – 422.

场和视角的不同，导致了这些原则具有明显的条块分割的特点。这些原则实际上是领域相关的实践指导原则，但是回避了两个关键问题：能指导谁？又如何落实？

表2　一些非政府组织和国际机构对绿色经济原则的概括

定义机构	关于绿色经济原则的界定
1. 绿色经济联盟（2012）	绿色经济的9条原则：1.1 它实现着可持续发展；1.2 它实现平等——正义原则；1.3 它为所有人创造繁荣和福祉——尊严原则；1.4 它改善自然界——地球完整、地球界限和预防原则；1.5 它使决策具有包容性和参与性——包容原则；1.6 它是负责任的——治理原则；1.7 它构建经济、社会和环境的应变力——应变原则；1.8 它实现可持续的消费和生产——效率原则；1.9 它为未来投资——代际原则①
2. 利益论坛、百瑞诺与地球宪章（2012）	绿色经济的15条原则：2.1 财富的公平分配；2.2 求同存异责任原则引领下的经济平等和公正；2.3 代际平等；2.4 预防方法；2.5 发展权；2.6 外部因素内部化；2.7 国际合作；2.8 国际责任；2.9 信息、参与和责任；2.10 可持续消费和生产；2.11 通过战略、协调与整合的规划来实现可持续发展、绿色经济和消除贫困；2.12 公正的转型；2.13 重新定义福祉；2.14 性别平等；2.15 保护生物多样性和防止任何环境污染②
3. 国际商会（环境与能源委员会）（2011）	绿色经济的10个条件：一、社会创新：3.1 对全球经济、环境和社会的挑战与机遇的自觉；3.2 教育与技能对于绿色经济的“可操作”至关重要；3.3 体面而有意义的就业。二、环境创新：3.4 资源效率与去耦合；3.5 生命周期法。三、经济创新：3.6 开放与竞争的市场；3.7 度量、会计和申报要超越GDP；3.8 金融与投资——驱动私人和公共金融的创新。四、相互促进与交叉的因素：3.9 整合的环境、社会与经济政策和决策；3.10 治理与伙伴关系③

① The Green Economy Coalition (2012). Nine Principles of a Green Economy. http://www.greeneconomycoalition.org/updates/9 – principles-green-economy-online-consultation.

② Stakeholder Forum, "Principles for the Green Economy: A Collection of Principles for the Green Economy in the Context of Sustainable Development and Poverty Eradication", 2012, http://www.stakeholderforum.org/fileadmin/files/Principles%20FINAL%20updated.pdf.

③ International Chamber of Commerce, Green Economy Roadmap: A Guide for Business, Policy-maker and Society, 2012, pp. 11 – 13, http://www.iccwbo.org/products-and-services/trade-facilitation/green-economy-roadmap/.

续表

定义机构	关于绿色经济原则的界定
4. 国际工会联盟（2012）	绿色经济10条原则：4.1国内外平等；4.2包容性和参与（青年、妇女、穷人和低技能工人）；4.3变革传统与创造绿色与体面的工作；4.4尊重工人与工会的权利；4.5长远地实现社会目标和满足人的需求，包括普遍获得水、食物、住所、能源、土地、健康、教育、交通和文化；4.6以自然资源的有效使用、可再生资源优先、社会和环境成本内部化、生命周期分析为基础，以零碳和零浪费为目标；4.7聚焦原材料的生产率而不是降低劳动成本；4.8为可能受到变革影响的工人及其团体进行公正转型，包括为绿色经济政策拓宽社会保护框架与改进社会对话机制；4.9完善民主；4.10以真实的而非投机的经济为基础①
5. 北半球可持续性联盟（2012）	绿色经济8条原则：5.1地球完整性原则：地球、她的自然群落和生态系统，拥有不可剥夺的存在、繁荣和进化权利，以及拥有能支撑所有存在物的重要的循环、结构、功能和过程持续的权利，每一个人都有保护她的义务。5.2地球限度原则：它清楚地确立了人类发展依赖于完整的生态系统以及存在着经济增长的限度。安全的经济系统必须尊重这种限度以及政府必须确立明确的长期目标来维持可靠的运作空间。5.3尊严原则：它维护现在与将来的每一个人的生活权利。消除贫困和财富再分配应成为治理的重要优先项和指标。5.4正义原则：它维护所有的利益与责任的公平分配。这包括使用自然资源，获得物品与服务，避免和补偿损害的责任。所有的机构、企业和决策者必须服从平等责任标准并且个人对决策负责。5.5预防原则：它应当被应用于保证新产品和新技术不会对环境、社会和人类福祉造成损害或不可预计的结果。“举证责任”在于开发者或创始人，并且必须避免问题转移。5.6应变原则：它强调多样性和多样化是可持续性和生活品质的前提条件。组织模型与治理水平的多样性需要培育，连同减小商品依赖的多样化的经济活动。5.7治理原则：它声称辅助民主必须与事先告知同意原则一起得到维护和重生。所有政策、规则和规章需要所有受影响人透明和参与的协商。结构变革应当由确保利益共享的、合理的公共投资驱动。5.8超越GDP原则：它重新认识到使用GDP作为进步和福利测度的内在限制和歪曲效应。政策目标和监管需要由整合了环境的、社会的、人的和经济的幸福的测量手段来指导，并考虑对人类福利的不同解释②

① International Trade Union Confederation, Growing green and decent jobs, 2012, p. 15, http://www.ituc-csi.org/IMG/pdf/ituc_green_jobs_summary_en_final.pdf.

② the Northern Alliance for Sustainability, the seven principles for a fair and green economy, 2012, http://www.fibershed.com/wp-content/uploads/2012/05/principles.pdf.

续表

定义机构	关于绿色经济原则的界定
6. 丹麦92组（2012）	公平的绿色经济的5个工作原则：6.1 按其宏愿，它与为说明系统失真与失能的关键共性条件（促成条件）制定明确目标的政策相连接，以便为公平的转型和实现可持续发展确立基础。6.2 它为调动行动所必需的手段（技术、能力、金融）确立了清晰的目标，并界定了这些手段的方法、本质和外观（profile），即技术在构建公平的绿色经济中的作用。6.3 它在各个层面上创造必要的一致制度框架，此框架有着明确的角色和指令，能够在行动上推进公平的绿色经济。6.4 它是透明的并要所有牵涉到的和受影响的行动者都加入，强有力的行动者要有明确规定的职责和负责方式，同时确保其他利益相关者能够作为绿色经济的受益者和贡献者来行动。6.5 公平的绿色经济的决策包括实现目标的明确行动时间表，引进测度进展与成就的新系统，整合性跟踪人类、地方和地球的福祉①
7. 国际环境与发展研究所（绿色经济联盟的成员机构）（2014）	10点考虑——指导方针而不是定义工具：7.1 支持整合社会和环境的政策制定；7.2 信奉规划和监管“消除贫困”和“环境保护”进展的整体主义方法；7.3 超越补偿：寻找共赢与理想的转型变革；7.4 关注创造体面的绿色就业；7.5 意识到经济方法论和市场工具的偏颇与限度；7.6 提高穷人的能力，并运用精英的力量；7.7 在政策制定中参与（特别是妇女和边缘群体的）优先；7.8 支持适应的、情况特殊的和地方政策的方法；7.9 考虑到空间、时间和阶段；7.10 确保捐赠政策相一致②
8. 联合国环境规划署（2015）	10条原则：8.1 以就业与经济为中心；8.2 聚焦大众健康；8.3 投资生态基础设施；8.4 使预防原则可操作；8.5 为可持续性而创新；8.6 自然资源保护；8.7 人力资源开发；8.8 建立制度；8.9 长期对短期；8.10“微观政策”改革③

① The Danish 92 Group. Building an Equitable Green Economy，p.6，http：//www.92grp.dk/cms/images/Fokus%20og%20Nyheder/Greeneconomy.pdf.

② International Institute for Environment and Development，Securing Social Justice in Green Economies：A Review and ten considerations for policymakers，2014，pp.33－39，http：//pubs.iied.org/pdfs/16578IIED.pdf.

③ United Nations Environment Programme，Uncovering Pathways towards an Inclusive Green Economy-A Summary for Leaders，2015，pp.19－20，http：//web.unep.org/greeneconomy/sites/unep.org.greeneconomy/files/publications/ige_narrative_summary_web.pdf.

从表2中所列不同机构所主张绿色经济原则看，由于对绿色经济的定义和理解的立场、观点和方法不同，这些原则并没有统一的理论逻辑，更多地体现出解决实际问题的工具主义和实践主义倾向，因此，这些实际上都是缺乏理论的原则。但是不可否认，这些绿色经济原则当中包含了作为解决现实问题且具有未来指向的一些全球治理新思想和新原则的萌芽。绿色经济原则包含以下一些新内容：第一，新的经济中心主义（基于经济与环境之间新型关系的经济发展），具体体现在以下条目：1.1，1.7，1.8，2.10，2.15，3.2，3.6，3.7，3.8，4.6，4.7，4.10，5.5—5.8，6.1—6.5，7.1—7.3，7.8，7.9，8.1，8.3—8.5，8.7—8.10；第二，社会包容性（共同价值目标——人类福祉和社会平等），具体体现在这些条目：1.2，1.3，1.5，2.1，2.2，2.3，2.13，2.14，3.3，4.2—4.5，4.8，5.3，8.2；第三，自然价值优先性，具体体现在以下条目：1.4，2.15，3.5，5.1，5.2，7.4，7.6，7.7，8.6；第四，全球性责任，具体体现在以下条目：2.7，2.8，4.1。但这些原则也存在着三个方面的缺失：第一，每一个机构或组织所提出的原则并不是基于具有逻辑一致性、系统性的认识论和方法论，而是奉行针对具体问题的工具主义和操作主义；第二，在实践上也不涉及这些如何与一个国家的政治、经济、社会和文化的现实情况相结合并形成新的绿色发展模式；第三，没有指明哪些机构（如联合国或政府）或实体部门（不论是国际的还是国内的）是绿色经济的执行者和实现者及其各自应承担的使命与责任。因此，一方面，这些绿色经济原则的适用性问题被遮蔽，其中除了北半球可持续性联盟可以算作适应特定区域以外，其余是否可以被视为世界各国都适应的全球性绿色经济原则；另一方面，谁是这些原则的采纳者与执行者，由于不存在世界政府，联合国也是一个执行力有限的机构，世界各国也不会简单地认同和采纳这些原则，因此，绿色经济原则如果不能与各国发展实际相结合，就仍然只能停留在思想和观念层面。

三　绿色发展的理论基础

绿色经济和绿色增长不仅是国际组织和机构在实践上所关注的核心问题，也成为社会科学（包括一部分自然科学）的跨学科研究的重要对象。社会科学当中的经济学和社会学，自然科学当中的环境科学与生态学理所应当地成为主要的思想来源和基本的理论框架。绿色发展是基于每一个国家的基本的政治构架、经济发展水平、社会发展状况、历史文化传统的多样性和差异性来决定的，更没有哪一种理论能够完全覆盖它的问题域，因此除了社会科学和自然科学以外，人文科学也具有论证责任。

（一）经济学理论

从经济学理论的角度来看待绿色经济和绿色增长，已经形成了生态经济学和环境（与资源）经济学两个次级学科，同时，增长理论的演变也是绿色增长的理论基石。经济学理论能为绿色经济和绿色增长提供怎样的支持？最为根本的是对经济增长与资源和环境之间的关系做出科学的理论构架和实证研究，以便为不同主体的各种决策提供科学依据。斯马尔德斯（Sjak Smulders）等认为绿色增长的工作定义是：没有排放增长的 GDP 增长。这要求每一单位 GDP 排放比率（至少）以与 GDP 的增长率相等的比率下降。也就是所谓的“去耦合”（decoupling）[①]。其实，这也是主流的绿色增长理论的基础框架。由于经济增长总是不可避免地与资源消耗和环境后果相联系，因而可以根据不同的经济增长方式在利用资源的方式与所带来的环境后果方面的差别来划分不同的增长类型。加图（Molly Scott Cato）总结了主流之外的绿色经济学家对待艾金斯（Paul Ekins）的经济增长类型学的基本态度（见表 3）。

表 3　绿色经济学家对艾金斯（P. Ekins）的经济增长类型学及其环境问题后果的评价[②]

增长类型	环境问题	绿色经济学家结论
1 型：经济的生物物理总量	熵增加就证明是浪费和污染的增长	有害的

① Sjak Smulders, Michael Toman, and Cees Withagen, “Growth Theory and ‘Green Growth’”, *Oxford Review of Economic Policy*, Vol. 30, No. 3, 2014, pp. 423 – 446.

② Molly Scott Cato, “Green Economics: Putting the Planet and Politics Back into Economics”, *Cambridge Journal of Economics*, Vol. 36, 2012, pp. 1033 – 1049.

续表

增长类型	环境问题	绿色经济学家结论
2 型：通过提高能源和资源效率的生产增长	倾向于 1 型增长或技术进步	怀疑，批判“去耦合神话”
3 型：经济福利增长	消极的环境外在性和不平等分配所限制	理论上赞成，实践上怀疑
4 型：通过生态资本增加的环境增长（再生）	没有，因为自然设法规避热力学第二定律和减少生物圈的熵	赞成，服从于对自然循环和生物多样性的真正尊重

生态经济学是一个跨学科的研究领域，涉及许多具体的主题，所以无法给出一个一般性的界定，但根据科斯坦萨（Robert Costanza）等对生态经济学领域的重要出版物所涉及的主题分类，可以看出该学科所关注的主要方面。这些主题从高到低的排序依次是：（1）社会方面（行为与制度）；（2）价值评估；（3）环境政策与治理；（4）技术革新；（5）生态经济学；（6）幸福与贫困；（7）影响评估；（8）经济与环境；（9）为生态系统服务/保护付费；（10）生态系统服务价值评估；（11）生态系统服务分类/应用；（12）流动—储存模型/能源分析/新陈代谢；（13）可持续发展；（14）保护，生态系统，生物多样性，种类；（15）投入产出分析；（16）生态足迹；（17）环境库兹涅茨曲线；（18）统计学/计量经济学；（19）环境/新古典经济学；（20）增长限度、稳定状态和去增长；（21）认识论/跨学科；（22）土地使用；（23）差异化。① 从这些研究主题可以看出，它是一个包容性强的跨学科研究，值得注意的是社会方面（行为与制度）成为最受关注的问题。从整体论的角度看，生态经济学是关于经济、社会与环境之间关系的宏观经济学。加图在论证新古典经济学与生态经济学的主要区别时，绘制了它们关于经济、社会与环境之间关系的比较图（图 1 和图 2）。笔者绘制了整体主义的绿色发展范式所蕴含政治生态经济学关于经济、社会、环境之间的关系示意图（图 3）。

环境与自然资源经济学与生态经济学存在着很多交集，但它能独立

① Robert Costanza etc, “Influential Publications in Ecological Economics Revisited”, *Ecological Economics*, Vol. 123, 2016, pp. 68 –76.

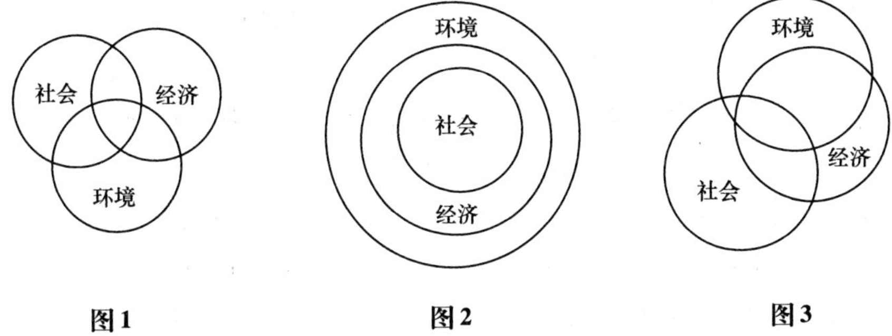

图 1　　图 2　　图 3

说明：图 1 所示为传统经济学关于经济、社会和环境相互作用的观点；

图 2 所示为绿色经济学范式：经济在社会关系中运行、整个社会嵌入自然系统；

图 3 所示绿色发展所蕴含的政治经济学：经济完全融入环境，特定社会形态当中人的发展存在着一定的超越性。

地作为经济学次级领域，主要是由于问题域和方法论上的特殊性。它需要借助于微观经济学传统，如公共财政、工业组织和国际贸易，并根植于关于负外部性、公共物品和公共池塘资源的市场失灵理论。环境与资源经济学的研究重点是不能有效分配稀缺资源的市场失灵，外部性、公共物品、公共池塘资源、市场权力和不对称信息五种情况都与探讨环境和自然资源问题相关。① 环境与自然资源经济学为绿色经济的基本原则与现实策略提供了必要的实证依据。

（二）社会学理论

社会学（社会理论）对发展问题的关注由来已久，而且采用了更为广泛的思想资源和多元的方法论。虽然发展的基本意涵是社会的多维度变革，但在当代语境下其基本预设是一些不太发达国家和尚未工业化的国家向工业化国家的转变。发展问题后来与“现代化”概念紧密联系起来，现代化通常被认为朝着“现代”的经济、政治和社会的发展和变革，其参照对象是西方主要发达国家。而后，可持续性论题、绿色增长（绿色经济）也成了社会学（社会理论）的重要论题，

---

① Timothy C. Haab and John C. Whitehead (eds.), *Environmental and Natural Resource Economics: an Encyclopedia*, Greenwood, 2014, p. xvii.

在宏观层面形成了一些新的社会理论，在微观层面则是环境社会学的破题。

20世纪70年代至80年代基于对现代化论题探讨所形成的一些理论，如独立理论、新马克思主义、世界系统理论和现代系统理论，开始关注生态、环境、社会和文化等问题，逐渐形成了生态现代化理论（ecological modernization theory）、世界系统理论（world systems theory）、新马克思主义的生产跑步机理论（treadmill of production theory）和行动者系统辩证法（actor system dialectics）。[①] 尽管这些理论的基础是社会结构、权力、阶级和全球关系等，但可持续发展也就成了对资本主义进行批判的一个核心论题，上述理论大都主张用可持续性革命来取代工业革命。生产跑步机理论与世界系统理论强调可持续发展要求消灭资本主义，世界系统理论还意味着在全球范围内消灭资本主义。行动者系统辩证法则是一种渐进变革主义，从制度的观点看，本质上不同于资本主义范式转换，与其他的系统变化，如治理、教育与研究的系统变化，可以为可实现的可持续性（保留资本主义的一些特征）开辟路径。[②] 更激进一些的论者构想了取代资本主义发展模式，如伯克特（Paul Burkett）认为，马克思和恩格斯的共产主义视野整合了公共池塘资源，共同进化和可持续发展的共同产权维度。这种视野以实践智慧的方式把自然科学与社会科学思维结合起来，这种方式与生态经济学的跨学科性质相一致。同时，马克思和恩格斯没有提出未来社会的详细蓝图，意味着他们的视野为与基于生产条件去异化的可持续的人的发展的基本原则相一致、不同于资本主义的制度和文化发展留有空间。[③]

环境社会学由于采用了不同社会学基本理论（特别是微观的）框架，因而关于社会—经济—环境之间关系的研究就会聚焦于不同的问题层次和采用不同学科的方法论。伯恩斯（Tom R. Burns）就总结了迄今为止的

---

① Tom R. Burns, "Sustainable Development: Agents, Systems and the Environment", *Current Sociology Review*, Vol. 64, No. 6, 2016, pp. 875 – 906.

② Tom R. Burns and N. Witoszek, "The Crisis of Our Planet and the Shaping of a Sustainable Society", *Journal of Human Ecology*, Vol. 39, No. 2, 2012, pp. 155 – 170.

③ Paul Burkett, *Marxism and Ecological Economics: Toward a Red and Green Political Economy*, Leiden · Boston: Brill, 2006, p. 331.

环境社会学对环境与社会之间的关系所提出的主要论题和具体工作：（1）关于环境和环境问题的态度与意见调查；（2）生活方式与消费行为研究；（3）环境运动；（4）规制与治理研究；（5）能源政治与决策；（6）与不同的能源技术、能源政策与可持续性问题相关的创新与创业研究；（7）特殊部门研究（如气候变化、生物燃料、渔业、森林、旅游、交通、航空，水域、环境教育等）；（8）全球环境变化研究；（9）生态女性主义；（10）社会理论、环境与自然—社会关系。[①] 环境社会学由于以社会与物质环境的相互作用为研究对象，为绿色经济、绿色增长和绿色发展如何在具体的社会形式当中实现提供了微观的论证。

四 基于绿色发展的全球治理新原则

要把整体主义发展范式的绿色发展作为全球治理的新基础，一方面，需要全面分析和合理借鉴国际机构所做出的相关定义、国际组织所提出的绿色经济原则，不同学科所做出的理论阐释；另一方面，需要厘清全球治理的现实难题，反思全球治理的理论困境，明确绿色发展在全球治理体系和结构当中的定位，从而最终确立基于绿色发展的全球治理新原则。

（一）全球发展的治理难题

全球治理的议题非常广泛，诸如全球经济增长放缓、金融（债务）危机、全球环境恶化、国际政治变迁、地区冲突和恐怖主义、安全（军事）形势、人道主义危机等牵涉世界各国的全球性问题都是重要议题。在这些重要议题当中，全球经济增长放缓与生态和环境破坏双重危机[②]成为当前世界范围内最紧迫和最重要的议题。绿色增长、绿色经济、绿色发展在很大程度上都是为了解决这个双重危机而提出的行动纲领和解决方案。但是以它们为导向的全球治理面临着三个难题：策略难题、机制

---

① Tom R. Burns, "Sustainable Development: Agents, Systems and the Environment", *Current Sociology Review*, Vol. 64, No. 6, 2016, pp. 875 – 906.

② 有学者提出了三重危机，即经济、环境和社会危机，参见 Anna R. Davies and Sue J. Mullin, "Greening the Economy: Interrogating Sustainability Innovations Beyond the Mainstream", *Journal of Economic Geography*, No. 11, 2011, pp. 793 – 816。

难题和行动难题。

第一，策略难题。由于不同的理论对于生态和经济双重危机的内在关联和产生原因的解释和判断给出了不同的答案，因此以何种理论为依据来制定策略就成了一个关键问题。比娜（Olivia Bina）通过选择24个组织、机构和研究者关于可持续发展的论述，运用“几乎一切照旧”（Almost BAU）、“绿化”（Greening）和“彻底改变”（All change）三个范畴来对应对双重危机的基本策略进行了分类（表4）。[①] 这些基本策略与绿色经济和绿色增长中所论及基本策略类似，但都还是一般性层面的探讨，其中还包含短期以绿色发展为策略的全球治理会面临更多的具体现实难题：在各种观念层面，会存在着观念价值差异、认知局限、偏好的异质性等无法调和的矛盾；在发展水平层面，会存在着生产、物品和服务分配的不平衡，贫富差距、人口与经济增长对环境的过度索取的不可持续性，发展与保护的矛盾，利益或价值分歧；在政策制定层面，会面临着诸如保守与激进的冲突，错误定义优先性，不相容的对象、规则和过程的多元认同之间的竞争，宏观与微观政策的矛盾，在国际关系层面，存在着国家利益博弈，政治权力和话语权斗争，文化冲突，以及由此造成的全球政策矛盾。

表4　三个范畴下对解决双重危机的分类

不同范畴及其策略	解决方案	解决手段	对进步的理解	经济学基础	社会学基础
几乎一切照旧：重启“市场系统”	刺激的一揽子计划（包括绿色构成）	经济（GDP）增长	作为增长的进步	主流/新古典主义/凯恩斯的元素	环境社会学
绿化（绿化经济建议）：低碳经济，高效增长	案例：联合国环境规划署的《全球绿色新政》	科学，技术	作为高效增长的进步	主流/环境经济学	能动者系统辩证法

① Olivia Bina, “The Green Economy and Sustainable Development: an Uneasy Balance?”, *Environment and Planning C: Government and Policy*, No. 31, 2013, pp. 1023 - 1047. 其中社会学基础一栏为笔者所增加，另外政治学基础也是一个有待研究的问题。

续表

不同范畴及其策略	解决方案	解决手段	对进步的理解	经济学基础	社会学基础
全面变革（社会经济变革建议）：超越增长、去增长和稳定（静态）状态的繁荣	案例：新经济基金会的《大变革》	变革的生态中心主义，激进运动	作为福祉和幸福的进步	生态经济学	人类生态学 世界系统理论 生产跑步机理论 生态现代化理论

第二，机制难题。如何把环境和生态问题嵌入世界上非常复杂的政治、经济、社会和文化系统，弥补国际和国家两个层面的制度能力不足，在全球水平上强化政治意愿和公民参与，并解决好全球机制的系统性、结构性、层次性和行动者及其网络问题，需要建立起全新的机制。虽然绿色经济和绿色发展在很大程度上首先是一个国家自主决策和行动的内部事务，但是全球经济一体化以及生态环境问题的全球化迫切需要世界各国创新协调解决机制，其中至少应当包括基本建制、合作机制、沟通机制、参与机制和责任机制，特别是在发达国家与发展中国家之间存在持续的利益鸿沟的情况下。像 G7、G20 和金砖国家等国际组织形式为破解机制难题做出了很好的示范。例如，G20 杭州峰会在后危机时代为了避免成为单纯的外交平台，使之从危机应对机制向长效治理机制的转型，从侧重短期政策向短中长期政策并重的转型，对于跨越全球治理的三个鸿沟（法治、激励和参与）起到了示范作用。

第三，行动难题。在解决双重危机的问题上，必须面对经济行动者的多元化，政治法律建制差异化、社会系统结构复杂化、历史文化传统异质化的现实，来重新定位国家、市场与社会这三个主要行动者在全球治理当中的作用。首先，国家应当如何用绿色经济和绿色发展来引导和加强经济治理。国家需要扮演好两种不同角色：一是国家作为经济秩序的规则和规范的制定者，二是国家作为秩序内经济活动的干预者。[①] 国家如何来扮演这两种角色，决定着经济治理的基本模式。对与当代形成了美国自由市场经济治理模式、欧洲福利国家经济治理模式、东亚发展型政府经济治理模式、中国经济治理模式四种基本经济治理模式[②]而言，绿色经济和绿色发展对于增强不同治理模式下的全球治理的协同性具有根本性意义。其次，市场失灵如何解决。联合国环境规划署（UNEP）认为：以“自由市场”作为核心平台的主流经济模式已经为人所接受。确实，市场能很好地实现一些目标，如价格发现和有效的资源分配，但它一般不能用来解决社会问题，特别是结果不平等问题，这指明要把政策领域作为解决问题的根源。[③] 最后，如何根据绿色经济和绿色发展的要求重新定义公共政策，寻求更广泛的意见一致和社会动员。当今主流的经济模式造成了广泛而严重的环境危机和健康风险，鼓励消费和生产的浪费文化，促使生态和资源匮乏，并导致了建立不公正社会的后果。解决这些问题需要响应环境、社会正义和包容的经济系统。因此必须寻求公共政策起到更广泛、更变革、更前瞻的作用，来克服行动难题，首要的挑战是经济重构：不是增量的或渐进的重构，而是整体的和包容的重构、变革的重构、使我们走向促成人类福祉的包容性绿色经济的重构。[④]

（二）全球治理新原则

中国作为世界上最大的发展中国家，应对双重危机的任务十分艰巨，但中国已经成为绿色发展的先导者。根据卢瓦索（Eleonore Loiseau）等所

---

① Andrew Gamble, “Economic Governance”, in Jon Pierre (ed.), *Debating Governance: Authority, Steering, and Democracy*, Oxford: Oxford University Press, 2000, pp. 110 – 137.

② 吴澄秋：《中国经济治理模式的演进：路向何方？——基于全球化时代主要经济治理模式的比较分析》，《外交评论》2012 年第 6 期。

③ UNEP. Uncovering Pathways Towards an Inclusive Green Economy: A Summary for Leaders, 2015, p. 16. http://web.unep.org/greeneconomy/sites/unep.org.greeneconomy/files/publications/ige_narrative_summary_web.pdf.

④ UNEP. Uncovering Pathways Towards an Inclusive Green Economy: A Summary for Leaders, 2015, p. 17. http://web.unep.org/greeneconomy/sites/unep.org.greeneconomy/files/publications/ige_narrative_summary_web.pdf.

做的分析，在科学文献中所论及的绿色经济及其相关概念出现频次最高的五个地理区域这一范畴当中排名第一（排名依次是中国、南非、发展中国家、英国和美国）。[①] 绿色发展作为包含了经济、社会、环境、政治、文化与历史的六位一体的整体主义发展范式，可以成为破解全球治理难题的一个新的突破口或一种新路径。我们据此提出基于绿色发展的全球治理新原则。提出这些原则是基于以下考虑：既考虑解决双重危机的现实路径选择，又吸收自然科学和社会科学的理论成果，既尊重全球政治、经济、社会和文化的多样性，又明确各国共同但有区别的发展责任承担。所提出每一条原则都应当对应着全球治理的一些核心问题。

第一，自然优先性原则。迄今为止的经济增长、人类福祉和社会进步的发展模式都是建立在人类社会（尤其是资本主义）发展优先性的基础之上。对于资源枯竭、环境破坏和生态危机的全球性问题的根本性解决，需要改变主要依赖于资本和市场无节制扩张的发展模式。绿色发展遵循地球限度原则来重设经济增长的限度，并要求在保证地球完整性的基础上重构人类福祉和社会进步观念。自然优先性原则主张经济增长、人类福祉和社会进步都应当以地球上的资源储备的续存、自然群落的繁荣和生态系统的进化为第一先决条件。全球经济治理的主旨是重构满足这个先决条件的经济系统。

第二，命运共同体原则。不论世界各国采用何种经济和社会发展模式去实现人民的福利或福祉，在当今都会面临资源稀缺、生态危机和环境破坏的共同问题，经济增长方式转型、科学技术进步和发展体制机制创新也成为共同的选择，在可持续性发展和保护生态环境两个方面已经形成了命运共同体。在这个命运共同体当中，只有经济增长成果、科技进步成果和环境保护成果实现全球共享，才能造就人类世代共同的福祉和幸福。超越各国业已形成的经济和社会发展模式，奉行命运共同体原则是当代全球治理不可避免的共同选择。

第三，全球正义原则。在如何跨越发达国家和发展中国家之间历史

① Eleonore Loiseau etc.，“Green Economy and Related Concepts: An Overview”，*Journal of Cleaner Production*，Vol. 139，2016，pp. 361 - 371.

形成的利益格局、资源分配和环境保护这三个方面鸿沟的问题上，绿色发展为全球正义的实现提供了新的历史契机。如果把全球正义看作是三维的，即代表的政治维度，分配的经济维度和认同的文化维度①，绿色发展由于要求更加平等的政治经济权利，主张根据资源、环境和生态来重新定义资本和价值，寻求对绿色革命②的价值与文化认同，从而在经济发展的不平衡性、资源禀赋的差异性、全球生产和分工的层级性、地理环境的多样性、社会结构的异质性、教育文化的多元性条件下，为全球正义提供了一种新的实现方式。

第四，协同发展原则。从全球大系统来看，经济增长、社会进步、环境保护和人的发展之间的关系呈现出更大的复杂性、不确定性，甚至是突现性，协同发展是避免出现各种更大的风险的基本选择。在经济发展、社会发展、环境保护和人的发展上奉行任何形式的单边主义在经济全球化和生态环境问题全球化的当今世界都将付出高昂的代价，甚至可能造成全球经济系统的崩溃、巨大的社会发展风险和各种极端主义的盛行。绿色发展的整体主义范式内在地包含协同发展的要求，理应成为全球治理的一种理想类型。

第五，人道主义原则。绿色增长和绿色经济通过强调经济增长的社会维度，蕴含着保护穷人、女性和弱势群体的基本权利的人道主义问题。其隐含的基本预设是原来的经济增长模式，是以牺牲一部分人的利益和权利为条件的，无论在国际层面还是在国内层面。人的发展③本来就是经济和社会发展的一个基本价值原则，但长期以来为资本主义和自由市场所掩盖，人道主义本应也是全球治理的根本价值原则之一，当长期以来被其他全球政治和社会问题所遮蔽。应当看到，绿色增长和绿色经济所

---

① Nancy Fraser, "Reframing Justice in a Globalizing World", *New Left Review*, Vol. 36, 2005, pp. 69 – 88.

② 卡斯特罗（Carlos J. Castro）认为，"绿色革命"表示多重的范式转换，不仅是生产、技术、消费物和生活方式等的范式转换，而且是治理、科学与教育、实践伦理学和相关的常规发展等范式转换。参见 Carlos J. Castro, "Sustainable Development: Mainstream and Critical Perspectives", *Organization & Environment*, Vol. 17, No. 2, 2004, pp. 195 – 225。

③ 伯克特提出了人的发展可持续性问题：可持续的人的发展道路包含经济与环境共同进化的特殊形式。参见 Paul Burkett, *Marxism and Ecological Economics: Toward a Red and Green Political Economy*, Leiden · Boston: Brill, 2006, p. 264。

包含的社会维度，还只是为了满足人的生存和发展的一些基本需求。只有作为整体主义的绿色发展更为关注人的全面发展，因而主张更为深刻和全面的社会变革。

阿联酋发展绿色环保的几个看点*

刘宝莱**

谈到绿色发展，不由得使我想起曾于20世纪90年代工作过的阿联酋。那里自然环境确实恶劣，但阿联酋人治理沙漠、改造环境的精神值得一提。

阿拉伯联合酋长国（简称阿联酋）面积83600平方公里，人口约826万人。它地处亚洲西南部阿拉伯半岛东部，北濒波斯湾，南和西同沙特阿拉伯交界，东和东北与阿曼苏丹国接壤，西北与卡塔尔毗邻。夏天湿热（5月至10月），气温高达45度以上，冬季（11月—翌年4月）干燥少雨，偶有沙暴，最低气温达5度左右。我在任期间（1991年至1995年），艾茵市最低气温降至2度左右。阿联酋由7个酋长国组成，它们是阿布扎比、迪拜、沙迦、哈伊马角、阿治曼、富查伊拉和乌姆盖万，其中最大的是阿布扎比，面积73060平方公里，占全国面积的85.4%，迪拜次之，3900平方公里，约占7%，沙迦2600平方公里，约占3.1%，哈伊马角1700平方公里，约占2%，富查伊拉1200平方公里，约占1.6%，乌姆盖万780平方公里，约占0.9%，阿治曼260平方公里，约占0.3%。自1971年12月2日独立以来，阿联酋政府一直重视发展绿色环保。其中主要有以下几个看点：

一　植树绿化永在路上

随着阿联酋石油收入增加，政府加大了环保力度，成为海湾国家重

* 本文根据刘宝莱先生演讲整理而成。

** 刘宝莱，中国人民外交学会前副会长，前驻阿联酋、约旦大使，三亚公共外交研究院主任委员、高级研究员，中国国际问题研究基金会高级研究员。

视环保之首，并取得可观的成就。比如，首都阿布扎比，面积约100平方公里，位于沙漠边缘，濒临海湾，夏季气温高达45度以上，地方政府斥巨资沿海边建起长达数十公里的海滨公园，种植各种树木、花草和修建娱乐设施及雕塑等。在市内公园和公众场所及活动中心进行大面积的绿化。政府规定，凡建房者，需先在院内植树。因此，阿布扎比不仅有宽阔街道，现代化的高大建筑，而且还绿树成荫，繁花似锦，甚至在炎热的夏季，也到处郁郁葱葱。1989年12月，已故杨尚昆主席曾访问阿联酋。他赞叹阿布扎比是沙漠中的绿洲，是扎耶德总统用黑色金子堆起来的。2012年11月中旬，阿联酋举办关于中东和平与安全的第三届“斯尔·巴尼亚斯”论坛，会址设在位于阿布扎比酋长国的西部里瓦沙漠地区的萨拉比宫饭店，我应邀出席。由于由阿布扎比市至饭店近300公里，东道主特意安排我乘直升机前往。途中，从窗口俯瞰大地，到处黄沙漫漫，但公路的两旁和多处，则微绿点缀，星罗棋布，令人张目。据陪同穆罕默德告，当地政府在开发油气的同时，重视改造沙漠，打机井、建新村、绿化造林、种植果树，发展农业生产。除政府投资外，有些大型企业和私人也在积极参与。他说，凡林木繁茂处，必有地下淡水，大都建了新村，致使大批牧民定居，开始半农半牧的生活。再过几年，此地植被会大幅增加，许多树木将逐渐成林。45分钟后，直升机稳稳降落在饭店的小停机坪上。我发现饭店建在一座小山包上，依山就势，形成仿古式城堡建筑群。每区均有一庭院，种植多种花草，水渠上下，清流潺潺，定时灌溉。山下种植大量的棕榈树、椰枣树和其他耐旱植物，清晨，旭日东升，空气清新，鸟语花香，使人仿佛进入阿拉伯“天方夜谭”的神话故事之中。这是里瓦地区最著名的旅游度假村。里瓦城小而宁静，街道宽敞，绿树成荫。市场供应齐全，当地人出售自产的土特产和蔬菜水果。

二　高价绿化，每棵树造价约5000美元

阿联酋已故总统扎耶德认为，绿化有利于调节气候，净化空气，美化环境，减少污染，增强国民体质。因此，他利用手中丰厚的石油美元，大搞植树造林。他的名言是，如果金钱不花在老百姓身上，是没有用的。据报道，当地每种一棵树，都要用营养液滴灌，以保证其成活、长大。

加之，当地气候条件恶劣，故造价高达 5000 美元。

三 像保护眼睛一样保护树木

艾茵市（阿拉伯语的意思是泉水或眼睛）距阿布扎比 150 公里。当你驾车前往，你会看到公路两旁种上了防护林带。艾茵市是已故扎耶德总统的故乡，地处布莱米绿洲，市内郁郁葱葱，参天大树随处可见，是一座典型的花园城市。一次，我去拜会艾茵市长，谈及该市绿化。他自豪地说，艾茵已远离荒沙。政府严禁砍伐树木，否则，不管是谁，都要受到法律严厉制裁。因此，当地居民环保意识增强了。人人都像保护自己的眼睛那样保护树木。此外，从首都阿布扎比到沙迦长达 200 公里的公路两旁，也种有大量的椰枣树、棕榈树等。沙迦以伊斯兰文化中心著称。沙迦市文化气息浓厚，除建有博物馆、图书馆、文化中心外，还建有公园，从国外引进名贵花草。迪拜市政府每年拨款 2000 万美元，用于建造市内花园和绿化项目，平均人均绿化面积为 20 平方米。

四 打造绿化样板

1992 年 3 月，阿联酋外交部安排各国驻阿使节参观阿联酋自然保护区斯尔·巴尼亚斯岛，我应邀前往。当我们乘坐军用直升机抵达该岛时，发现岛上绿色苍茫，树木林立，瓜果飘香，椰枣园林，鸟类繁多，羚羊遍地，野牛觅食……据导游介绍，根据扎耶德总统指令，自 1971 年起，开始对这一荒岛进行改造，建立自然保护区。现已开发 250 平方公里，建有 22 个农场，种植 200 万棵环保树，其中有柑橘、苹果、石榴、葡萄、滨枣等 20 万棵果树和 15000 棵橄榄树。岛上设有鸟类和牲畜饲养管理区、管理人员生活区和野生动物生活区。参观中，我看到了山羚羊、野牛、鸵鸟、乌鸡、鹧鸪、麻灰色松鸡和埃及天鹅等。中午，我们在岛上用餐。午餐很丰盛，餐桌上的鸡鸭鱼肉、蛋、蔬菜水果都是自产的。从此岛的变化中，我看到了阿联酋政府加强环保，改造大自然的决心和意志。

五　解决淡水问题

阿联酋干旱少雨，仅在艾茵市和其他绿洲地区有少量淡水。因此，当地政府要花大力气解决淡水问题并采取了如下措施：(1) 充分利用当地淡水，并开发地下水，建立矿泉水厂；(2) 修建水坝上百个，年储水量多达上亿立方米；(3) 建海水淡化厂，年淡化能力上亿立方米，其中分饮用水和其他用水；(4) 污水处理，循环使用，约9000万立方米；(5) 进口大量矿泉水等；(6) 对于农业灌溉系统，当地农民多用其传统的坎儿井式的地下水渠灌溉……

阿联酋人具有独到的发展战略眼光和优化自然的精神。故赋诗：

沙漠绿洲

万里晴空一缕云，棕榈树旁水淋淋。
夕阳余晖洒大地，沙丘漫漫犹如金。
仿古城堡入人文，空气清新无烟尘。
再现一千零一夜，满眼葱绿度假村。

里瓦风光

飞车进里瓦，风吹黄沙来。
烈日当头照，路长呈黑带。
井深淡水涌，新村多风采。
沙漠点点绿，油田正开采。
红墙里瓦城，宁静鲜花开。
果菜当地产，物流运转快。

换天时

满眼黄沙接天际，绿洲飞鸟栖息地。

公路似带细又长，两旁植被初见绿。
油气喷发换天时，市场繁华关税低。
碧海蓝天鱼儿肥，高楼万丈平地起。

智慧城市建设与绿色发展的实践经验和创新模式探讨[*]

梅绍华[**]

这两年我国智慧城市话题非常热，那么智慧城市跟我们每一个人有什么关系呢？我们每一个人在城市里生活，各种交费特别多，比如电话费、交通罚款、自来水费、热水费、燃气费等各种费用，都要交给不同部门，交起来往往特别麻烦。在我们中国智慧城市投资联合体有一个企业，就可以把老百姓所有的交费做到一个 APP 上，这样一下载以后，老百姓足不出户，一二十种交费在 APP 都可办理，特别方便。目前这个正在山东省的一个城市试点，这就是智慧城市在一个领域——收费领域里面的应用。

大家知道，在北京交通特别堵，我们有时候开车到十字路口，有好几百辆车排队的时候绿灯是 30 秒，十字口那一边只有几辆车的时候绿灯也是 30 秒，时间都是提前设置好了。假设利用智慧城市中的智慧交通的技术，如果哪边车多的话，绿灯自动增加时间，如果哪边车少的话，就自动减少几秒。这样一个智慧交通技术会给我们每一个开车和坐车的人带来多么大的便利和效率。

智慧城市做得最早的是银川市，银川模式影响特别大，在银川以前有多少审批公章呢？说来吓人，有 69 个公章。后来他们利用信息技术、物联网技术包括网络技术，建立了银川市智慧政务平台。以前审批一个

---

* 本文根据梅绍华先生演讲整理而成。

** 梅绍华，曾任经济日报高级编辑、证券日报社副社长，现为中关村股权投资协会副会长、中智投执行主席、华中科技大学兼职教授、多家上市公司监事会主席。

项目平均要 14 天，多则是几十天，现在只要一到两天时间就可完成，整个过程透明公开。2016 年 2 月 2 日，李克强总理亲自到银川市，考察了智慧城市建设，并给予了很高的评价。总理称赞，这个东西如果在全中国推广起来，那真是一个了不起的成就。

智慧城市确实跟我们每一个人生活、工作和学习，包括开办公司有非常大的关系。

智慧城市这个概念是 2008 年的时候，由 IBM 第一个提出来的。为什么城市治理会出现这些问题，智慧城市缘何会提出呢？首先我们国家的城市病日益严重，主要表现在交通拥堵、环境污染严重、水资源不足、能源和资源消耗大，发展难以持续，人口过多造成流动不平衡、看病难、上学难、养老难，经济结构调整和生产方式转型都迫在眉睫，传统劳动模式难以为继，这就提出了要更加重视智慧城市的相关产业，这方面这几年国家也特别重视，出台了很多政策。

智慧城市的商机有多大？现在我们国家正式批准的大概有 500 个城市、区要建智慧城市，人口覆盖几个亿，行业覆盖几十个，有智慧物流、贸易、能源、政务、公共服务、管理、交通、公共保障、安居、文化、环境保护等。以银川市智慧政务为例，在银川市民大厅，银川市原审批公章封存展示柜引人注目，这里封存废止了 69 枚公章，将 26 个部门的 150 多个审批职责集中审批和办理。基于这个平台，到 2016 年 2 月，政府部门已经完成了 432 项业务一站式审批，审批时限缩短 78%，企业注册由 5 天取得“四证一章”压缩为 1 天。大家创业要注册公司，注册一天就能拿下来，该是多么方便百姓的事情。智慧城市的建设模式就不再一一谈了，但李克强总理 2 月 2 日到银川考察的时候，专门到银川市市民大厅参观智慧银川项目，亲自了解智慧政务建设，审批改备案制度改革取得的成果，李克强总理点赞银川市全市行政审批一个窗口一枚公章的举措，提出要在更大的范围推广。应该说这是智慧政务平台一个非常好的样板。

这里的商机多大？仅仅是财政部收集到的各地要做 PPP 项目，就达几万亿。如果只是指信息产业，每年高达几千亿元，所有行业加起来，智慧城市每年有几万亿元的市场。智慧城市是一个相当复杂的大系统，它涉及几十个行业，在中国没有一个企业可以全部做到，那么我们几十个企业能不能一起抱团做这个事情？所以基于这个原因，2014 年 5 月 9 日，我们十几个上市公司成立了一个中智慧合投资（北京）股份有限公司，在公司旗下创立了中国智慧城市投资联合体。我们这个机构的生命力在于帮企业解决两个主要问题，第一个是解决商机问题，第二个是解决资金问题。怎样解决商机问题？因为要做智慧城市的话，必须要跟地方政府打交道，我们知道有一句话叫小鬼难缠，就是你在地方做事情的话，找一个处长很难解决问题，若一个企业到地方政府去往往不会被地方领导重视，假如我们十几个上市公司和龙头企业一起去到各城市对接项目，地方政府就特别重视。现在地方政府面临两难，第一是它以前靠卖地获得税收，以维持地方政府正常运转，可现在除了一线城市外，三四线城市房地产形势不好，卖地难，税收受影响；第二是发债难，由于担心债留后代，中央对地方政府发债有管控，没有钱，无法搞建设。所以，地方政府特别需要的是外面有实力的企业，特别是上市公司去投资。我们十几个企业联合起来到各地方，地方政府很重视。我们成立这么一个机构，应该是联合舰队。这个机构有什么好处？我们研究过，国内的行业协会为什么挺难做的呢？是因为行业协会里面大部分都是同行，大家知道同行是竞争对手，弄到一起很难，不太好做。而我这个里面避免了这么一个问题，我是一个行业只选一个企业，要求这个企业是行业排名第一的企业或龙头企业，这样几个企业在一起就没有竞争关系，大家的资源是完全互补的，这应该是一个创新。

另外，我们又避免了现在好多企业家俱乐部大小企业老总混在一起的情况，比如：大老板身价 20 亿元，小老板身价 500 万元，这两种体量的老板面临的问题不一样，想法和做法也迥异。而我们联合体这里的公司大部分是上市公司老总，有些甚至是 500 强企业，这些企业家讲资源和身价基本上是匹配的。这又避免了这种企业家大小混在一块的问题，应该说我这种模式在国内也是一个创新。我们到地方政府寻找项目的时候，往往是直接跟市长、书记对接，使得项目对接直接化、便捷化、去科层化。你想找环保局长，书记可以把环保局长叫来，你想找公安局长也可以。所以应该说这个平台比较有价值，现在我们与很多城市建立了战略合作伙伴关系，联合体很多上市公司参与了很多城市的智慧城市建设。

我把中国智慧城市投资联合体的宗旨归纳成“六个互相”，成员企业和老总之间：思想互相启发，信息互相分享，商机互相补充，事业互相促进，友情互相交融，快乐互相传递。

我们要利用移动互联网的新思维，做一个超级社群，因为这个时代资源很多，怎样把资源整合起来更重要。这是我要考虑的问题，我们做一个超级社群有什么好处呢？首先因为一个行业就只有一个企业，这些企业之间没有竞争关系，使得这个社群就能够做事有非常好的规则，各成员之间可以互相提供商机，比如：有一个成员企业是做医院信息化的，拥有很多医院资源，在医院信息化建设过程中，需要采购大量的 LED 显示屏，如果在同等条件下，就可以采购我们的联合体的一个企业的利亚德的。利亚德主营业务是 LED，这个企业很了不起，是行业老大，北京奥运会开幕式的巨大画轴就是利亚德生产的，北京鸟巢一万平方米的显示屏也是他们做的，2015 年天安门九三阅兵显示屏也是他们做的。我们设想一下：未来我们联合体如果有来自中国 100 个行业的 100 个冠军和龙头企业，如果他们互相提供商机，那就会产生化学反应，产生商机核爆炸。因为一个行业里能做到第一的企业就有很多资源，另外一个行业里面的第一的企业也有很多资源，他们之间没有竞争关系，资源完全互补，这是互相提供商机的一个前提条件。所以我想未来我们联合体有中国 100 个行业的 100 个冠军和龙头企业，成为“六个互相”的超级社群，这是我们用互联网思维要做的事情。

下面谈谈 PPP 模式。如果一个地方政府自己要办一个自来水厂或污水处理厂，它的投资、管理和运维的效率普遍是非常低的，这个领域实际上效率最高的企业都是民营企业。PPP 模式现在是国家要大力推广的投资模式，PPP 是 Public-Private Partnership 的英文首字母缩写，指在公共服务领域，政府采取竞争性方式选择具有投资、运营管理能力的社会资本，双方按照平等协商原则订立合同，由社会资本提供公共服务，政府依据公共服务绩效评价结果向社会资本支付对价。这里面商机有多大？我只想在这里讲财政部的汇总：全国 PPP 项目由地方各级财政部门上报财政部、放到国家项目库已经公示的，现在总投资超过几万亿元。大家想一想这是多么大的商机，PPP 项目是我们国家产业转型升级、建设智慧城市、绿色发展，包括未来保 GDP 增长的一个特别重大的措施。财政部第一批公布的项目有 30 个，投资 1800 亿元。第二个是国家发改委公布的

PPP 项目，高达 1.97 万亿元。

最后智慧城市跟互联网金融之间有什么样的关系呢？现在一提到 P2P，给人的印象是老板跑路、失联的不少。一个互联网金融公司募集资金动不动就是几十亿、上百亿元，募集很容易，但募集资金去干什么才是难题和关键，关键是要有投资出口，将募集的资金投到那些有保障、有稳定回报的项目才是最关键的。我们刚才说那么多国家的智慧城市项目需要投很多钱，但是财政收入不丰裕的地方政府往往也没有钱，一方面需要钱做事，另一方面又没有钱，怎么做？我可以把通过互联网金融公司募集到的大量资金引入智慧城市建设好的项目中来，引入到那些有稳定回报的比如污水处理厂、自来水厂、信息化项目中来，再让上市公司和知名企业去运作，它的好处第一是上市公司和知名企业实力普遍比较强，第二是上市公司每一年要发季报、半年报、年报，公开，透明，上市公司老总也不会轻易跑路。所以如果把通过互联网金融方式募集到的巨额资金和政府的智慧城市建设结合起来该有多好，可形成投资者、互联网金融公司、地方政府和上市公司多赢的局面。

举例说明，假设一个城市缺一个自来水厂，政府没有钱，怎样做这个事情，PPP 方式可以做。收入来源于什么？靠收水费，有稳定的收入来源，不像有些网贷公司把钱投给一些没有收入保障的小公司。第二，在这种情况下建自来水厂，老百姓有受益。比如说这个自来水厂需要投资 2 个亿，他可以分 10 年付清，每年本金分十年再加上按照一定的收益给投资者（政府购买服务也给予一定补贴）。这就造成了多赢局面，一个是投资者放心，也有固定的回报；老百姓也有自来水喝，愿意交自来水费；上市公司也有这个资金做项目；政府地做成了事情，让居民享受到更多的智慧化的公共服务，实现多方共赢。所以我一直在探讨，如何在互联网金融与智慧城市建设、绿色发展三者之间构建实现共赢的模式。

从《巴黎协定》谈判过程看全球治理新趋势及其启示

王辉耀*

2015年12月12日，在法国巴黎举行的2015年联合国气候峰会（COP21）上，195个国家一致通过了《巴黎协定》，协议确定将全球平均温升控制在2℃以内并为1.5℃的目标而努力。这意味着，21世纪第一份具有法律约束力的气候协议终于达成，这也是继《京都议定书》后第二份具有里程碑意义的全球气候协议。

联合国秘书长潘基文在2016年10月5日发表声明，称应对气候变化的《巴黎协定》将于今年11月4日正式生效。第71届联大主席汤姆森和《联合国气候变化框架公约》秘书处执行秘书埃斯皮诺萨（Patricia Espinosa）6日分别发表声明，称这是联合国以及人类大家庭历史上具有里程碑意义的重大进展。

《巴黎协定》是否能成为全球气候行动的基石，挽救全人类免遭气候变化带来的可怕后果还尚待观察，其结果取决于各国的实际行动。但是在目前全球合作困难重重、各领域多边谈判成果寥寥的特殊时期，《巴黎协定》的达成还是为全球治理注入了全新的信心，其过程值得学习并供未来借鉴。

一 谈判过程回顾

1992年5月，《联合国气候变化框架公约》（UNFCCC）在纽约联合

* 王辉耀，中国与全球化智库（CCG）主任，西南财经大学发展研究院院长。

国总部通过，公约缔约方自1995年起每年召开缔约方会议（COP）评估气候变化应对措施的进展。1997年，《京都议定书》达成，该协议基于"共同但有区别的责任"（CBDR）使减排成为发达国家的义务。2007年在印度尼西亚巴厘岛的缔约方第十四届会议（COP14）上，通过了《巴厘路线图》，规定2年后在哥本哈根召开的缔约方第十五届会议（COP15）上将通过一份新的《哥本哈根议定书》，以取代2015年到期的《京都议定书》。

2009年12月7—18日，缔约方第十五届会议在丹麦首都哥本哈根举行，192个国家和地区的15000多名谈判官员、非政府组织和企业代表参加了本次会议。举办方丹麦为筹办此次会议花费1.3亿巨资，国际社会也对会议成果期待甚高，甚至将本次会议喻为"拯救人类的最后一次机会"。然而，由于发展中国家与发达国家之间分歧过大，哥本哈根会议上没能就减排目标达成一致，按照《巴厘路线图》的设计，产生一个具有法律约束力的成果。

经历了哥本哈根谈判的"从天上掉到地下"，国际社会对后续的气候谈判进程期望下降，分别在墨西哥坎昆、南非德班、卡塔尔多哈、波兰华沙、秘鲁利马召开了第16—20届缔约方会议。这五次谈判的主要成果包括：绿色气候基金（GCF）的建立、建立"德班平台"（ADP）、通过"华沙损失损害补偿机制"、提出各国提交减排贡献、细化2015年协议的各项要素。

2015年11月30日，第二十一届缔约方会议在巴黎近郊的布尔歇召开，会议历时13天，超过1万名谈判代表和60多位国家元首参会，此次气候峰会最终以《巴黎协定》的顺利签署告终。《巴黎协定》确立了平均温升控制、提高适应气候变化不利影响、资金流动符合低排放发展路径的三大目标，并在满足至少55个缔约方完成国内批准手续，及其排放量至少占全球总量的55%时生效。2016年10月，73个缔约方批准了《巴黎协定》，温室排放量占全球总量56.87%，该协定于次月正式生效。

二　特点分析

观察《巴黎协定》的谈判过程，谈判过程中出现的四个新特征，对协定的成功通过产生了有利影响。

（一）新的全球治理责任分配体系

1997年通过的《京都议定书》，将温室气体减排的义务抛给了发达国家，发展中国家因为历史上较少的排放，以及当时有限的排放量，并未对减排义务作出规定。这一“发达国家/发展中国家”的两分法，在进入21世纪后变得越来越不符合经济政治现实：《京都议定书》自1997年通过至2005年生效的近十年时间里，温室气体排放量的增长几乎完全来自发展中国家，中国、印度、巴西、印度尼西亚、墨西哥等国都已经成为排放大国。此外，并不存在明确的“发展中国家”定义，而是由各国自行决定，因此新加坡、韩国、沙特等高收入国家仍被归入“发展中国家”类别。

抗击气候变化行动呼唤发展中国家的参与，但仅仅通过“共同但有区别的责任”原则来决定经济规模、发展阶段差异甚大并且占世界国家中大多数的“发展中国家”的普遍减排义务，成为过去气候谈判无法达成共识的重要原因，类似的原因也造成多回合谈判的裹足不前。2009年哥本哈根会议的惨淡收场，很大程度上是发展中国家对发达国家试图强加的减排责任感到不满而引发的共识破裂。

2011年南非德班举行的第十六届缔约方会议（COP16）上，“德班平台”得以建立。这包含了《巴黎协定》中的两项机制：由各国根据国内政策战略、减排行动计划制定“国家自主贡献”（INDC）；并由统一的机制对各国“自主贡献”进行监督、指导、协调。通过这两个“自下而上”和“自上而下”的机制，各国“基于公平原则并根据各自共同但有区别的责任”参与到气候行动中来。

“国家自主贡献”方案代表了一种新的全球责任分配体系。基于“两分法”的“共同但有区别的责任”只是“富国领导下的全球治理”的修正式方案，责任体系中的角色也大致基于发达国家提供援助，发展中国家接受援助的关系。许多新兴发展中国家在全球治理中正在经历责任与义务的错配期，因此类似于“国家自主贡献”的机制对于鼓励这些国家积极参与全球治理有重要价值。巴黎气候大会召开前，已经有180多个国家提交了自主贡献方案，该机制的激励效果可见一斑。

此外，《巴黎协定》的两个生效门槛（55个缔约方且55%的全球排放量），也代表了大国领导力与普遍代表性间的平衡。缔约方数量的要求延续了联合国“一国一票”精神，排放量的下限则呼唤中国、美国、欧洲、印度等大国之间的合作。

（二）国际合作谈判中的多平台推动

在“通往巴黎之路”上，UNFCCC框架下的谈判并不是讨论全球气候治理的唯一“战线”：联合国2030年可持续发展议程、二十国集团（G20）、WTO、APEC等平台都在指向同一个行动目标，相互之间形成合力，并且互相对彼此领域内进程起到推动作用。

就在巴黎会议召开前的9月，2015年联合国大会通过了《2030年可持续发展议程》，这个包括17个可持续发展目标（SDGs）的议程深刻而清晰地规定了世界各国对未来15年经济、环境和社会进步的目标。本议程通过后，说“可持续发展”已成为21世纪全球合作的中心支柱毫不为过。

在2007—2008年世界金融海啸中，G20成功协调了各大国稳定世界经济的行动，其国际影响力日渐上升。在2008年之后，G20多次将气候行动写入会议公报：包括2009年伦敦峰会、2009年匹茨堡峰会、2010年多伦多峰会、2012年洛斯卡洛斯峰会、2013年圣彼得堡峰会、2014年布里斯班峰会、2015年安塔利亚峰会等会议都强调气候变化是当代面临的严峻挑战，应尽早达成具有法律约束力的减排目标。代表全球经济90%以上GDP的G20国家对于推动气候协定的共识，无疑为国际社会树立了标杆。

在贸易领域，虽然包含了可持续发展议题的多回合谈判多年来毫无进展，但WTO成员在其他议程中进行了对气候变化相关议题的推动，其中之一是关于实现环境产品自由贸易的谈判。2014年7月，中国、美国、欧盟等14个成员正式启动WTO框架下的诸边《环境产品协定》（EGA）谈判。这一谈判以包含54项低碳绿色产品的亚太经合组织（APEC）环境产品清单为基础，当前参与谈判的17个成员排放量总和达到全球的85%，其最终成果将通过最惠国待遇（MFN）惠及所有世贸成员。据世界银行统计，削减清洁科技（Clean Technology）的关税和非关税壁垒将能增加 14% 的贸易额。

（三）利益相关方多元的积极参与

《巴黎协定》的成功，不但可归功于各国谈判官员在谈判桌上的努力，也得益于智库、倡议团体和媒体等利益相关方的参与。

巴黎气候谈判中，世界资源研究所（WRI）等一些智库发挥了咨询利益各方的作用，最终起草让各方可接受的协议文本草案。国际可持续发展研究所（IISD）等智库曾发表多篇研究报告，探索可持续发展目标与贸易协定之间的联系。例如，一篇研究报告提出，如果成员能够达成共识，《补贴与反补贴措施协议》（SCM）和《技术性贸易壁垒协定》（TBT）可以成为有利于可持续发展的解读：SCM 可能被解释为逐渐停止化石燃料补贴，TBT 第 2.2 节“人类健康或安全、保护动物或植物的生命健康或保护环境”条款可以被视为免除技术性贸易壁垒惩罚的“合法目的”。

智库还为多边谈判中的跨机构问题提供支持。2015 年 7 月签署《亚的斯亚贝巴行动议程》（AAAA）是有关可持续发展目标发展融资的成果文件，《议程》第 86 节中邀请世贸组织总理事会“考虑 WTO 如何促进可持续发展”。国际贸易与可持续发展中心（ICTSD）在 WTO 的 2015 年内罗毕部长级会议（MC）期间举办了贸易发展研讨会，讨论世贸组织总理事会该如何回应这一邀请。

媒体和倡议团体则为推动民众的气候行动意识发挥了巨大作用。中国中央电视台、凤凰卫视，英国广播公司（BBC）都制作了气候变化的专题纪录片，通过实地拍摄气候变化产生的影响，以及对专家、学者、政要的采访，向民众传播了气候行动迫在眉睫的观念。中国非政府组织“公民超越行动”在德班会议上召开国际媒体发布会，呼吁各国民众改变固有的消费理念、模式和行为，共同开展自下而上的全社会减排行动。

（四）更渐进、务实的谈判框架

普林斯顿大学的 Robert Keohane 和加州大学圣地亚哥分校的 David Victor 指出，虽然气候行动的回报是全球化的，但是其代价是本地化的，所有人都有“搭便车”的动机，因此气候变化共同行动必然难获得。唯有通过一个漫长、精心准备的小幅提升建立互信、建立机构的过程，才有可能建立起合作。

两位学者分析，自《京都议定书》谈判以来，至少出现过六种国际合作的方式：普遍的责任加有约束力的目标和时间表（《京都议定书》）、“气候俱乐部”、协同研发低碳新科技以满足减排目标（《蒙特利尔议定书》）、承诺加监督机制、带来显著好处的统一行动（《中美气候变化联合声明》）、“最小公约数”（UNFCCC）。

2009 年的哥本哈根会议采取的方案是有普遍责任的目标和时间表，《巴黎协定》最终采取的却是“承诺加监督机制”的方案。谈判框架出现这样务实的改变，归功于 2010—2014 年之间缔约方会议中一系列的渐进式成果，特别是在 2011 年南非德班举行的 COP16 会议上，各国同意建立“德班平台”以取得“可适用于所有缔约方的成果”。

三　对于中国参与全球治理的启示

通过回顾《巴黎协定》及此前气候变化会议的谈判过程，我们发现全球治理的新趋势包括：新的全球治理责任分配体系正在形成，国际合作谈判需要多平台推动，利益相关方多元参与、国际谈判与合作框架更渐进、更务实。这对于中国参与全球治理有以下启示：

（一）重视并合理利用各种多边、区域、诸边、双边平台，打造全球治理的全天候、多平台参与机制

全球治理中不存在单一的“世界政府”，多边机构、区域机构、国家集团机制、双边与多边机制相互重叠，互为补充，一同构成全球治理的结构。因为 WTO、G20 等一些政治重量显著的机制出现，全球治理也在向多中心（polycentral）结构演进。这些中心机构在全球治理中主要包含两大功能：第一是议题设定，代表国际政治资本的分配意愿；第二是对专门性、技术性问题的条规、标准设定，此类条规和标准通常会成为国际标准的首选方案。中国必须重视对两大功能的参与。

（二）重视中美在全球治理中的合作

许多评论人士认为，2014 年 11 月《中美气候变化联合声明》是《巴黎协定》得以成功的转折点。《声明》不但首次宣布了两国的 2020 后气候变化行动目标，还体现了世界第一、第二大经济体以及最大发达国家和最大发展中国家在全球气候治理上的多项新共识：两国首次将气候变化视为“人类面临的最大威胁”；首次将气候变化与国家安全和国际安全紧密联系在一起；更重要的是，减小了“共同但有区别的责任”原则的分歧，在政治层面达成了共识。

除了气候变化领域，两国在贸易、投资、基础设施建设、发展援助领域都有较好的合作基础，可以作为探索未来合作的平台。

（三）跳出传统国际关系中发达国家/发展中国家两分法，在符合国家利益的前提下，充分大胆发挥中国的世界领导力

经过 30 多年的飞速发展，中国已经是世界第二大经济体，全球最大的贸易国。然而，从人均收入来看，中国仍是发展中国家，全国许多地方还有可观的贫困人口，与美国、欧洲、日本等国家与地区相比，中国的城市化进程也远未结束。

但是传统的“发达国家”与“发展中国家”对全球治理中的权利与义务区分，已经渐渐无法适用于中国的现状。今天的中国，虽然仍是最大的外商投资目的地之一，但同时也有无数企业“走出去”，迅速跻身主要资本输出国之列；中国不但是最大的旅游目的地之一，接待入境游客超过 1.3 亿人次，出境旅游也达到了 1.2 亿人次；过去三十年中，中国逐渐减少对国际援助的依赖，增加对外援助，从国际援助净接收国发展成为净提供国。可以说，中国正处于“重国际权利”向“重国际领导力”的过程转变。相应地，在国际人才治理、移民治理、发展援助治理等领域，中国也应大胆发挥世界领导力。

（四）增加对国际谈判框架、谈判范式、谈判规则的研究，充分发挥国际型智库在全球治理中的优势

全球治理和国际合作谈判成功与否，不仅取决于谈判各方对相应内

容条款是否能达成一致，随着谈判深度和范围的增加，也取决于是否能够提出创新的、更适应的谈判框架、谈判范式、谈判规则。智库是以提供优质政策建议、提供思想类公共产品为使命的机构，其研究兼顾政策与学术，同时由于与决策部门保持一定的距离，不容易受“惯性思维”的影响，是最适合承担此类任务的机构。

（五）通过加强二轨外交、公共外交、公众政策普及来支撑政府机构在全球治理中的行动

以中国与全球化智库为代表的社会智库，因其非官方身份，与世界各国的知名智库、学者建立了深入的合作网络，经常性地以“二轨外交”的方式，推动国家间的合作，并且获得对中国政策的反馈。这种机制应得到加强，作为对官方外交渠道的补充。

随着出境游和入境游、中国留学生及外国来华留学生的增加、媒体传播方式的普及化、新媒体及自媒体的出现、公共外交与公共政策普及在影响全球治理政策中的作用也应得到重视。

绿色发展的国际先进经验及其对中国的启示*

杨宜勇　吴香雪　杨泽坤**

一　绿色发展与中国现状

绿色发展是人类面对当今全球资源、能源和环境挑战所作出的发展方式和发展道路上的重大探索，随着经济的发展，社会的不断进步，绿色发展理念越来越受到人们的重视。自 20 世纪 60—70 年代以来，以《寂静的春天》和《增长的极限》为标志，经过 1992 年联合国里约环境与发展大会通过了以可持续发展为核心的《里约环境与发展宣言》《21 世纪议程》等文件，到 2008 年的“绿色经济倡议”、2011 年的《迈向绿色增长》和 2012 年的“里约 +20”联合国可持续发展会议宣言《我们希望的未来》，绿色发展的理念越来越清晰，它是对循环经济、绿色经济、可持续发展、低碳经济等热门理念的继承和发展；是对以上词汇的综合归纳和高度概括；是可持续发展理念的延伸和升华。有学者将绿色发展界定为“经济、社会、生态三位一体的新型发展道路，以合理消费、低消耗、低排放、生态资本不断增加为主要特征，以绿色创新为基本途径，以积累绿色财富和增加人类绿色福利为根本目标，以实现人与人之间和谐、人与自然之间和谐为根本宗旨”①。中国作为增长最快的新兴工业化

* 本文已发表于《新疆师范大学学报》（哲学社会科学版）第 38 卷第 2 期。

** 杨宜勇，国家发改委宏观经济研究院社会发展研究所所长、研究员、博士生导师；吴香雪，中国人民大学公共管理学院博士研究生；杨泽坤，德国不来梅雅各布大学学生。

① 胡鞍钢：《中国：创新绿色发展》，中国人民大学出版社 2012 年版。

国家，传统的高投入、高消耗、高排放、低效益的粗放型增长方式已经走到十字路口，无论是环境容量、还是资源承载力已达到瓶颈，中国已成为世界能源消耗大国，碳排放总量居世界第一位。[①] 截至 2013 年，中国 GDP 占全球 12%，能源消费量占全球 22%，碳排放量接近全球 30%，全球碳排放增量中有 60% 来自中国。[②] 中国作为一个负责任的大国，已经深刻地认识到传统的生产方式难以为继，经济增长方式必须向绿色发展转轨。绿色发展也日益受到党中央、国务院的高度重视，中共十八大将生态文明提上前所未有的战略高度，从建设"美丽中国"的高度把生态文明的要求贯穿五大文明建设的始终，全党全社会加快推进生态文明建设，"着力推进绿色发展、循环发展、低碳发展"。中共十八届五中全会提出了"创新、协调、绿色、开放、共享"的五大发展理念，把绿色发展理念摆在突出位置，与创新发展、协调发展、开放发展、共享发展一道，成为指导我国"十三五"甚至是更为长远时期发展的科学发展理念和发展方式，走绿色发展之路是实现中华民族永续发展的必要条件，事关我们每个人的切身利益。

当前我国资源环境形势不容乐观，要保持经济持续增长与全面深化改革以及生态治理相协调，首先要认识到绿色发展是一项长期、复杂的系统性工程，因此一定要做好顶层设计，并不断通过体制机制创新来推动绿色发展。在国际上，为应对资源匮乏、环境恶化以及实现经济复苏的压力，绿色经济逐渐成为经济转型的新亮点。[③] 美国、欧盟、日本纷纷提出了绿色发展战略，实施"绿色新政"，试图通过发展绿色经济促进经济复苏，并在新一轮全球经济竞争中继续占据优势地位，正如美国总统奥巴马所说："谁掌握清洁和可再生资源，谁将主导 21 世纪"。作为全球第二大经济体，我国目前的资源环境、能源消耗状况严重制约了经济绿色发展，并严重影响了我国的国际形象，因此我们迫切需要作出绿色发展的战略选择，在产业结构、生产方式、生活方式等方面转变思想观念，

---

① 世界银行、国务院发展研究中心联合课题组：《2030 年的中国：建设现代、和谐、有创造力的高收入社会》，中国财政经济出版社 2013 年版。

② 吕薇等：《绿色发展：体制机制与政策》，中国发展出版社 2015 年版。

③ 张江雪：《基于绿色经济的中国技术创新绩效研究》，经济日报出版社 2015 年版。

以绿色理念贯穿生产生活的各个角落。发达国家在这方面积累了丰富的技术经验，对发达国家走绿色发展之路的相关经验进行总结并合理借鉴，有利于建立和完善我国绿色发展体制机制。

二 绿色发展的国际先进经验

中国是世界上最大的发展中国家，积极推进生态文明建设，实施绿色发展，是中国政府适应人民对美好新生活新期待的需要，也体现出中国作为一个负责任大国的国际担当。美国、欧盟、日本的绿色发展经验相对更为成熟，对我国走绿色发展之路能够提供很好的成功经验。

（一）美国绿色发展的先进经验

美国是世界上最早开展绿色保护的国家之一，打破了企业只顾生产，不顾环境保护与资源的陈旧发展方式，保护环境的同时不断创新绿色发展方式与技术，并将其用于经济发展的各个层面。1980 年，美国国会以明确保护环境责任为目标通过《综合环境反应、补偿和责任法》；为了应对气候变化，2007 年，美国国会先后通过了《气候安全法案》《低碳经济法案》《减缓全球变暖法案》《气候责任法案》《全球变暖污染控制法案》以及《气候责任和创新法案》等一系列相互配合的重要法案。

在美国绿色经济发展方面，绿色金融、绿色保险、绿色能源等都得到大力发展。[①] 美国于 1980 年颁布《超级基金法案》（CERCLA），指出“谁污染，谁治理”，由企业引起的环境破坏及污染责任必须由企业自行承担治理责任，银行等金融机构在进行放贷时必须高度关注和评估放贷企业的环境破坏风险，并予以防范，以此金融放贷的形式约束企业生产中的污染行为，以达到保护环境的目的。在绿色保险方面，美国积极创新，走在世界的前列。早期绿色保险是作为美国公众责任保险的一部分，后来不断发展壮大。1980 年，美国国际集团（AIG）和埃文斯通保险公司开始推出污染责任保险业务，采用每次赔偿限额和累计赔偿限额赔付制度，分别为 1000 万美元和 2000 万美元。美国污染责任保险联合会

---

① 张哲强：《绿色经济与绿色发展》，中国金融出版社 2012 年版。

（PLLA）是1982年由37家保险公司组成的，它的目的在于使大家共摊保费，共同承担损失，由此形成一个较大的资金保险池，为其成员公司提供污染责任保险；在政府作为方面，每年向有重大环境污染风险的企业征收5亿美元的税款，专款专用，用于清理严重的环境污染，还用于处理保险者责任与污染者之间的利益矛盾纠纷，帮助保险人分散巨大的环境污染风险。虽是如此，但在美国企业因为环境污染而对社会产生人身伤害和财产损失的，不仅要承担赔偿责任还应该承担污染治理责任，这个费用相当巨大，因而对企业有较强的约束作用。国际金融危机爆发后，奥巴马政府推出了近8000亿美元的经济复兴计划来促进美国经济的增长，其中1/8用于清洁能源的直接投资及鼓励清洁能源发展的减税政策，重点包括发展高效电池、智能电网、碳储存和碳捕获、可再生能源如风能和太阳能等，以推动美国减少对石油和天然气等石化能源的依赖。美国政府加强对能源和环境领域的科研投入与总体部署，基本战略是利用科学技术的优势，扩大替代能源的使用，减少化石能源消耗和碳化物的排放。同时美国政府还注重投资大学、实验室等研究机构，为绿色发展提供知识和技术支撑。预计总拨款4400万美元用于投资大学、国家实验室等，成立能源前沿研究中心，促进核能技术的升级，并拨款7.9亿美元来推动下一代生物燃料的发展。奥巴马希望通过投资新能源带动就业，从而提升本国的就业率。发展清洁能源，从短期来看，可以降低美国的失业率，并创新清洁能源技术，从长期而言，能够实现环保，为公众创造清新的生活环境，还将使美国成为绿色创新的中心，占领世界绿色发展核心地位，以此带来巨大的政治经济回报。汽车制造业是美国的重要产业，为了减少对成品油的依赖和保护环境节约资源，奥巴马提供了绿色汽车计划，计划用10年约1500亿美元用于汽车行业节能型产品的再造与替代开发，重点打造无污染的混合型机动车。另外奥巴马还在建筑节能改造方面有所作为，包括大规模改造政府办公楼，推动全国的学校节能设施升级，并对全国公共建筑进行节能改造，以实现能源节约。

美国对企业购买使用符合标准的环保设备予以减免税优惠，对企业和家庭使用太阳能发电设备减免所得税的最高额度是投资成本的30%，但必须在使用投产后减税。政府也积极地进行绿色采购：1991年，美国总统下达命令，要求政府机关必须优先采购绿色产品、使用再生物品；美国环保署1999年又公布了《环境有利型产品之采购指南》，进一步规范了政府的绿色采购行为，有较完善的法律保障，还有详尽的“绿色采购清单”。另外，美国的农业发展也遵循绿色发展之道，在推销绿色生物能源的过程中，农业的发展和支持无疑是最关键的。因此奥巴马当政以后，不仅加大对农业绿色发展和农业环境保护的投入，还对农业使用的有机化肥和农药进行开发研究，不断废除不达标产品，使用更加安全的农业用品，还开发本身具有抗病虫害和高产量的农业品种，以进一步达到减少有毒农业用品的使用。①

（二）欧盟绿色发展的先进经验

欧洲是推进绿色经济的先导者，其环境保护经过几十年的发展，取得了丰硕的成果。绿色经济发展模式是欧盟实施范围最广的经济模式，它将环境污染治理、环保产业发展、新能源的开发利用和节能减排都纳入绿色发展的框架。在欧盟推进过程中，强调绿色发展多领域的协调与整合，2009年，正式启动欧盟区域范围内的整体绿色经济发展计划，计划将投资1050亿欧元支持绿色发展计划在各欧盟成员国的推行，包括用来帮助欧盟各国执行欧盟环保法规、研究创新改善废弃物的处理技术，预算费用分别为540亿和280亿欧元，以此来促进欧盟绿色就业和经济增长，使欧盟的绿色产业发展具有国际先进水平和全球竞争力。由于经济的带动，欧盟绿色消费也蔚然成风，消费者更喜欢购买贴有绿色标志的绿色商品，在整个欧洲市场上大约40%的人喜欢购买绿色产品②，绿色消费需求成为拉动绿色产业发展的动力。在欧盟的绿色经济发展中，英国（脱欧前）、德国和法国发挥着主导作用。

英国的绿色发展主要包括三个方面：绿色能源、绿色制造和绿色生活方式，其中居于绿色经济政策首位的是绿色能源发展。英国于2009年

① 中国国际经济交流中心课题组：《中国实施绿色发展的公共政策研究》，中国经济出版社2013年版。

② 中国21世纪议程管理中心可持续发展战略研究组：《全球格局变化中的中国绿色经济发展》，社会科学文献出版社2013年版。

颁布《英国低碳转型计划》和《英国可再生能源战略》两部法案，明确要求英国政府要将碳排放管理规划放在政府预算框架内，标志着英国成为世界上第一个特别设立碳排放预算的国家。英国政府计划到2020年，其能源供应中可再生能源的供应比例要达到15%，包括对以煤炭为主的火电进行清洁生产和绿色改造，还要大力发展风电等其他清洁电力，以达到40%的电力来自绿色能源领域。绿色制造主要是指英国政府通过支持研发新的绿色技术来推动绿色制造业的发展。为了确保英国在碳捕获、清洁煤等新技术领域始终处于优势地位，英国政府从政策和资金方面向低碳产业倾斜，并不断降低新生产汽车的二氧化碳排放标准，要求在2007年的基础上平均降低40%。[①] 最后是在全国范围内推行绿色低碳节能的生活方式，用家庭补偿金来鼓励民众主动改造房屋中的落后耗能设备，以安装清洁能源设备为替代，另外还倡导绿色消费，鼓励人们购买绿色环保产品。

德国是最先推行环保标识的国家。1978年联邦德国推出绿色产品，上面标注着图案为“蓝色天使”（Blue Angel）的绿色标识。迄今为止，德国批准使用的绿色标志已覆盖60多个门类共4300多种产品。德国在1994年颁布了《循环经济和废物处理法》，后来又颁布一系列的相关法律，要求企业和居民对资源实行综合回收利用，减少环境污染，保护生态环境。在经济危机背景下，德国在2009—2010年的两项经济刺激计划总计1050亿欧元，绿色投资重点为建筑节能和提高汽车能效。[②] 从发展绿色经济的宏观战略上来看，德国的重点是发展可再生能源和工业的生态化转型。德国的《可再生能源法》于2009年生效，其目标是使可再生能源电力在2020年达到总电力的30%。同年6月，德国又颁布了一份旨在促进德国生态工业政策发展、推动德国经济现代化的战略文件，它包含6个方面的内容：严格执行环保政策；制定各行业能源有效利用战略；扩大可再生能源使用范围；可持续利用生物质能；改革和创新汽车业；生产绿色汽车；以及采取措施进行环保教育和资格认证。为了顺利走上

---

① 中国21世纪议程管理中心可持续发展战略研究组：《全球格局变化中的中国绿色经济发展》，社会科学文献出版社2013年版。

② UNEP, *Global Green New Deal: An Update for the G20 Pittsburgh Summit*, September, 2009.

绿色经济发展道路，实现经济的转轨，德国不仅重视加强与欧盟绿色经济政策的协调和对外国际合作，对内还增加国家在绿色经济发展方面的投入，大力推进环保技术创新，并鼓励私人在环保方面进行投资，希望通过筹集公众和私人资金来建立环保和创新基金，以补充国家的资金投入。全国政府机关由上而下调整采购政策，主要集中于对绿色环保产品特别是能源利用率高的产品进行采购，以带动绿色产业的发展。作为工业大国，德国在节能、环保、新能源等领域的技术在世界上具有很高的认同度，因而其在相关的技术转让和出口领域也非常活跃。德国同时也是国际绿色信贷政府的主要发起国之一，经过多年的发展德国绿色信贷政策成熟完善，体系健全完备，成效显著。表现在政府和各种政策性银行能够为环保和节能项目提供低管理成本的贴息贷款，政府在这个过程中通过制定贴息及相关的管理办法来规范绿色信贷行为，保证各类贷款项目都通过公开、透明的招标形式开展。

法国的绿色经济政策的重点，是清洁能源和绿色交通。2007 年，法国启动 Grenelle 环境论坛来应对全球变暖带来的环境和经济挑战，该论坛积极致力于发展可持续经济并使其具有竞争力。在能源领域，法国除了继续保持在核电能源中的领先地位外，还大力发展可再生能源，于 2008 年公布了一系列旨在发展可再生能源的计划，该计划包括 50 项措施，涵盖生物能源、风能、地热能、太阳能以及水力发电等多个领域，预计到 2020 年使可再生能源占能源消耗量的 23%。[①] 除了大力发展可再生能源外，法国政府投入巨资用于研发清洁能源汽车和“低碳汽车”，通过节能减排措施推动产业发展。同时，由于核能一直是法国能源政策的支柱，也是法国绿色经济的一个重点，法律强调将把开发核能与发展可再生能源放在同等重要的地位，新可再生能源计划的实施将大量增加就业岗位，预计到 2020 年能创造 20 万到 30 万个就业岗位。

（三）日本绿色发展的先进经验

日本高度重视减排，主导建设低碳社会。20 世纪 70 年代，日本因排

---

① 中国国际经济交流中心课题组：《中国实施绿色发展的公共政策研究》，中国经济出版社 2013 年版。

烟和排水的严重污染引发了大范围的疾病，且受地理环境等自然条件制约，全球气候变暖对日本的影响远大于世界其他发达国家。因此日本各届政府都非常重视宣传节能减排，主导建设低碳社会和大力保护环境。20 世纪 90 年代，日本就开始了保护环境、减少污染、节约资源的循环经济政策实践，并于 2000 年颁布《建立循环型社会基本法》，正式确立了发展循环经济、构建循环社会的目标。2007 年 6 月，日本内阁会议审议通过《21 世纪环境立国战略》，这个战略报告系统阐述了日本中长期环境政策的发展目标，即建立低碳社会，并宣布在建立低碳社会的基础上，建立与环境保护相协调的美丽家园。同年日本发布《环境与循环型社会白皮书》，该报告指出日本政府必须对全球变暖具有强烈的危机感，需要立即制定相关政策予以应对，同时还强调要促进绿色技术开发创新，促使日本支柱产业——汽车制造业进入电动驱动阶段，大量投资研究高性能蓄电池，并把当前已经取得的成果和技术运用到生产生活的各个方面。2008 年，日本政府通过“低碳社会行动计划”，提出研究提高家用太阳能的效率，计划在之后几年内使其发电系统的成本降低一半，并争取到 2030 年，使风能、太阳能、水能、生物质能和地热能等的发电量达到日本总用电量的 20%。另外日本政府还制定了两个具体的实施措施来推动环保和能源技术发展，一是能源限制和再利用措施。如日本的《建筑循环利用法》要求无论是公共部门还是私人在改建房屋时有义务对所有建筑材料进行循环利用，由此也促进日本发明了混凝土再利用的世界领先技术。二是对节约能源的家庭和企业提供补助金。如日本政府采取对家庭购买太阳能发电设备提供补助金，以及对企业相关行为的税收优惠和补助金制度。2009 年，日本政府公布了《绿色经济和社会变革》政策草案，旨在强调通过启动补贴节能家电的环保点数制度来达到削减温室气体排放的目的，并在社会上大力倡导绿色消费行为，使其成为社会主流消费意识。而对于如何监督企业执行国家的节能环保标准方面，日本实行的是自上而下的四级管理模式，上到首相，下到各县的经济产业局，形成了一条完整的监督管理链条。在日本政府的税收优惠政策下，日本企业争相将发展绿色技术视为企业的核心竞争力，重视节能技术的创新和能源节约，与此同时，日本政府大量采购节能新产品，并对企业使用节约能源的设备进行补贴，一般补贴设备成本的 1/3，补贴上限为 2 亿日元，显示了日本政府对绿色发展的大力支持。

三 绿色发展的国际先进经验对中国的借鉴与启示

绿色发展事关人民群众根本利益和我国经济社会持续健康发展。当前我国的自然资源和环境容量已经接近于警戒线，走绿色发展之路不仅是经济发展问题，也已成为社会问题和政治问题。党和政府将绿色发展纳入未来发展纲领中，是对转变发展方式认识的重大飞跃与深化。深入学习习近平主席的系列讲话精神我们可以看到，转变经济发展方式是实现绿色发展的重要前提，绿色发展的重要手段是发展循环经济，重要技术支撑是大力发展绿色技术，基本要求是正确处理经济发展同生态环境保护的关系，重要途径是发展绿色消费，最终落脚点是改善人民群众的生存环境。① 由前文可知，发达国家的绿色发展已经取得不错的成绩，而我国走绿色发展之路，不仅要有高屋建瓴的顶层设计，还需要全体民众的共同参与，需要合理借鉴发达国家绿色发展的成功经验。因此未来我们要将我国的实际发展情况与借鉴国外绿色发展先进经验相结合，探索出适合我国的绿色发展道路。

第一，走绿色发展之路要立法先行，严格执法。从上述各国的绿色发展经验来看，世界各国在实施绿色发展的过程中，均制定、实施相关法律法规以保障绿色权益。各国的经验表明，完善相关法律和执法体系，为绿色发展提供了法律保障。由于绿色发展涉及经济、社会的各个方面，特别是涉及公众利益，还需要财政的补偿和支持，是一项复杂的系统工程。因此我国的绿色发展需要完善的法治体系和严格的执法、监督机制。完善的法律体系要求我们设计法律法规时，要体现法律法规的完备性、约束性、激励性和可操作性，在此基础上制定出来的绿色发展法律法规才能给相关政策和措施的发挥提供具体的指导和具有可操作性的规范。所以我们要不断健全现有的环境法治体系，落实各项制度性治理举措，与此同时，实现严格、公正、有效的执法和监督，争取最大限度地保护

① 秦书生、杨硕：《习近平的绿色发展思想探析》，《理论学刊》2015 年第 6 期。

公众利益。

第二，走绿色发展之路要综合利用各种绿色发展的政策工具。目前国际上用于环保的经济政策工具主要是环境税、补贴、排污权交易、环境基金、政府采购、绿色信贷等，其核心是理顺激励机制，引导企业主动减排。环境税通常是针对矿产资源开采和工业生产排放而征收的，是让排污者为自己对社会造成的负外部性买单，以抑制排污行为，征收的环境税一般纳入预算，或是用于污染治理等特定用途。政府可以对环保企业和产品的生产和消费采用免税、贴息或专项资金等方式进行补贴，具体可以分为鼓励投资、清洁生产、消费环节的补贴。例如美国各级政府为引导企业使用清洁能源，出台了大量政策对企业进行高额补贴，还对利用清洁能源发电的企业实行所得税减免，政策优惠期甚至长达10年。另外政府还制定排放权交易，排放权交易是根据设定的全社会排放总量目标，政府按一定规则将其分配给企业，允许企业之间进行配额交易。在这种形式下排放配额变成可以交易的商品，它通过价格形成机制引导企业的排放行为，用这种方式不仅可以控制排放总量，还可以优化市场机制和分担减排成本，同时灵活性比较高。充分发挥市场机制作用是发展绿色经济的内在驱动力，市场化激励和改革也是保障绿色发展可持续的必由之路。因此我国绿色发展需要充分发挥市场机制的作用，激发各类市场与政策创新，加大对私人部门的激励。在处理好市场与政府关系的基础上，探索生态补偿、排污权交易等经济性规制手段，激励形成全社会参与环保的稳定持续机制，通过设立基金、补贴、奖励、贴息、担保等多种形式，最大限度地发挥公共投入在市场机制下的“杠杆效应”。与此同时，积极建立促进绿色发展的金融市场，包括利用恰当的信贷、债券、股权投资等金融产品工具，支持节能环保项目和企业的节能减排投资与创新；同时引导和督促金融机构防范风险、履行社会责任。另外还需进一步强化和实质性推进资源价格市场化改革，建立能够反映资源稀缺程度和环境成本的市场化价格形成机制；重点推进水、电力、煤炭、石油、天然气等关键性资源产品的定价机制改革。此外，公私合作被证明在管理能源资源、治理污染、节能减排以及循环经济等诸多方面十分有效，提高私人部门参与积极性，为创新者提供市场确定性，以紧密的公私关系来增加绿色投资。

第三，走绿色发展之路要将统筹规划与重点治理相结合。绿色发展一定要统筹规划，落实责任，协调管理，并结合我国的现实情况重点推进绿色发展。综观发达国家的绿色发展经验，无不是进行顶层设计，绿色发展涉及范围广泛，各方面相互协调，统筹与重点协同发展。当前我国经济进入了新常态，进行供给侧结构性改革正是我们促进绿色经济发展，转变经济发展方式的大好时机，不能为了保持所谓的经济高增长而抵制转变经济、抵制绿色发展，要以发展的眼光来看，环境效益与经济效益之间虽然存在着张力，但是这个矛盾是可以调和的，必须扭转不惜资源环境代价而盲目追求 GDP 增速的发展冲动。绿色发展要注重统筹协调，重视和激励所有利益相关者，协调和改善中央与地方之间、不同地区之间、监管部门与公众之间的协同关系。此外，尽快建立融合关键政府部门和利益相关者的制度安排，保证其可计量性和透明性，通过合适的方式和渠道向有着不同利益诉求的受众和利益相关者积极分享监管与评价的信息，建立持续性的沟通机制，完善程序参与和冲突处理机制。绿色发展要创新监管方式、改善规制手段，保证绿色发展中公共管理机制的公平、高效、透明。

与发达国家相比，我国的生态环境保护和治理还处于初级和粗放发展阶段，通过政策调整和精细化管理，还有较大的提升空间。由于经济社会背景、发展阶段、产业结构和技术基础的不同，各国在实践中，因地制宜地制定绿色发展目标和环境治理重点，采取不同的发展战略和路径。例如，英国以建立市场机制为核心，发展低碳经济；德国以开发低碳技术为核心发展低碳经济；美国则比较重视新能源开发与应用；日本重点推进循环经济和节能经济。因此我国走绿色发展之路也要突出重点，依法促进环境污染防治工作。根据我国能源资源禀赋和以煤炭为主的能源消费结构，在实施煤炭消费总量控制的同时，积极推动煤炭的清洁高效利用。大力发展清洁能源，积极推广风能、太阳能、核能等新能源和可再生能源的应用，加强电网建设，落实全额保障性收购制度。并着力强化重点行业综合治理，加强对火电、钢铁、水泥等重点行业脱硫、脱硝和除尘工程的运行管理，确保污染物达标排放，同时加强对中小企业节能减排的管理工作。还要完善《政府采购法》，在《政府采购法》中明确政府采购要优先采购绿色产品和相关服务，为绿色产品和服务开拓市场，不仅有利于培育新的市场，还可以引导企业和个人的消费方向。

第四，走绿色发展之路要不断创新绿色发展技术，强化企业的作用。全球范围内绿色经济、低碳技术正在兴起，不少发达国家大幅度增加投入，支持节能环保、新能源和低碳技术等领域的创新发展，鼓励发展新兴绿色产业。绿色创新是国家经济转型和国家竞争优势构建的核心动力，绿色发展作为一种全新的发展观，依靠科技进步和产业创新是其在全球绿色转型中赢得优势地位的关键因素。政府不仅要加大对绿色共性技术研发的支持和加快绿色产品、产业标准的建立完善，更需要通过体制机制创新激励包括企业、研发机构、服务中介以及各类社会组织的长期参与，并营造致力于绿色产业发展，积极利用全球资源的开放式创新环境。我国在绿色发展方面不能期待发达国家的资金和技术，避免在国际绿色发展新竞技舞台上处于从属地位。我国主要发展方向应为清洁煤炭技术，我国以煤炭为主的能源结构在相当一段时期内尚无法改变，要大力推广煤的清洁利用技术，而不是简单地降低煤耗。加强清洁煤技术的开发和推广利用，要强化企业责任，并鼓励社会公众参与。

第五，走绿色发展之路要求社会公众积极参与，加强环境教育，提高全社会环境保护的意识。要从政府自上而下形成从绿色发展理念到实践的推行，最终建构起双向的绿色循环发展模式。当前我们必须提高全社会公民的生态环境保护意识，形成保护生态环境人人有责的理念，必须对公民保护生态环境的责任和义务予以明确。公民作为绿色消费和社会监督的重要力量，在履行保护生态环境义务的同时也享受到生态环境保护带来的好处。因此必须加强绿色发展理念的宣传力度，努力提高全社会的生态环境保护意识。一方面我们要建立生态文明教育体系，将生态文明教育贯穿公民一生；另一方面要将公民纳入到绿色发展监督机制的系统中，发挥公民监督的强大力量。建立公民参与的良好机制，将环境保护的信息平台公开，打通公民参与监督的渠道，完善公益诉讼制度。发挥绿色发展专业机构的作用，开展绿色发展还要完善咨询、宣传和服务，不断增强和提高公民生态环境保护和绿色消费的理念和行动能力。

碳市场对环境治理的启发*

梅德文**

碳市场作为一种新兴的环境治理手段，已经被越来越多的国家和地区所认可，成为政府治理环境问题的重要工具。碳市场的核心功能是以市场手段实现最低成本的节能减排。通过一个透明真实的价格信号，也就是经济学上真实的减排边际成本和边际收益均衡点，来引导稀缺的碳排放权资源配置，以实现低成本、高效率的节能减排。因此碳市场这一核心功能在降低社会整体减排成本同时，还可以降低社会的总体环境成本。北京碳市场自2013年11月28日启动以来已运行近三年，连续三年保证了企业顺利完成碳排放履约，完成地区的节能减排目标。2015年起履约单位的门槛由原来的每年排放10000吨二氧化碳，降低到5000吨，将新增履约单位400余家，为北京市节能减排和应对气候变化工作做出了重要贡献。更为重要的是，也为北京地区的大气治理做出了重要贡献。

一　碳市场理顺了经济发展和环境治理的关系

生态环境与经济增长是紧密联系的，既相互制约又相互促进。通过碳市场使资金投入到节约能源和环境友好型产品的开发利用以及对自然资源，特别是不可再生资源的循环利用中，不但可以减少企业及社会的运营成本，缓解经济发展与环境保护之间的矛盾，还可以最大限度地降低由环境问题而引发的经济损失。

---

* 本文根据梅德文先生演讲整理而成。

** 梅德文，北京环境交易所总裁。

碳市场是用经济手段治理环境问题的政策之一。从理性、均衡、最优化等方面构筑环境资源的供求曲线以及合理的资源定价，并将这种货币化的环境价值引入金融市场中，在政策、法规的规制下最大限度激发市场动力，协调经济发展与环境治理之间的关系。

二　碳市场促进资本等生产要素向环境治理领域流动

碳市场的良好运行将会激发社会及企业对节能减排、环境友好技术的巨大需求。碳市场也将引导更多的资源进入环境治理领域，对于银行等金融机构而言，新增了广阔的投融资机会。比如碳市场上活跃的碳配额回购产品，场外掉期产品，还有绿色租赁、绿色股权投资基金、PPP 等业务。以碳配额回购产品为例，重点排放单位或其他配额持有者（碳配额出让方），向碳市场其他机构交易参与人（碳配额受让方）出售配额，并约定在一定期限后按照约定价格回购所售配额，从而获得短期资金融通。碳配额回购产品对交易双方实现了双赢。一种逻辑是金融机构一方因为有控排企业的碳排放权质押，实现了风险控制，控排企业一方则通过碳排放权实现了融资；另一种逻辑是控排企业还可以把碳排放权委托金融机构，做一些金融理财，获得理财收益；金融机构获得金融服务的收益，这样碳排放权实现了资产价值和财富价值。

碳披露目前也越来越被具有社会责任感的企业所关注，在每年的企业社会责任报告中，有越来越多的企业开始披露其碳排放数据，积极参与全球碳市场的案例，增强了其在各自领域的可持续竞争力，这样便会促进企业进一步通过碳市场参与环境治理，形成市场主体主动参与环境治理，同时环境治理的效果提升促进市场主体的发展，形成企业与环境的良性互动关系。

三　碳市场的运行会叠加其他污染物治理的效果，形成协同效应

碳市场是在总量控制下将二氧化碳排放作为标的的市场运行机制，

控制的源头即化石燃料的燃烧。由于目前全球能源结构仍旧是以煤炭等化石能源为基础，化石能源的燃烧除了带来温室气体的排放，还将二氧化硫、氮氧化物和挥发性有机物等污染释放到大气中。因此通过碳市场这种手段还能够减少传统污染物的排放，提升环境治理的效果。

A Living Earth Economy for an Ecological Civilization

David Korten*

I am deeply honored by the invitation to address this distinguished forum on Green Development and Global Governance. Please accept my thanks and appreciation for this opportunity to learn from you and to contribute the lessons of my experience and thought to your inquiry.

China's search for the path to an ecological civilization that works for the whole of humanity and the living Earth is a source of hope and inspiration for the world. The work is urgent and your success is essential to the well-being of all the world's people.

I see four ways in which China is uniquely positioned among the world's nations to provide leadership in this search.

1. You have experienced the best and the worst of both capitalist and socialist systems.

2. Better than any other nation on Earth, you understand the need for a new economic system that embodies the lessons and moves beyond the great economic experiments of the past 100 years.

3. The Chinese people's sense of a deep connection to the lands and waters that have sustained you and your ancestors for hundreds of thousands of years

---

* David Korten is an American author, lecturer, engaged citizen, and a student of psychology and living systems. He is president of the Living Economies Forum, co-founder and board chair of YES! Magazine, an associate fellow of the Institute for Policy Studies, and a member of the Club of Rome.

will serve you well.

4. China may be the only major country that has not yet been subordinated to rule by transnational corporations. And you have a proven ability to set and implement ambitious national agendas. This uniquely positions you to take the lead in visioning and demonstrating on a very significant scale, the possibilities of a living Earth economy for an ecological civilization.

The Suicide Economy

Our current inquiry begins with a mutual recognition that a global economys based on failed and badly outdated economic theories and institutions is driving human society toward social and environmental collapse. The failure of the global system is summed up in two devastating statistics.

1. The first is environmental: We humans currently consume at a rate 1.6 times what our living Earth mother can sustain—indicating an extreme imbalance between humans and the rest of Earth's community of life. Climate disruption is one of the most visible consequences. Other consequences include toxic contamination of the air we breathe and the water we drink. The loss of soil fertility and of the honey bees and other pollinators on which the plants that feed us depend. The list goes on and on.

2. The second is social: Globally, 62 billion people own as much economic wealth as the poorest half of humanity—3.5 billion people who struggle to survive on US $2.50 or less per day. That extreme social imbalance is tearing apart the social fabric of society and undermining the credibility of both national and global governing institutions. In the United States that imbalance is tearing our nation apart.

The combination of environmental and social imbalance drives the violence in the Middle East and the destabilizing flood of refugees flowing into to Europe.

These extreme and potentially fatal system imbalances are a direct consequence of economic theories and institutions that prioritize growing Gross Domestic Product (GDP) and the market value of financial assets over securing the health and well-being of living people and living Earth.

The global economy has demonstrated beyond any reasonable doubt that growing GDP and financial assets does not in itself increase the well-being of either people or Earth. If environmental and social systems are collapsing, the economy is failing—even if conventional economic indicators are growing.

I call our current global economy a Suicide Economy, because it is systematically destroying the foundations of human existence. Known also as capitalism, it is dedicated to what Pope Francis calls the idolatry, or worship of money. And it will continue to fail for so long as it is organized and managed to grow corporate profits, rather than growing the well-being of the living communities on which human well-being depends.

This perverse situation didn't happen by accident. It is a result of a decades long campaign by the corporate interests that now dictate the economic priorities and policies of most of the world's governments.

The Global Corporate Power Grab

My insights into how we got into this mess and what we must now do to get out of it, are informed by the experiences of my 50 – years professional career. For the first 30 years, I worked in international development in the nations of Africa, Latin America, and Asia that were recovering from the oppression of classical imperial colonization from the 15th century to the mid – 20th century. I was on a personal mission to end global poverty by sharing the lessons of the economic success of the United States.

Eventually, I realized that the celebrated liberation from colonialism was temporary, partial, and illusionary. The international foreign aid establishment was in fact imposing a new colonialism under the rule of transnational corporations.

There is nothing new about corporations as an instrument of empire and colonial rule. China experienced it in the 18th and 19th centuries with Opium Wars when the British East India Company sought to profit by addicting China to opium.

The Third World experience with the West's international development assistance during the mid – 20th century has a remarkable parallel. In the 1950s and 1960s, most people still lived in villages and met most all their needs by growing and harvesting their food and other essentials directly from the land. An explicit objective of international development assistance programs funded by the World Bank and many national foreign assistance programs was to get people off the land and into paid employment.

Corporations took over the land and the people became dependent on money they could get only by working for the corporations. In an interesting parallel to the Opium Wars, they became addicted to money and to imports and contractors paid for with foreign debt. The debt had to be repaid in foreign currency, which borrowing nations could get only by selling their labor and assets to foreign corporations. This was subtler than opium—and more effective.

When the borrowing countries fell into default on foreign debts they could not repay, the World Bank and IMF stepped in as international debt collectors with a corporatist policy agenda that forced them to:

1. Slash public expenditures for health and education to fund tax breaks and subsidies to foreign investors;

2. Eliminate restrictions on foreign ownership, imports, banks and financial institutions, cross-border financial flows, and extraction and export of natural resources;

3. Put public assets and services up for sale to foreign corporations, including natural resources and communications, power, and water services;

4. Roll back protections for unions, workers, public health and safety, and the environment.

The foreign aid recipient countries thus lost control of their economies to transnational corporations.

In the 1990s, the corporatists extended their take over agenda to high income countries through international agreements like the North American Free Trade Agreement (NAFTA) and international organizations like the World

Trade Organization (WTO). Step by step the corporatists reduced the ability of governments to protect and advance community interests and pressed these governments to instead make the growth of profits for transnational corporations their top priority.

The Trans Pacific Partnership (TPP) among 12 Pacific Rim countries that is now pending approval by its signatory nations is the most recent of these nefarious agreements. China is excluded from the TPP. Treat that as your good fortune. These agreements work to the detriment of the interests of all nations and people, including the United States. That the United States has been their leading proponent is testimony to the extent to which our government is captive to Wall Street interests. The TPP was not written to benefit the people of any nation.

Whe people of the United States never voted to yield our national sovereignty to transnational corporations. The world's wealthiest financiers and corporations used their wealth to buy our politicians, consolidate their control of our media, and assure the public that trade agreements, corporate mergers, and the privatization of public services will increase efficiency and bring peace and prosperity to all.

Corporate profits soared, working people became mired in unpayable mortgage, credit card, and student debt. It became harder to find a meaningful and secure job at a living wage. Young people gave up expecting their lives would be better than their parents. We experienced increasingly violent weather events and contamination of water sources.

If China can demonstrate a viable, attractive, and democratic alternative, it will be a great gift to us, and to all of humanity.

For the Love of Money

Humanity faces a fundamental choice: Should the economy be organized around maximizing the profits of transnational corporations? Or around maximizing the health and well-being of living communities? The correct answer is obvious. Yet the wrong answer prevails.

As the mindless pursuit of economic growth continues to play out throughout the world, we humans monetize ever more of our relationships. Instead of growing and cooking our own food, we buy it from a supermarket or fast food chain. Instead of caring for our own children and aging grandparents, we hire out their care to a corporation. Money becomes our ticket to life. Mutual caring gives way to financial exchange. Our love of life became a love of money. And at each step, transnational corporations tighten their control on our lives.

As economies grow, ever more of our human life energy is directed to serving the financial interests of corporations. On one side, these corporations control our access to money through their control of paid employment, loans, and investments. On the otherside, they control our access to the essentials of living: from food and water to shelter, information, education, and health care. People depend less and less on one another and more and more on soulless corporations that value ordinary people only as cheap labor and gullible consumers.

Most of the corporations that increasingly dominate daily life everywhere on Earth have shed their national identities and sense of national obligation. They operate by rules of their own making and accept no responsibility for the consequences for people and the rest of nature. These same corporations now dominate political and economic life in the United States and most of the world's nations. They buy politicians, avoid taxes, and take over the institutions of media and education to suppress independent voices. They pose an ever-growing threat to democracy, life and the future of humanity.

As a global species, we humans now have ample evidence that an economic system devoted to growing profits of transnational corporations does not work for people and Earth. We need an approach consistent with indigenous knowledge, Eastern philosophy, and the leading edge of modern science.

A Living Earth (Green) Economy

We humans are living beings born of and nurtured by a living Earth. Real wealth is living wealth. Life exists only in community. And money is just a number.

We must rethink and recreate the global economy based on a recognition that Earth is a living organism—a community of life—and in a very literal sense our Earth mother. In our self-centered human arrogance, we threaten the viability of the Earth community on which human existence depends. We risk collapse of the human population—if not extinction—unless we learn to live in harmony with the rest of Earth's community of life.

The living Earth economy must meet three essential conditions:

1. Maintain a healthy balance and harmony between humans and the generative systems by which living Earth continuously renews herself. Earth continuously renews her supplies of fresh air and water, fertile soil, forests, grasslands, fisheries—constantly adjusting to maintain the chemical composition of her atmosphere and oceans and the stability of her climate and surface temperatures. We must learn to meet our human needs in ways that simultaneously allow Earth to restore the full and sustained function of these essential systems.

2. Secure for all people the essentials of human health and happiness. No human created the generative systems of Earth's biosphere and no human as the right to monopolize them. They must be equitably shared to the benefit of all. A healthy living Earth economy must assure every person access to a means of living a full and meaningful life consistent with their distinctive needs and abilities.

3. Support a planetary system of self-organizing local bioregional community economies that meet conditions 1 and 2. Life organizes locally. This is the key to the ability of living communities to quickly adapt to diverse and changing local conditions. Life's extraordinary capacity for cooperative self-organization is exemplified by the human body—a community of living cells that self-organize as if

every individual recognizes and accepts its responsibility to maintain its own health and vitality and to make its own distinctive contribution to maintaining the health and vitality of the community.

These outcomes are exactly the opposite of what the existing money centered, corporate driven suicide economy is producing. The implications are daunting. We must dramatically reduce the current human burden on Earth's living systems and radically reallocate the human share of Earth's bounty to secure the health and happiness of all the world's 7.5 billion people. This is exactly the opposite of what our current economic system does.

Decision making in living communities resides with the individuals of which the community is comprised. Localized decision making is the key to the ability of living communities to quickly adapt to diverse and changing local conditions.

The transition from the suicide economy to a living Earth economy requires an ambitious cultural and institutional system transformation to:

1. Shift the defining purpose of the economy from growing consumption and financial assets to securing the health and happiness of all people for generations to come;

2. Shift institutional power from global corporations to the people of self-governing, self-reliant bioregional communities that organize to meet their needs within the limits of their own self-renewing resource base;

3. Shift production-consumption systems from linear one time use-and-dispose resource flows to circular resource flows that continuously renew and reuse materials, soils, water, nutrients, and energy;

4. Shift the ownership of productive assets from global corporations and financiers to people who live in the communities in which the assets are located and who feel a responsibility for the well being of future generations.

Global Governance

We humans are now a truly interdependent global species. We must learn to govern ourselves to manage our interdependence in ways that meet the needs of all in harmonious balance and partnership with the whole of Earth's community of life. Life organizes locally. To properly align the global economy with Earth's living systems, the living Earth economy must do the same.

Global humanity currently has two competing systems of global governance: The UN system and the Bretton Woods system. The UN system was created to facilitate cooperation and the peaceful resolution of conflict among nations for the good of the whole of humanity. Its institutions are generally weak and ineffectual.

The Bretton Woods institutions—the World Trade Organization, International Monetary Fund, and World Bank—have relentlessly advanced an agenda of rule by transnational corporations. They have been strong and effective in creating a world in which national governments compete in a race to the bottom for the favor of global corporations.

These two competing governance systems align with the fundamental human choice I outlined earlier between organizing the global economy to maximize the profits of transnational corporations or to maximize the well-being of living people and communities.

A system global governance devoted to the well-being of living people and communities will facilitate the sharing of information, knowledge, technology, and culture among countries. And it will minimize the dependence of individual countries on international trade and investment—especially trade and investment controlled by transnational corporations.

When a country depends on international trade and investment to meet its basic needs, it loses its ability to secure the well-being of its own people. It also creates both local and global economic and social instability and undermines public confidence in government.

I see three top priorities for creating a system of global governance for an ecological civilization.

1. Dismantle the Bretton Woods institutions and revitalize, strengthen, and extent the UN system to support the sharing of information, knowledge, technology, and culture within and between national communities while minimi-

zing the dependence of individual nations on international trade and investment.

2. Break up global, transnational and multinational corporations, restructure the pieces as national corporations accountable to the government of the national community that issued its charter, A corporation must be accountable to state that created it and a state must be accountable to the people who created it.

3. Dismantle the global military establishment, rollback the production and international sale of arms, and advance the peaceful resolution of conflict between nations. The production and use of military weapons creates enormous social and environmental burdens while serving no beneficial purpose not better addressed in other ways.

China is positioning itself to demonstrate new human possibilities consistent with the needs of the 21st century. I am honored that you have given me this opportunity join you here to share my thoughts on the path to a living Earth economy for an ecological civilization.

Green Development and the Land Ethic*

Brian G. Henning**

Attempts to understand and respond to the threat of anthropogenic climate change, the defining challenge of our era, increasingly reveal the inadequacy of the dominant conceptual systems of thought. Recognizing the need for a fundamental change in the dominant models of industrial development, the concept of sustainability has quickly become the idea around which contemporary development is centered. This essay argues that the concept of sustainability is important, but it often does not go far enough. Like the American author, ecologist, and conservationist, Aldo Leopold (1887 – 1948), we argue that it is an "evolutionary possibility and an ecological necessity" that we develop what he calls a "land ethic". If it is truly to address the root causes of the ecological crisis, humanrace must stop conceiving of proper land use merely in terms of economic expedience and recognize that we are but a plain member and citizen of the wider "biotic community". In the end, green development is development which is compatible with the integrity, stability, and beauty of the land. As this vol-

* This essay is an abbreviated and selected version of what I develop at length in chapter 4 of Brian G. Henning, Riders in the Storm: Ethics in an Age of Climate Change (Winona, MN: Anselm Academic, 2015).

** Brian G. Henning, Ph. D. Professor of Philosophy and Environmental Studies, Faculty Fellow for Sustainability Gonzaga University, Spokane, WA, USA, Director of Research, Whitehead Research Project. http://connect.gonzaga.edu/henning.

ume is aimed at an interdisciplinary audience, it may be helpful to begin with a brief discussion orientating the reader to the field of philosophical ethics.

Though philosophers disagree on its precise definition, ethics is often defined as that part of philosophy that considers questions such as: "How ought I to live?" "What is a good life?" and "What has value?" In order to answer these questions, philosophers develop moral frameworks or theories that attempt to systematically define what the aim of life is and what has ultimate value. For instance, utilitarianism is a moral theory that argues that an action is right to the extent that it brings about the greatest quantity and quality of pleasure for everyone involved. On the other hand, the moral theory of deontology argues that the aim of a moral life is not maximizing pleasure, but rather the duty to treat rational beings never merely as means to my own ends, but also always treat them with dignity and respect, as an end in themselves. In contrast to both of these views, virtue ethics is less concerned with rules for right conduct and more concerned with the moral character (virtues) required for genuine human flourishing.

Environmental ethics often expands these classical discussions to include the question of whether and when humans have moral obligations to nonhumans. Each moral framework defines the scope of direct moral consideration—those beings that deserve moral consideration for their own sake—based on how it conceives of intrinsic value or determines what things are valuable in their own right. For instance, deontology limits the scope of direct moral consideration to rational beings. In this sense, deontology is anthropocentric. On the other hand, because utilitarians deem pleasure intrinsically valuable, their view of morality concerns not only humans, but all sentient beings or beings that can feel pain and pleasure. Thus, utilitarianism might be seen as a sociocentric moral framework; it limits meaning and value to sentient beings. Thus ethical theories attempt to give a systematic account of what is intrinsically valuable to provide a moral framework for how one ought to live and act. It is in this sense that ethics is concerned with attempting to define the "good life".

The challenge of anthropogenic climate change puts this classical debate in a new light. Indeed, according to the ethicist Dale Jamieson, current ethical systems are "inadequate and inappropriate for guiding one's thinking about global environmental problems, such as those entailed by climate changes caused by human activity". [①] According to Jamieson, a key problem with classical moral theories—such as utilitarianism, deontology, and virtue ethics—is that they were developed within the context of "low-population-density and low-technology societies, with seemingly unlimited access to land and other resources". [②] The complicated world of the twenty-first century, with its high-population-density and high-technology societies, needs to develop new moral frameworks for understanding what has value and for prescribing how humans ought to relate to the natural world. The sustainability paradigm offers one such ethical model.

Within both government and the popular media, the concept of "sustainability" has become the most common way of referring to the needed shift in attitudes and practices in order to address the challenge of global climate change. The term "sustainability" does not have particularly deep historical roots. According to one study, the word "sustainable" was originally used by the military to mean "capable of being defended", implying the need for defense against aggression and suggesting a future orientation. Implicitly, it also recognizes limits beyond which defense would not be possible. [③] According to the *Oxford English Dictionary*, in the mid-nineteenth century the term had a juridical meaning of "capable of being upheld or defended as valid, correct, or true". [④] In the 1960s, economists started to use the term "sustainable growth" to mean the use of resources that is capable of being maintained at a certain rate or level. In this sense, "sustainability" actually means maximum sustainable ex-

---

① Dale Jamieson, "Ethics, Public Policy, and Global Warming," in Climate Ethics: Essential Readings, ed. Stephen M. Gardiner et al. (Oxford: Oxford University Press, 2010), 148.

② Jamieson, "Ethics, Public Policy, and Global Warming", 148.

③ Daniel J. Sherman, "Sustainability: What's the Big Idea? A Strategy for Transforming the Higher Education Curriculum", Sustainability 1, no. 3 (2008): 192.

④ "sustainability, n.". OED Online. March 2014. Oxford University Press. http://www.oed.com/view/Entry/299890? redirectedFrom = sustainability.

traction, or the highest rate of extraction consistent with ecosystem maintenance. Thus "sustainable fishing" would be the largest possible catch consistent with maintaining the stock's capacity for self-renewal. ① Though the term as used today refers to more than questions of mere resource extraction, it nevertheless bears the marks of its practical birth.

According to David Orr, a leader of the modern sustainability movement, the concept of sustainability entered the public discourse in the late 1970s and early 1980s with the work of scholars such as Wes Jackson and Lester Brown. ② It gained international prominence in 1987, when the United Nations' Brundtland Commission argued that sustainable development should "become a central guiding principle of the United Nations, governments and private institutions, organizations and enterprises". ③ Notably, the commission defined sustainable development as "meeting the needs of the present without compromising the ability of future generations to meet their own needs". ④ Despite subsequent formulations and elaborations, this concise version remains for many the central definition of the sustainability paradigm.

Key to this notion of sustainability is the recognition that human society and human economy does not take place in a vacuum, but within a natural context, and that nature has biophysical limits. People now know that most natural resources are not unlimited and that they must take care that these resources remain available not only for the present generation, but also for future generations. Thus, for many, the sustainability paradigm is primarily concerned with transitioning from carbon-intensive forms of energy production and transportation, such as coal and oil, to greener forms of energy (such as solar, geothermal, and wind) and transportation (such as electric cars and high-speed

---

① Bryan Norton, "Integration or Reduction: Two Approaches to Environmental Values", 97.

② David Orr, "Four Challenges of Sustainability", Conservation Biology 16.6 (December 2002): 1457.

③ UN General Assembly, Report of the World Commission on Environment and Development, (see chap. 3, no. 3).

④ UN General Assembly, Report of the World Commission on Environment and Development.

trains) . In this way, the sustainability paradigm focuses mostly on creating more efficient, less polluting forms of technology. It attempts to expand humanity's focus from short-term profits and narrow concern for the present to the impact of various forms of living on future generations. It asks humans to consider how they can achieve their ends today without compromising the ability of future generations to satisfy their own needs.

In many ways, the concept of sustainability is vitally important. Humanity desperately needs to make its practices more sustainable. Cleaner, lower-carbon forms of energy production and transportation are long overdue. Moreover, as it is defined by the UN within international law, the concept of sustainability is valuable, because it helps to introduce an intergenerational focus. The concept of sustainability moves humans past the myopia of the present, requiring that in meeting its needs the present generation should not compromise the ability of future generations to meet them. Despite its importance, however, some observers question whether the sustainability paradigm ultimately provides an adequate moral framework for confronting climate change because of its (1) anthropocentrism, (2) heavy reliance on technology, and (3) lack of determinate moral content.

1) Sustainability as Anthropocentric

First, as currently applied, the concept of sustainability limits intrinsic value to present and future humans; in other words, it is anthropocentric. Taken literally, "anthropocentrism" simply means human-centered. In one sense, all thought is unavoidably anthropocentric in that it takes place from the perspective of human experience. Similarly, because humans are complex enough to be conscious and free enough to be responsible, one might accurately characterize all discussions of ethics, indeed all branches of investigation, as unavoidably anthropocentric. However, in the context of ethics, holding an anthropocentric worldview goes beyond this basic orientation and concludes that *the natural world only has meaning and value insofar as it is related to humans.* It is this further assumption—that nothing has value apart from its relationship to humans—that has been used to excuse and perpetuate a destructive attitude toward the natural world. Is this anthropocentric attitude justified?

Given the age and size of the universe and humanity's relatively recent appearance, such a position betrays a certain hubris. The universe is some 13.75 billion years old. Earth itself has existed for 4.5 billion years of that span, with *Homo sapiens* being a relative latecomer, appearing only 200000 years ago. A thoroughgoing anthropocentrism entails the belief that the millions of creatures existing prior to the evolution of humans had no value, because there were no humans to value them. ①The dimensions of the social and ecological crises humanity faces in the twenty-first century calls for a fundamental rejection of all forms of anthropocentrism.

As the eminent American naturalist Aldo Leopold (1887 – 1948) notes, humans must begin to recognize that they are a part of, not apart from, the natural world. Leopold argues that in the course of human history the boundaries of the moral community have gradually expanded beyond the narrow boundaries of one's family, tribe, and city, as well as beyond one's gender and race. He sees this expansion of the moral community as a movement of ethical evolution. ② The problem, he notes, is that ethics still excludes the natural world from the moral community. "There is as yet no ethic dealing with man's relation to the land...Land, like Odysseus' slave-girls, is still property. The land-relation is still strictly economic, entailing privileges but not obligations."③

Thus, the next stage of ethical evolution of humanity, Leopold contends, is the development of a "land ethic" that "enlarges the boundaries of the community to include soils, waters, planets, and animals, or collectively: the land". ④ It is important to note that by "land" Leopold does not just mean a plot of property for sale. "Land …is not merely soil; it is a fountain of energy

---

① Biologist Stephen J. Gould had a memorable, if hyperbolic, way of responding to such a view. "Nature does not exist for us, had no idea we were coming, and doesn't give a damn about us" ("The Golden Rule: A Proper Scale for Our Environmental Crisis", Natural History 99, no. 9 (September 1990): 24).

② Aldo Leopold, "The Land Ethic," in A Sand County Almanac and Sketches Here and There. (New York: Oxford University Press, [1949], 1987), 202 – 203.

③ Leopold, "The Land Ethic", 203.

④ Ibid., 204.

flowing through a circuit of soils, plants, and animals."① As Leopold uses the term, "the land" refers to what we would normally call "nature". It includes not only the soil, but the air that blows above it, the water that runs over it, the plants that sprout from it, and the animals that move over. Thus, "The land ethic simply enlarges the boundaries of the community to include soils, waters, plants, and animals, or collectively: the land".②

However, there is at present a logjam in the ethical evolutionary stream that is impeding this development. The "key-log",③ Leopold writes, that must be removed in order to "release the evolutionary process" is simply this: "quit thinking about decent land use as solely an economic problem."④ Leopold is **not** suggesting that this ethic would require that humans never make use of nature.⑤ On the contrary, he is merely saying that humanity must not see its relationship to the wider biotic community **merely** in terms of what is economically expedient. All living beings modify their environment as they pursue their ends. But as a member of a wide moral community that includes the air, the soil, waters, animals, plants, and humans, each situation should be examined not only relative to what is "economically expedient" but also "in terms of what is ethically and aesthetically right".⑥ In this way, Leopold arrives at his fundamental moral principle: "A thing is right when it tends to preserve the integrity, stability, and beauty of the biotic community. It is wrong when it tends otherwise."⑦ Though consistent with the concept of sustainability, Leopold's

---

① Leopold, "The Land Ethic", 216.

② Ibid., 204.

③ Prior to the development of other means, loggers used to float cut trees down rivers to lumber mills downstream. At times, this would create a "logjam." The "key-log" is that log which, if removed, would relieve the logjam, allowing the flow to proceed. Leopold is using the idea of the logjam and the key-log as a metaphor for ethical evolution.

④ Leopold, "The Land Ethic", 224.

⑤ See, "A land ethic of course cannot prevent the alteration, management, and use of these 'resources,' but it does affirm their right to continued existence, and, at least in spots, their continued existence in a natural state" (Leopold, "The Land Ethic", 204).

⑥ Leopold, "The Land Ethic", 224.

⑦ Ibid., 224.

principle is arguably more capacious, in that moral action should aim not only to maintain the integrity and stability of nature, but also respect its beauty. ① The development of this land ethic, which recognizes the value of every member of the biotic community, is, Leopold believes, "an evolutionary possibility and an ecological necessity." ② That is, it is possible for humanity to grow out of its childish anthropocentrism and develop a wider land ethic, and given the dire state of the biotic community, it is ecologically *necessary* that it do so.

2) Sustainability and Technophilia

A second critique of the sustainability paradigm charges that it is too often grounded in an uncritical "technophilia" or love of technology. For a time, biologists even defined humans in terms of their engineering prowess—referring to them as *Homo faber*, man the maker—until Jane Goodall observed chimpanzees making rudimentary tools. For decades, literature and popular media have attempted to conceive of the bright and shiny technological utopia that awaits society in the future.

For instance, the American cartoon classic *The Jetsons*, which first aired in the 1960s, depicts everything that mid-twentieth century America wanted—flying cars, robot maids, moving sidewalks, and jet packs. Many such innovations have in fact come into existence, including moving sidewalks (e. g., in airports) and vacuuming robots. Though flying cars and jet packs remain absent, humanity's technophilia seems to know no bounds. For thousands of years humans have successfully used technology to overcome physical limitations. In one of the more remarkable feats, NASA recently landed a car-size, laser-toting, plutonium-powered robot on the surface of Mars.

Perhaps, though, the future the Jetsons envisioned is as much a depiction

① For my defense of an ethic broadly inspired by Leopold that takes the third of the triad—integrity, stability, beauty—as the central moral category, see Brian G. Henning, The Ethics of Creativity: Beauty, Morality, and Nature in a Processive Cosmos (Pittsburgh: University of Pittsburgh Press, 2005) and Brian G. Henning, "Trusting in the 'Efficacy of Beauty': A Kalocentric Approach to Moral Philosophy", Ethics & the Environment 14. 1 (2009): 101 – 128.

② Leopold, "The Land Ethic", 203.

of a natural dystopia as a technological utopia. The cartoon depicts a world utterly devoid of nature. Indeed, human civilization does not even live on the surface of the planet anymore; homes, stores, schools, and factories sit on tall columns far above it. When venturing "outside", each person is encased in a bubble, presumably because the atmosphere is too thin. While the creators of the show no doubt wanted to depict life in space, the possibility that humans will foul the planet so much as to make it impossible to live on its surface seems within reach.

Maybe the Jetsons should not be viewed as the model for a bright and shiny future, but rather as a cautionary tale like the 2008 animated movie *WALL-E*, which depicts a planet so polluted that humans have had to abandon it. In that film, humans live far from Earth in a giant spaceship, where robots wait on them hand and foot. Obese people float around on hovering chairs, drinking all of their calories in liquid form and only interacting with the humans around them through screens. Though fictional, *The Jetsons* and *WALL-E* present one possible outcome of a complete and uncritical reliance on technology.

Engineers often ask "how" questions: How can we put a rover on Mars? How can we create cleaner forms of energy production and transportation? Economists then talk about achieving those aims efficiently. The "should" questions, however, often remain unasked. These are the questions that ethics must consider. It is one thing to ask, "Can we survive in a post-climate-change world?" or "Can Earth support 12 billion people?" It is quite another to ask, "Should we **aspire** to live in a world devoid of nature?" Neither engineering nor economics can advise humanity on what its aims should be or whether it should concern itself with achieving them efficiently.[①] Only one's values, one's ethics, can answer these questions. Even if technology *could* create a Jetsons-like future, *should* it? Do humans want to live in a stainless steel world where nature is completely absent?

The second concern with the sustainability paradigm, then, is that it reduces a fundamentally moral issue concerning how humanity ought to live to

① Dale Jamieson, "Ethics, Public Policy, and Global Warming", 147.

technical issues in need of "management." However, as Jamieson argues,

Management approaches are doomed to failure... [because] the questions they can answer are not the ones that are most important and profound... The questions that such possibilities [such as climate change] pose are fundamental questions of morality. They concern how we ought to live, what kinds of societies we want, and how we should relate to nature and other forms of life. ①

I contend that too often the sustainability paradigm encourages the reduction of morality to a social scientific analysis of economic values achievable through technological innovation. It outsources morality to economics and engineering. Developing and deploying cleaner forms of technology, while certainly needed, is not enough. Humans also need to rethink who they are and how they relate to the natural world, to re-envision how they conceive of a good life well lived.

3) Sustainability as Morally Neutral

The third and perhaps most significant shortcoming of using sustainability as our primary conceptual framework is that it does not ask, much less answer, fundamental questions of value such as, "Is the modern consumer society, even if it could be made sustainable, truly a good life?" The sustainability paradigm suggests pursuing sustainable policies, but does not identify which policies are, in fact, worth sustaining. It is one thing to ask whether a war in Iran or Syria is *sustainable*; asking whether it is *morally justifiable* is quite a different question. One could be *sustained* within a concentration camp, but no one would welcome such conditions. In terms of climate change, would it be morally acceptable to leave future inhabitants of the planet in the natural equivalent? The sustainability paradigm does not rule out these possibilities. Indeed, one can make such justifications and judgments only when the framework incorporates more basic value commitments.

Although important, in the end, sustainability is more of a physico-biological principle than an ethical principle. It does not function well as an ethical

---

① Dale Jamieson, "Ethics, Public Policy, and Global Warming", 146 – 147.

concept because it is divorced from more fundamental moral discussions of the "good life," of value. The problem is that morally deficient activities can be made ecologically sustainable: The prisoner in the concentration camp and the hen in the battery cage can be sustained. Sustainability offers no insight into what ends are worth sustaining. By presupposing rather than engaging in debate over the goals humanity should pursue, the sustainability paradigm creates a theoretical void that the status quo is more than happy to fill. "We're so used to *growth* that we can't imagine alternatives," writes climate activist Bill McKibben (2010), "[and] at best we embrace the squishy *sustainable*, with its implied claim that we can keep on as before."① Without explicit discussions of the nature of the good, what is inevitably sustained is the status quo and its thin conceptions of the "good life". It reduces ethics to mere survival. As Jamieson notes, "Unless we develop *new* values and conceptions of responsibility, we will have enormous difficulty in motivating people to respond to this problem [of climate change]".②

In sum, then, the sustainability paradigm proves inadequate because it is anthropocentric (in that it limits all value to humans), uncritically technophilic (in that it reduces ethics to a form of resource management), and empty of any particular moral content. The sustainability paradigm's lack of moral content and its neutrality regarding what kind of life should be sustained makes it unsuitable to serve as the primary conceptual basis of our response to the ecological crisis.

Although debates over carbon taxes and emission trading schemes are important, efforts to address climate change will ultimately fail unless and until humanity sets about the difficult work of reconceiving of itself and how it relates to nature. Humans need new ways of thinking and acting that recognize their fundamental interdependence and interconnection with everyone and everything in

---

① Bill McKibben, Eaarth: Making a Life on a Tough New Planet (New York: Time Books, 2010).

② Jamieson, "Ethics, Public Policy, and Global Warming", 149 - 150.

the cosmos—ways of understanding that recognize the intrinsic beauty and value of every form of existence. To capture the fact that the concept of sustainability does bring to the moral discussion some important tools, perhaps it would be helpful to distinguish between a "thin" notion of sustainability, which limits its concern to present and future humans, and a "thick" notion of sustainability that seeks to include the entire biotic community. Redefined and set within a larger moral framework to address the situation of climate change, this thick notion of sustainability can be very helpful moral concept.

With the very disappointing outcome of the 2016 presidential election in the United States and the likely retreat from global efforts to address pollution and climate change, it is very clear to me that, unfortunately, America is presently not able to lead the world to the ecological civilization that it so desperately needs. As I explain at length in my book, *Riders in the Storm*, the people of the world need to change not only their economic measures and their technologies; they need also to change their attitudes toward nature to recognize that humanity is a part of nature and that all things have intrinsic value. The land has intrinsic value, as does the air that blows above it, the water that runs over it, and the animals that move about it. Humans need an ecological ethic on which to basis an ecological civilization. Perhaps China can lead the world toward genuinely green development based on global governance founded on a land ethic that recognizes that ultimately actions are right when the preserve the integrity, stability, and beauty of not only the human community, but also the whole biotic community.

Green Development in Vietnam: Experiences and Challenge

Nguyen Ngoc Toan*

Changing development approach toward "a green economy" is a new approach, however, from a long-term perspective; this is a suitable approach for the general development trend of the global economy.

With the integration trend and sharing economic development experiences, especially, from 1945 till now, although, the world economy has achieved many accomplishments, many economic models in this period is based on a "brown" economy model, in which, the economy exploits and uses too much energy from fossil fuels and other natural resources, creating many damages for the environment such as air pollution, water pollution, ocean pollution, soil erosion, forest loss, and biological diversity loss. It is said that the old way of economic development, which has resulted in too much greenhouse gases emission such as CO_2, SO_2, CH_4, etc, is the reason for climate change, which has occurred in a global scale, threatening human life and damaging economic activities. In order to change this situation, United Nations Environment Program (UNEP) has proposed a new approach of economic development-"green" economy, which has received much support from many countries.

For special characteristics for Vietnam there was transition from "Central Planning Economy" toward "Socialist Oriented Market Economy". Since 1986,

---

* Nguyen Ngoc Toan, PhD. Institute of Philosophy Vietnam Academy of Social Sciences.

Vietnam started "Reformation and Gate-opening" (Doi moi and mo cua). Nowadays, Vietnam has escaped the poor countries group and entered middle-income group. After 30 years of reformation and opening, Vietnam's economy has also paid the price for natural resources degradation and environmental pollution. Lying within the global trend of economic development and adjustment of economic model and jobs structure, Vietnam has become a member of World Trade Organization (WTO), accordingly, economic development in Vietnam has to obey the general rules of commitments toward WTO about global integration. Moreover, Vietnam ranks among one of the five countries which are bear the most negative consequences of climate change. Therefore, to strive for a "green economy" is a good choice. However, it is important to clearly recognize the opportunities and challenges in order to guide the development.

Review the National Strategy Regarding Green Development in Vietnam

In Vietnam, the Prime Minister has issue a decision approving the National Strategy regarding Green Development No. 1393/ QD-TTg on Sep. 25th 2012 and a National Action Plan regarding Green Development in period 2014 – 2020 according to decision No. 403/QD-TTg of the Prime Minister on March20th 2014. Nowadays, all Ministries, sectors and local regions have begun to put these into practice. In the National Strategy regarding Green Development, Vietnam's stances are:

– "Green Development is one aspect of sustainable development, making sure the economy is developed quickly, effectively and sustainably, at the same time, contributing to the execution of the National Strategy regarding climate change.

– Green Development must be by the people, and for the people, helping to create jobs, eradicate poverty, and improve quality of life for the people.

– Green Development relies on increased investment into the preservation, development and effective use of the natural capitals, reduction of greenhouse gases, improve the quality of the environment, through these activities, stimulate economic growth.

- Green Development is the work of the Party, of authorities of all levels, of all ministries, sectors and local regions; of all organizations, companies, social enterprises, social communities and all people. "

Therefore, according to the viewpoint of the Green Development strategy which has been issued in Vietnam, in order to achieve the goal of Green Development, there are many things that must be done simultaneously; for example, effective use of natural recourses, environmental protection, poverty eradication, investment in preservation and development, greenhouse gas reduction. These works come from the efforts of all society. Not only the authority, but also the people and business must fully understand and operate according to the goals of the strategy.

Practicing Green Economy in Vietnam

- In term of mechanisms and policies, based on the orientation platform of the 2011 – 2015 socio-economic development strategy and the vision to 2020, Vietnam is a basically industrialized country. Mechanisms and policies focus on creating favorable conditions for innovative growth model which concentrates on restructuring economic sectors, gives priority to the sectors with high technology, environmentally-friendly; energy-saving and resource; recovery of resources and ecosystems technologies.

- In term of awareness, it is essential to focus on advocacy, education of social awareness to change the former common mind of a "brown economy" to a "green economy" in order to create a high consensus in society from elites to citizens and enterprises, thereby changing perceptions and awareness on a "green economy" . In professional education system, the innovation of curriculum and lectures should be oriented to the development approach of "Green Economy". The content of traditional "Environmental Economics" and "Economics of natural resources" should be upgraded towards a "Green Economy"

– Investment in research, collaborative research in the field of "green economy" as the use of renewable energy, technology of resource-saving production, energy-less consumption, technology of greenhouse gas emissions reduction; of environmental pollutants minimization; of natural ecosystems restoration.

– Renewal of land planning for urban development, transportation development, industrial and producing, processing zones, social welfare infrastructure towards the proper space for trees, lakes and environmentally public facilities according to international standards.

– Reform of the natural resource tax system and reconsideration of environment tax towards development of a green economy which is adjusted through financial instruments and taxes so as to encourage savings and efficient use of resources, especially scarce resources for environmental protection.

– Revision and reconsideration of the existing policies and mechanism on ecosystem services and investment in forest development recently, combination of forest development with poverty reduction on the basis of promoting the efficiency of the "socialist-oriented market economy", the advantages of economic instruments on payments for forest environment services, supplementation and completion of these tools for application along the country.

– International cooperation in efforts to build "green economy" in Vietnam should be more active to mobilize international supports, particularly investment funds making up 2% of global GDP for developing Green Economy.

Other financial mechanisms for forest development such as REDD + and CDM. Previous experience shows the evidences that Vietnam often misses many international investment opportunities and other financial institutions which Vietnam has advantages such as CDM. This case should study the experience of China.

Challenges of Green Economic Development in Vietnam

Beside the opportunities mentioned above, to realize "a green economy", Vietnam will meet with many challenges:

First, in term of understanding what is "a green economy", the concept is still very new in Vietnam, which requires much effort to research and spread the information and knowledge among the leaders, the policy-makers, the business and the people. Without a good understanding, a social consensus might not be realized, therefore, it will be difficult to achieve those goals.

Second, in term of operation, it is important to clarify the differences between the traditional economy, "a brown economy", and a new economic model, "a green economy"; and also, to clarify how to begin in the situation of current Vietnam's economic development.

Third, a green economy is associated with using renewable energy, low carbon, Green Development, investment in the recovery of the ecosystem, solving the problem of creating jobs with recover the environment, etc. In reality, the production technologies in Vietnam nowadays are very out of date, consume huge amount of energy, to replace these obsolete technologies in a suitable way is a difficult challenge without the assistance of the countries with more advanced technologies. In many rural and mountainous areas, people are still having troubles making ends meet.

Fourth, regarding the capital for the realization of the goal "Building a green economy", although, Vietnam has escaped the poor countries group, but national accumulation is too low compared with other countries, it has adverse effects toward the implementation of "building a green economy".

Fifth, there is almost no policy structure conducive to the implementation of "green economy" in Vietnam currently, while, in the world, there are only suggestions for how we go about tackle these problems. It is important to reexamine our policies, change them and adjust so as to create a favorable condition for the movement toward "a green economy", this is a huge challenge.

4 Conclusion

The change of development method towards "green economy" is a new approach. However, in the long term it is the appropriate approach to the development trend of the global economic system. Moreover, Vietnam is a later developing country. Therefore, to shorten the development gap and to access to a modern economy, the development of a green economy should be the first orientation. But the development model and the industry structure matching with a "green economy" in the context of Vietnam's development need to continuously studied and perfect, learn the lessons of the previous nations who implemented green economies for the appropriate steps.

Sri Lankan Experiences and Lessons on Green Development

M. Thilakasiri [*]

Introduction

I observe with much appreciation that the national strategy of the People's Republic of China is focused on the ecological civilization with the objective to build a resource saving and an environment friendly society and to achieve harmony between the humankind and nature. Quite rightly so, as A. Hu has stated, the basis of human civilization has transformed from hunting to agriculture and then to modern industry; now a new ecological civilization, or green civilization, is needed. Although industrial civilization has achieved great things with "more massive and more colossal productive forces than…all preceding generations", it has also adversely impacted nature more than all preceding generations, and the dissonance between humanity and nature is larger than ever. What then is the biggest challenge for human development in the twenty-first century? We face unprecedented and serious natural crises, extreme climate change, unprecedented shortages of natural resources and energy, and continuing degradation of the global ecological environment. The challenge is one of survival as human development reaches a new crossroad. Which path will the world

* Prof. M. Thilakasiri, Director General, Sri Lanka Institute of Development Administration, Sri Lanka.

follow? What role will China play? The only correct answer is to resolutely develop an ecological civilization.

Therefore, a new civilization based on green energy is needed, with ecological civilization decoupling from ever-increasing carbon emissions. A new development theory is also needed that makes use of historical self-reflection, academic consciousness, innovation, and global vision. This new green development theory will ultimately guide green development practices.

In this respect there are three sources of the theory of green development:

(1) The concept of "Unity of Nature and Humanity"

(2) The Marxist-dialectics

(3) The Contemporary Theory of Sustainable Development

The above sources represent current theoretical peaks and constitute the sources and bases of the green development theory. The concept of Green development is essentially the interpretation and re-focusing of these powerful ideas and the theories. In other words, the world continues to face a twin challenge of expanding economic opportunities for all in the context of a growing global population on the one hand and addressing environmental pressures that, if left unaddressed, could undermine our ability to seize these opportunities on the other. Green development is where these two challenges meet and it is about exploiting the opportunities to realize, the two together. Therefore, Green development is a process fostering economic growth and development while ensuring that natural assets continue to provide the resources and environmental services on which our well-being relies. To do this it must catalyze investment and innovation which will underpin sustained growth and give rise to new economic opportunities.

Green Development and Sustainable Development

We need to understand that green development is not a total replacement for sustainable development, rather, it provides a practical and flexible approach for achieving concrete, measurable progress across its economic and environmental pillars, while taking full account of the social consequences of greening the growth dynamic of economies. The focus of green development strategies is to ensure that natural assets can deliver their full economic potential on a sustainable basis. That potential includes the provision of critical life support services, namely clean air and water, and the resilient biodiversity needed to support food production and human health. Natural assets are not infinitely substitutable and green development policies take account of this.

In contrast to Green Development the concept of sustainable development can also be interpreted differently. One such definition is development that meets the need of the present without comprising the ability for future generations to meet their own needs.

In the present century, human society, here and elsewhere in the world, faces the daunting, but vital, task of forging a relationship with nature that would ensure sustainability in all its activities aimed at improving the quality of life. "Sustainability" implies meeting current human needs while preserving the environment and natural resources needed by future generations.

Though the concepts of Green Development and Sustainable Development are sometimes used interchangeably, there are differences between them meaning that Green Development is not always Sustainable Development and vice versa. Hence the main focus in this paper is on Green Development in relation to Sri Lanka.

An Overview of Sri Lanka

Within the above context Ladies and Gentlemen, permit me to submit before you Sri Lanka's experiences and lessons on green development from ancient times to the present.

Sri Lanka is a small island in the Indian Ocean filled with romantic landscapes, beautiful mountains, luscious forests, ocean like tanks, gushing water-falls and golden sandy beaches which was termed the "*lost paradise*" by many an-ancient globe trotter who fell on Sri Lanka (earlier referred to as Serendib and later Ceylon).

Today, Sri Lanka is a lower middle-income country with a total population of 21. 0 million people and a per capita income of USD 3924 in 2015. Following a 30 years civil war that ended in 2009, Sri Lanka's economy has grown at an average 6. 4 percent between 2010 – 2015, reflecting a peace dividend and a determined policy thrust towards reconstruction and growth. Sri Lanka's economy transitioned from a previously predominant rural-based agricultural economy towards a more urbanized economy driven by services. In 2015, the service sector accounted for 62. 4 percent of Gross Domestic Product (GDP), followed by manufacturing (28. 9 percent), and agriculture (8. 7 percent) . The country ranked 73rd in the Human Development Index in 2015, and has comfortably surpassed most of the MDG targets set for 2015.

Having successfully prosecuted a war against the most brutal terrorist organization in the world, Sri Lanka is now in a position to fully enjoy our independence 61 years after the dawn of freedom. All our people can now live in peace and understanding, and together work towards forging a bright future for the nation.

As I have mentioned earlier, the world today is facing many problems due to the exploitation of its natural resources and lopsided development in the last few centuries with total disregard to the environment. To overcome these problems green development is advocated and many concepts projects and programmes have been introduced recently in Sri Lanka. However, the examination of our past history, cultures and religions, reveal that many of these concepts were embedded in the wisdom of our ancients, and they have practiced green development for thousands of years.

Sri Lanka's Green Environment Context From the Past to the Present

Sri Lanka's sustainable green development then can be traced back to our ancestors and they were more responsible and wise in dealing with the environment. They respected and protected the environment and practiced green development. Many concepts which we think are modern were known to them in different forms. Therefore, in searching for sustainable green development solutions, we have never forgotten their wealth of knowledge, wisdom and the experiences. While practicing green development it is evident that ancient Sri Lankans produced significant innovations in irrigation and water management, architectural and structural engineering and metallurgy.

Buddhism had a strong influence on the lives and development pursuits of our people, and our ancient Sri Lankans developed a hydraulic civilization in harmony with the environment and achieved significant progress in engineering and technology. These environmental friendly technologies and innovative feats still exist and are being used by the present generation, e. g. irrigation canals, reservoirs, stupas and dagobas, and other architectural structures and metallurgical equipment.

Nevertheless Ladies and Gentlemen, I have to stress a point in the county's history. During the period of the British occupation of Sri Lanka (then Ceylon) in 1796, we underwent a shift in the economy to include the plantation industry, as well. This commenced with the British opening up tea and rubber estates particularly in the Central Hill country, and other parts of the island. Though this was a boost for the country's economy it was at a cost. Because the industry resulted in adverse ecological consequences due to the unplanned clearance of montane rainforests and tilling and ridging of the cleared land to open up for the tea and rubber plantations.

Among others, the plantation industry had also resulted in the following negative aspects, as well:

- Use of artificial fertilizers and agro chemicals in large quantities for the first time in the country
- Changes to the overall weather and climate patterns
- Soil erosion and landslides
- Adverse effects on the natural underground water table and the extant land water drainage systems.

At a latter period in our modern history (20th Century) the country experienced in 1977, a total turn around in its economic development scenario with Sri Lanka stepping into an era of an open economic system. Of course just as much in the plantations industry this was also another good initiative for the economic development. However, in the absence of an integrated and planned approach of all sectors of the country such initiatives become the starting point for an adverse impact on the country's natural resources.

In that, with the open economic system Sri Lanka experienced a very large number of local and international investors establishing industries economic zones, etc. by opening up land in a mostly unplanned and unregulated manner. Thus, it adversely impacted the environment and ecological systems of Sri Lanka. In many ways, some such detrimental outcomes which are even present to this day include:

- Air pollution due to greenhouse gas and carbon emissions and the release of other toxic fumes to the atmosphere.
- Nonexistence of safe solid waste destruction/disposal or recycling systems resulting in piling up hazardous waste dumps in close proximity to human habitats.
- Inland release of hazardous waste water to adjoining cannels, drains, rivers, and other water resources. Thus, poisoning fish, contaminating drinking water and the total prevention of people from using these natural water sources, they had used for many decades.
- Unplanned clearing of land and land segmentation.
- Impacts of certain products and services (eg. Asbestos, plastic, polythene and other industrial waste and haphazard dumping).

Having said this, however, I wish to submit that socio-economic development is of utmost importance, it is equally necessary that we protect our natural resources, safeguard the environment and are prudent in the use of the assets that nature has bestowed upon our land. This requires an emphasis on sustainable development by the judicious use of resources today which will protect and even enhance them for the future.

Plans, Programmes and Initiatives for Green Development-Legal Enactments

In facing the major challenges of climate change and protection of the environment, it has become necessary to combine the best modern concepts with the tried and tested methods that history has provided us. We should seek a successful blend of the best of modern science and richness of traditional knowledge. Sri Lanka has hence been able to embark on a conscientious path of natural resource management and their sustainable use.

In promoting Green Development the government has enacted several laws past to provide a legal back up to ensure the compliance of Green Development in various activities in the public and private sectors. Some such laws are:

- Land Development Amendment Act of 1978
- Agrarian Services Act of 1979
- National Environment Act of 1980 (as amended by Acts of 1979, 1982, 1995, 1998 & 2009)
- Soil Conservation Amendment Act of 1981
- Plant Protection Amendment Act of 1986
- Mines and Minerals Act of 1992 (as amended in 2009)
- Flora and Fauna Protection Amendment Act of 1993
- Marine Pollution Protection Act of 2008

Plans, Programmes and Initiatives for Green Development-The Haritha (Green) Lanka Programme

It is in this context that in 2009 the Government of Sri Lanka introduced the Haritha (Green) Lanka Programme and established a National Council directly under the leadership of the President to ensure integration of environmental concerns into the economic and social development processes throughout the country. This Council is charged with responsibility for producing an integrated policy, and overseeing and guiding the implementation of the Haritha Lanka Programme to ensure the sustainability of social and economic development programmes.

The Haritha Lanka Programme of Action was developed through an interactive process involving all the key Ministries. It focused on addressing the critical issues that, if left unattended, would frustrate our economic development programmes which are clean air and pure adequate supplies of water must be available to all; country's priceless natural heritage of fauna and flora must not be allowed to get degraded; cities have to be clean and provide a healthy environment for all the city dwellers; industries must learn and put into practice measures for preventing environmental pollution; the island's limited land resources should be used judiciously; and the coastal belt, one of the most picturesque parts of the country, requires special attention to ensure that its integrity remains unblemished and that it would continue to serve as a major contributor to the country's economy. Actions to address these key areas are embodied in the strategies and proposed actions set out under the missions of the Haritha Lanka Programme.

The ten broad missions/thrust areas covered by the programme are: Clean Air-Everywhere, Saving the Fauna, Flora and Ecosystems, Meeting the Challenges of Climate Change, Wise Use of the Coastal Belt and the Sea Around, Responsible Use of the Land Resources, Doing Away with the Dumps, Water for All and Always, Green Cities for Health and Prosperity, Greening the Industries and short, medium and long term targets spanning the period 2009 - 2016 and performance indicators.

This plan was the product of the concerted effort of all relevant ministries who actively participated in its development. Making its preparation a high level participatory process was intended to ensure that sustainability would not just remain a concept but would translate into practical reality.

Achieving sustainability rests to a large extent on national efforts. We must, however, be mindful of the vitally important place of global factors in influencing our efforts aimed at achieving sustainable green development. These are, notably, the looming crisises of climate change and the crippling effects of high dependence on fossil fuels, both of which would impact strongly on the three pillars of Green Development, namely, environmental conservation, economic stability and social equity. This has been the focus in developing the above Action Plan under the Haritha Lanka Programme.

Plans, Programmesand Initiatives for Green Development-Green Banking

Green Banking is a worldwide environmental friendly Green Development concept. The Sri Lanka Banking Sector has embarked on implementing programmes on Green Banking for Green Development. In that, banks both in the government and private sectors have taken the initiative to implement Haritha (Green) banking loans on concessional terms and special facilities for projects which comply within national environmental standards for improving waste management systems, air pollution and sound pollution control, recycling of waste, recycling of papers, tree planting, etc.

Many banks themselves have commenced within their banks Green Development activities in the forms of using solar power, usage of environmental friendly vehicles (Hybrid & Electric power drives), reducing the use of print material by establishing smart banking zones through digitalized banking, use of LED lighting systems, etc.

Plans, Programmes and Initiatives for Green Development-The Green Reporting System

Following closely on the footsteps of Sri Lanka's National Action Plan for Haritha (Green) Lanka Programme discussed above, in the year 2014 the Ministry of Environment introduced the National Green Reporting System in Sri Lanka.

In furtherance of pursuing Green Development action plans, the National Green Reporting System established by the Ministry of Environment in 2014 is a collaborative effort of many stakeholders to promote such sustainable performance and demonstrate environmental, social and economical performance of industry and service sectors. Such efforts eventually facilitate our long-term vision of improving the quality of life of the present generation, leaving room for the future generation to meet their own needs.

This Reporting System was initiated by the Ministry of Environment in line with the requirement set out under the Mission 09 (Greening the Industries) of the National Action Plan of the Haritha (Green) Lanka Programme launched in 2009. The outcome is a team effort of many stakeholders. The Vision Mission and Goals of the Green Reporting System are:

Vision-Ecologically sustained healthy and prosperous Sri Lanka.

Mission-To promote the integration of environmental aspects into the socio-economic development process encouraging self-monitoring and reporting of the performance.

Goals-To raise awareness among the state and private manufacturing and service sectors and the community on the need for integrating environmental aspects into socio-economic development for their long term sustenance and the importance of taking responsibility and being transparent about their economic, environmental and social performance towards achieving green development.

And to facilitate the manufacturing and service sectors to periodically measure and report their sustainability performance with respect to economic, environmental and social aspects in order to continually improve their production processes and services, relationship with stakeholders and enhance their image, while contributing towards the sustainable development of the country.

A National Green Reporting Unit was also established within the Sustainable Development Division of the Ministry of Environment as the Secretariat for the National Green Reporting System. This unit is the point of contact for sustainability reporting matters and as the coordinator of responses for any inquiries on issues related to sustainability reporting.

The National Green Reporting System of Sri Lanka provides a framework for an organization to identify, prioritize and respond to its sustainability challenges, related to an environmental Programme. The framework Indicators related to the above National Green Reporting System include among others: Percentage of materials used that are recycled materials; Energy saved due to conservation and efficiency improvements; Initiatives to provide energy-efficient or renewable energy based products and services, and reductions in energy requirements as a result of these initiatives; Water sources significantly affected by water usage; Percentage of total water usage that is reused or recycled; Initiatives to reduce greenhouse gas emissions and reductions achieved; Initiatives to mitigate environmental impacts of products and services and extent of impact mitigation and total environmental protection expenditures and investments by type.

Plans, Programmes and Initiatives for Green Development-The Green Building Council (GBCSL)

A Green Building Council (GBCSL) a consensus-based not for profit organization was established in 2009 through a joint effort by professional institutions of Architects, Engineers, Structural Engineers, Town Planners, Quantity Surveyors, University Academics, Construction Industry Leaders and Environmentalists. The aim of the GBCSL is to transform the Sri Lanka construction industry with green building practices, and fully adapt sustainability as the means by which our environment thrives, economy prospers and the society grows to ensure the future wellbeing of Sri Lanka. The GBCSL as a member of the World Green Building Council assures international recognition. The GBC Sri Lanka has introduced the green rating system, green labelling system, training and professional development programmes to promote the green building systems in Sri Lanka.

Plans, Programmes and Initiatives for Green Development-Green and Environment Friendly Building Guidelines for the State Institutions

Operation of the Green Development Action Plan has also been extended tocover the building sector of Sri Lanka's state Institutions, as well. The initiative was taken by the Ministry of Mahaweli Development and Environment in 2016, through the issue ofthe "Green and Environment Friendly Building Guidelines for State Institutions".

The goal of implementing the guidelines on green buildings is to elevate all government buildings to a sustainable and environment friendly level while maintaining safe and comfortable environment for its users.

In order to achieve the above goal, the guidelines on green buildings are being cited as the short term objectives, in planning, constructing, operating and maintaining, reconstructing, making changes, expanding and demolishing buildings in a manner that suit the environment namely for:

a. Using energy, water, land and other resources efficiently.

b. Promoting the use of renewable energy and alternative resources.

c. Promoting the use of environment friendly materials in all matters relating to construction of buildings.

d. Enhancing the health and comfort of users.

e. Minimizing related environmental problems in order to reduce harmful impacts to environment and be resilient to disasters.

f. Protecting cultural and heritage identities.

Plans, Programmes and Initiatives for Green Development-The Neela Haritha Village (Beautiful Green Village Programme)

A national project to build ten thousand Haritha Suhuru (Smart) Villages, island wide within the next four years under the "Neela Haritha Lassana Lanka" (Beautiful Green Lanka) Programme was inaugurated on 2nd July, 2016, under the Patronage of the President of Sri Lanka. This was to give effect to the pledge made by world leaders at the 2015 climate change summit held in France.

The aim of the Haritha Suhuru Village Programme is to encourage the lifestyle which nourish and protect the natural resources while living within and with it.

Way Forward in Green Development-Blue Green Initiatives

I also with to bring to the awareness of this august body that in 2016, Sri Lanka has also embarked on Blue Green Initiatives to promote Green Development in Sri Lanka through the Secretariat set up for this purpose under the Ministry of Mahaweli Development & Environment. The Vision and Mission of the Secretariat are:

Full protection and advancement of right of the people to a healthy ecology in accordance with the rhythm and harmony of nature build national resilience to reduce potential dangerous consequences, climate change and develop a blue green economy in the context of sustainable development.

To corporate with the mitigation in state to strengthen, negotiate, consolidate and institution and plan for the mitigation of greenhouse gas concentrations in the atmosphere. Thus enabling the development of a low carbon and climate resilient blue green economy for the benefit of ecosystems.

Way Forward in Green Development-New Legal Initiative

Having dealt on Sri Lanka's Green Development experiences, ladies and gentlemen, I like now to take you all back to my earlier observation on Sustainable Development where at the risk of repeating, I like to recollect that Sustainable Development is a development process which meets the needs of the present without compromising the ability of future generations to meet their needs. In this respect, what I wish to say is that in its efforts to strengthen the sustainable Green Development initiatives, programmes and projects the Sri Lankan Government has gazetted in August 2016, a Bill titled "Sustainable Development Act of Sri Lanka", prior to it being presented in Parliament very soon. This was an initiation of the President and the Prime Minister. This Act envisages in particular the following:

- To promote the integration of environmental, economic and social factors in the decision making by the government.
- Every government organization to carry out environmental and social audits on the new development projects and ensure the environmental and social security.
- Set national targets guided by the global level of ambition by taking into account national interest and circumstances in incorporating the 17 Sustainable Development Goals in the national planning processes, policies and strategies.
- To provide the legal framework for developing and implementing a National Policy and Strategy to achieve Sustainable Development in Sri Lanka in a holistic and inclusive approach.
- To establish a Sustainable Development Council to facilitate the process.

Institutional Base

Lastly, I wish to submit that the following organizations are directly working together in harmony to promote and strengthen the success of Green Development initiatives with the additional impetus received from the earlier mentioned statutes:

- Ministry of Mahaweli Development & Environment
- Ministry of Sustainable Development & Wild Life
- Ministry of Education

- Ministry of Higher Education
- Ministry of City Planning and Water Supply
- Ministry of Disaster Management
- Ministry of Science, Technology & Research
- Ministry of Industries & Commerce
- Ministry of Plantation Industries
- Ministry of Industries
- Ministry of Power & Renewable Energy
- Ministry of Agriculture
- Ministry of Irrigation & Water Resources Management
- Ministry of Fisheries & aquatic Resources Development

The other agencies include:

- Department of Forest conservation
- Department of Animal Productions & Health
- Department of Agriculture
- Department of Meteorology
- Department of Wild Life
- Department of Fisheries & Aquatic Resources
- Central Environment Authority
- Marine Environment Authority
- Geological Survey & Mines Bureau
- State Timber Corporation
- National Gem & Jewellery Authority

We in Sri Lanka have taken several initiatives in recent times focused on Sustainable Green Development. As I wish to submit, today, we are both experiencing and also learning from Green Development activities in various sectors for example transport, buildings, and their usage, waste management, reducing air and noise pollution, etc. to make a turn around in Sri Lanka to function on a strong Green Development culture. Thus, ensuring that we who are the representatives of the present generation are there, not to destroy the fauna and flora and the environment around us, but while enjoying their values virtues and splendour also protect them for our future generations, as well.

Finally, I hope that Sri Lanka's experiences and lessons would be useful for other countries in their pursuit of Green Development Programmes and Projects, as well.

绿色发展与全球治理

——“全球治理·东湖论坛（2016）”国际学术研讨会综述

刘启航*

依托湖北丰富的高端学术资源，聚焦全球治理贡献智慧和力量，2016年11月12日，由华中科技大学国家治理研究院、国家治理湖北省协同创新中心、人大重阳金融研究院、中国世界和平基金会共同举办的第二届“全球治理·东湖论坛”在武汉开幕，本次论坛的主题是“绿色

* 刘启航，华中科技大学社会学院、国家治理研究院博士生。

发展与全球治理”。此次研讨会，把绿色发展视野拓展到全球治理，邀请国内外专家、学者、政要就如何界定绿色发展和真正推动绿色发展，以绿色发展为趋向的全球治理的问题，中国在引领世界绿色文明发展中应担当怎样的责任等相关议题，进行深入研究和广泛交流，并就以上问题达成如下共识。

一　绿色发展与全球治理正当其时

研讨“绿色发展与全球治理”这一人类共同关心的话题，探索更加合理、更加有效的全球发展与治理体制，这是世界各国人民的需要，也符合中国的国家利益。同时，对湖北的绿色发展也具有重要的意义。湖北省副省长郭生练在开幕式的致辞中谈道，素有“千湖之省”美称的湖北，享天时、地利、人合之优势，这些条件实际决定了湖北省要“不走寻常路”。中共湖北省委、省政府提出了“三个长江”的长江经济带发展理念。全球发展模式的变革离不开理念的引领，绿色发展离不开对人类各种优秀文明成果的吸收。具体到绿色发展，“智库”需要对此进行深入的调查研究，做出分析并提出建议，为政府决策打下坚实的基础，为全球的绿色发展献智献策。

绿色发展和全球治理是关系人类生存和发展，关系人类命运的重大课题。波兰前总理格泽戈兹·科勒德克指出：“绿色发展和全球治理这两个主题具有重要意义。全球化趋势不可避免，治理是全球性政策的协同、合作，也就是不同国家的利益冲突的协同合作。”在关于绿色发展理念的阐释上，华中科技大学校长丁烈云在开幕式的讲话中说道：“绿色发展理念是将马克思主义生态理论与当今时代发展特征相结合，又融合了东方文明形成的特色结合形成的全新发展理念。”接着丁烈云对本次会议做了高度评价：“本次会议聚焦绿色发展与全球治理，强调绿色发展在全球治理当中的重要地位，符合人类社会从工业文明到生态文明跃迁的发展大趋势和客观规律，应该说是正当其时，意义深远。”

二 界定绿色发展才能真正推动绿色发展

在关于绿色发展的问题上，与会者重点从绿色发展理念以及如何真正推动绿色发展两个大方向展开发言。与会专家主要从人与世界的关系、绿色发展的正义理念等角度阐发了绿色发展理念，在如何真正推动绿色发展的问题上与会学者主要从制度层面、技术层面以及开展共同合作等角度阐明了真正推动绿色发展的题中之义以及相关举措。

（一）绿色发展理念

华中科技大学国家治理研究院院长欧阳康从人与世界的关系阐述了绿色发展的理念。他认为，倡导绿色发展与全球治理，就是要站在哲学的高度思考人与世界的关系。人类文明发展的现实却似乎与绿色越来越远，我们建构的是一个越来越脱离自然的社会，这与绿色发展的要求存在着明显的悖论。其次，人类社会面临着越来越严重的生存危机，这也就启示我们必须从全球的角度、人类的角度和发展的角度来重新反思人与自然、社会的关系，反思工业文明带来的问题和困难，反思以民族国家为中心的治理的局限，从而争取建立一个真正符合人类未来绿色发展的全球治理体系，以拯救我们岌岌可危的地球家园。

在关于环境正义与绿色发展理念上，美国俄亥俄大学国际发展研究中心主任李捷理进行了社会可持续发展多元治理模式之探索，他指出，绿色发展之关键在于构建以环境正义为基石的价值体系，并在此价值体系上建立起经济、政治、生态三者相互制约相互平衡之治理模式，从而保证社会的可持续发展。华中科技大学国家治理研究院研究员吴畏主张绿色发展的理论基础需要多元学科的交叉和创新，他指出，我们提出绿色发展这一概念的目的是构建一个整体组织的范式。绿色发展的构成包括以绿色增长为核心的经济发展，自然价值共享的人民福祉，基于社会正义的政治改革，最后是以绿色革命为动力的文化创新。

（二）如何真正推动绿色发展

在如何真正推动绿色发展这一议题上，与会专家、学者各抒己见，分别从各自的学科背景出发，为实现绿色发展献计献策。北航循环经济研究院院长吴季松院士在谈到如何真正实现绿色发展的问题上指出，全球治理要以协同论为指导，关于绿色发展，我们要建立绿色 GDP、实行循环经济、进行生态修复，加强合作。国家发改委社会发展研究所所长杨宜勇谈到如何实现绿色发展制度时指出，绿色发展，理念高于制度，制度高于技术。应当从理念、机制、补偿原则、法制层面、对外交流与合作以及控制人口六个方面着手推进。美国北爱荷华大学政治系迪伦德拉·韦吉佩伊教授在发言中就如何真正推动绿色发展问题时认为，和发达国家相比，发展中国家社会结构相对薄弱，很难应对这样的挑战，因此受到的损失是最大的。全球各国在应对气候变化问题上应该联合起来，超越意识形态之争，实现技术共享，此外我们需要改变生活方式，积极适应变化的气候环境。

三　以绿色发展为趋向的全球治理的问题

全球治理是一个体系庞大，纷繁复杂的难题，在绿色发展已成为全球治理的主导趋势的背景下，现代技术的应用，大数据的分析使得政府的日常治理更加有抓手。提到绿色发展似乎永远绕不开生态文明的建设。而从国际关系角度，中国参与全球治理的能力与方向不仅关系未来中国“十三五”制定的相关环保措施的具体落实，也关乎整个中华民族未来的发展。

（一）现代技术与全球治理问题

中科院金融科技研究中心主任刘世平将现代技术具体归结为以下四个方面。大数据的运用对政府行政以及引领国家治理方面发挥的作用，大数据及世界各国在大数据领域采取的行动、政府大数据应用的意义和实现路径、政府部门推进大数据应用的方向。

（二）生态文明与全球治理问题

哈佛大学教授、罗马俱乐部成员大卫·柯登认为基于生态文明背景下的宜居型地球经济，要强化联合国体系，实现资源共享。他还认为中国有能力成为全球治理的领头羊。

（三）全球治理与国际关系

中国现代国际关系调研院院长兼美国研究所所长袁鹏从全球治理与国际关系的角度出发，指出中国参与全球治理面临两大挑战，一是英国脱欧以来，欧盟对全球治理的信心逐渐下降，二是美国新总统特朗普对全球气候和能源等问题漠不关心，人们关注的焦点集中在中国。中国作为第二大经济体，参与全球治理需要去关注与治理最为紧迫的问题；同时要明确什么可行、我们有什么能力、我们治理什么。

（四）NGO 与全球治理

中国世界和平基金会主席李若弘的发言围绕 NGO 与全球治理展开，认为全球治理不是某些国家和地区的专利，而应该是各国政府与 NGO 在治国理念和治国结构上融合发展的有机体。在具体如何更好地进行全球治理与绿色发展时，他指出，绿色发展需要全球一致的和可操作的规则手册，全球治理的关键和绿色发展的共识是跨区域、跨行业的合作。北京地球村环境文化中心主任廖晓义提出了她富有创新性的“乐和”治理机制。她认为全球治理机制的最小单位是基于社区治理机制，即“乐和”治理，这个机制是在以互助会和社区公民为主的 NGO 基础上建立起的公平正义的投入机制。该机制旨在实现“乐和礼仪、乐和人居、乐和治理、乐和生计、乐和养生”五个方面和谐的生活。

（五）“一带一路”与全球治理

保加利亚“斯拉夫人”基金会会长扎哈里·扎哈里埃夫认为实现可持续发展的决定性一步即“一带一路”战略。他认为，中国、中欧和东欧“一带一路”项目远不止是地区以及大陆的合作，它是基于测评其机制，设计是为了扩展现有的一些合作项目，合作涉及社会的、经济的各方面的关系。在信息社会随着新技术形态的出现，“一带一路”举措在丝绸之路上决定了文化的进程，是一个非常复杂的意识形态以及政治的举措，这个举措能加强国家之间的交流，解决文化多样性问题。具体谈到中国将在“一带一路”之中如何发挥作用更好地汇集周边国家实现发展成果共享时，他认为："中国在三十多年的快速经济发展中，取得成就同时也付出了沉重的环境代价，希望在'一带一路'的参与国中体现出各国的自主贡献，在理念互通，信用合作中共同探索共性发展。"巴基斯坦联合工商会、中巴经济合作委员会主席希迪克－乌尔－拉赫曼·拉纳发言阐述了"实现中巴经济走廊"和"一带一路"伟大成功的路线图，即"五大层级联动"。他重点谈到产业合作在绿色发展中的作用。他指出，巴基斯坦和中国的经济关系需要转换，到2025年，巴基斯坦将融入"一带一路"经济走廊，届时将呈现原材料深加工的经济状态，中国经济将转到高新技术产业和知识密集型产业，中国企业的搬迁可以为发展中国家带来工业化，会让全世界的GDP增长加速，也会让全世界把更多钱花在绿色发展方面。

四 中国在引领世界绿色文明发展中的责任

全球治理与全球秩序之间存在紧密联系，各国需要一个一致的价值导向和共同的目标定位。作为全球治理的其中一员，并伴随着中国综合国力的不断增强，中国势必会在全球治理中发挥更加积极和重要的作用。《巴黎协定》的制定使得中国在自己能力范围内与世界各国一道承担起全球治理的重任，世界各国在改善环境方面又将对中国未来的环境治理提供诸多可借鉴的启示。

（一）巴黎协定对中国的启示

美国公共司法中心原主任詹姆斯·斯金伦主张差距责任的绿化，他认为，全球环境的污染已经非常严重，而《巴黎协定》作为一个比较实质性的框架的出现要求更多国家一道承担全球治理的责任，但一个国家不足以改变现状，我们需要跨国的合作，跨国的非政府组织、国际组织要扮演重要的角色。他不仅主张加强跨国合作，政府间、国际组织以及非政府组织进行广泛的合作，更倡导人人参与的机制，即从家庭、学校、企业到非政府组织、国家政府都承担着重要的角色，全社会都要参与其中。

中国与全球化智库主任王辉耀认为，《巴黎协定》顺利签署是国际社会在同一个问题上达成共识来解决我们共同面临的挑战。中国是世界发展中的经济大国，对我们的启示：第一，我们应该重视打造全球治理的全天候、多平台参与机制；第二，重视中美在全球治理中的合作；第三，在国际合作中，在符合国家利益的前提下，大胆发挥中国的作用；第四，要增加对国际谈判框架、谈判范式、谈判规则的研究；第五，通过二轨外交——政府外交与公共外交来支撑政府机构在全球治理中的工作。而中国政府将在协定框架内履行好共同但有区别的责任。

（二）各国环境治理对于中国的借鉴意义

葡萄牙前外交欧洲事务部部长、卡内基欧洲研究中心客座研究员布鲁诺·玛萨艾斯介绍了欧盟作为全球治理的重要一环，在能源合作上为全球治理所树立的榜样作用。乌克兰危机发生后，欧盟国家采取了一系列能源合作措施，其中包括共同建设能源基础设施，改变能源结构，提高可再生能源比例，同时推进经济产业结构升级，统一与能源供应商的价格谈判，改革环境保护税收，鼓励企业更多使用绿色低碳能源等，取得了明显的成效。中国的产业转型需要借鉴欧盟的经验，进行产业的结构性调整，使自己的发展更加绿色。

中国现代国家关系研究院拉美所所长吴红英以拉美国家为例讲述了全球治理问题。拉美国家发展过程中也存在环境资源和生态破坏问题，在发展过程中如何处理生态与经济发展的世界性难题需要同中国一道展开国际合作，共同应对全球气候变化。外交部外管司原司长、驻外大使刘宝莱认为，在绿色发展成为全球共识的背景下，阿联酋绿色环保在保护树木，高价绿化，绿环环保永远在路上，打造绿色样板间等方面都是发展中国家的典范，值得中国借鉴与学习。

斯里兰卡国家行政管理学院院长泰拉卡斯里分享了斯里兰卡绿色发展的经验与教训。斯里兰卡政府的绿色发展计划的理论基础来源于马克思主义辩证法、当代世界格局发展理论以及最先进的绿色发展理论等。这些计划大大改善了斯里兰卡的生态环境，而中国在改善环境污染的过程中需要以正确的方针为指导。

（三）碳排放与节能减排

北京环境交易所总经理梅德文指出，市场理顺了经济发展和环境治理的关系，生态环境与经济增长既相互促进又相互制约。中国碳市场交易平台的建立将成为政府治理环境问题的重要工具。湖北省协同创新中心的孙永平主任认为，中国温室气体控制方面主要是以市场化手段为主，筹建全国统一碳市场是落实“十三五”很多环保工作具体的政策措施的一项重要举措，也是履行中国政府向国际社会提出的自主减排目标的重要要求。湖北省的碳市场覆盖包括建材、化工、电力等高能耗、高排放的国民经济支柱行业，在今后的碳市场指标的构建上需要从减排成本、行业减排潜力、贸易密度三个方面进行。

（四）中国产业结构转型

外交部欧洲司原司长、驻外大使姚培生讲道，新技术革命对自然的破坏已经超过了人类几千年对自然的影响。现在我们要做的事情首先就是要加快放弃用油、用煤的步伐，同时加快采用再生能源的步伐。我们应该来一场挽救地球的崭新的革命。

在中国制造如何推动中国产业结构转型的问题上，华中科技大学国家治理研究院研究员陈刚具体介绍了“第四次工业革命”的具体内容。他认为下一次的工业革命应该是一个绿色的工业革命，具体是什么样的还有待见证。中国政府下一步工业往哪个方向走，主要的目的是要用中国创造代替中国制造，在行业中提供一个绿色标准，提高中国制造的质量。

中国如何实现绿色模式的转变的问题上，中国外交学院的娜塔莎博士认为，国家在实施绿色模式以取代传统发展模式的进程中有不可替代的责任。中国正经历由传统发展模式到绿色发展模式的转型，但转型并不是一蹴而就的，转型的过程虽缓慢但更要稳健，虽注重效率但更要保证高质量，并且在转型的过程中，要减少环保带来的失业，更要处理好人的角色问题，让贫困人口的生活也能更好，这种改变已经开始，中国的变革将会深刻影响每个民众。

结语

欧阳康院长在闭幕式的致辞中指出，此次会议的成功举办是一次广泛开展合作的良好契机，与会学者主要对什么是绿色发展、如何实现绿色发展、以绿色发展为趋向的全球治理、中国在引领世界绿色文明发展中有什么责任等问题展开了激烈的思想交锋与思维碰撞。欧阳康最后指出，中国的绿色发展有一个非常大的优势，即一旦中国共产党认识到了绿色发展的重要性并全力推进，中国在绿色发展事业上一定会取得长足的进展。

后　记

本论文集由华中科技大学国家治理研究院、国家治理湖北省协同创新中心组织编写而成，共收录了相关领域23位国内外知名专家学者的优秀论文和精彩发言。本书缘起于2016年11月在中国武汉举办的第二届“全球治理·东湖论坛”——“绿色发展与全球治理”国际研讨会，会上来自全球的百余位专家从不同国家的实际、多学科的视角出发，就核心问题进行了深度探讨和交流，并提出了诸多深刻见解，成果颇丰。由此，主办方希望能将本次会议的思想结晶以出版物形式确定下来，便于更多读者借鉴和参考，于是委托国家治理研究院博士研究生张毅将优秀成果整理成册。

在本论文集整理过程中，首先就文章与主题的相关度、自身的完整性和翔实度等诸多要素，对所有的会议论文进行了初步取舍，并将初选结果报请国家治理研究院院长欧阳康教授和副院长杜志章教授，在两位老师的指导下对文章篇目进行了进一步的确定，并对其错字、漏字、病句、格式等进行了修正。随后，征求了文章作者的出版授权，并请作者本人对文章进行了进一步的核对修改。本书整理出版前后历时一年，一直受到研究院各位老师的高度重视。

最后，本论文集得以顺利出版要特别感谢研究院院长欧阳康教授、副院长杜志章教授、院长办公室主任袁蹊、科研秘书李芳元等老师的指导和研究院同学的相互配合，同时非常感谢各位专家学者的鼎力支持和信任，在此一并表示感谢。

华中科技大学国家治理研究院

2019年6月1日